4

最新 社会福祉士養成講座

一般社団法人 日本ソーシャルワーク教育学校連盟　編集

貧困に対する支援

中央法規

刊行にあたって

　このたび、新カリキュラムに対応した社会福祉士と精神保健福祉士養成の教科書シリーズ（以下、本養成講座）を一般社団法人日本ソーシャルワーク教育学校連盟の編集により刊行することになりました。本養成講座は、社会福祉士・精神保健福祉士共通科目13巻、社会福祉士専門科目8巻、精神保健福祉士専門科目8巻の合計29巻で構成されています。

　社会福祉士の資格制度は、1987（昭和62）年に制定された社会福祉士及び介護福祉士法により創設されました。後に、精神保健福祉士法が制定され、精神保健福祉士の資格制度が1997（平成9）年に創設されました。それから今日までの間に両資格のカリキュラムは2度の改正が行われました。本養成講座は、2019（令和元）年度の両資格のカリキュラム改正に伴い、刊行するものです。

　新カリキュラム改正のねらいは、地域共生社会の実現に向けて、複合化・複雑化した課題を受けとめる包括的な相談支援を実施し、地域住民等が主体的に地域課題を解決していくよう支援できるソーシャルワーカーを養成することにあります。地域共生社会とは支援する者と支援される者が一体となり、誰もが役割をもって生活していくことができる社会です。こうした社会を創り上げる担い手として、社会福祉士や精神保健福祉士が期待されています。

　そのため、本養成講座の制作にあたって、❶ソーシャルワーカーとしてアセスメントから支援計画、モニタリングに至るPDCAサイクルに基づく支援ができる人材の養成、❷個別支援と地域支援を一体的に対応でき、児童、障害者、高齢者等のさまざまな分野を横断して包括的に支援のできる人材の養成、❸「講義―演習―実習」の学習循環をつくることで、実践現場に密着した人材養成をする、を目的にしています。

　社会福祉士および精神保健福祉士になるためには、ソーシャルワークに必要な五つの科目群について学ぶことが必要です。具体的には、①社会福祉の原理・基盤・政策を理解する科目、②複合化・複雑化した福祉課題と包括的な支援を理解する科目、③人・環境・社会とその関係を理解する科目、④ソーシャルワークの基盤・理論・方法を理解する科目、⑤ソーシャルワークの方法と実践を理解する科目です。それぞれの科目群の関係性と全体像は、次頁の図のとおりです。

　これらの科目を本養成講座で学ぶことにより、すべての学生がソーシャルワークの基盤を修得し、社会福祉士ならびに精神保健福祉士の国家資格を取得し、さまざまな領域でソーシャルワーカーとして活躍され、ソーシャルワーカーに対する社会的評価を高めてくれることを願っています。

社会福祉士養成教科書の全体像

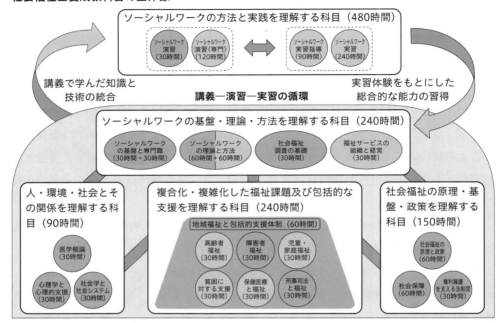

出典：厚生労働省「（別添）見直し後の社会福祉士養成課程の全体像」（https://www.mhlw.go.jp/content/000604998.pdf）
より本連盟が改編

精神保健福祉士養成教科書の全体像

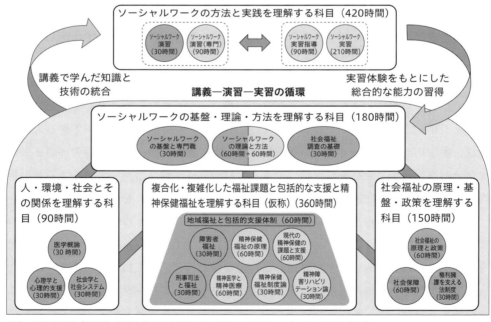

出典：厚生労働省「（別添）見直し後の社会福祉士養成課程の全体像」を参考に本連盟が作成

2020（令和2）年12月1日

一般社団法人日本ソーシャルワーク教育学校連盟
会長　白澤政和

はじめに

　本書は、社会福祉士養成カリキュラムに合わせて各章の構成と内容を構築し、最新の動向を加えて刊行するものである。大学や短期大学、社会福祉士養成施設等の「貧困に対する支援」のテキストとして、活用しやすいように構成している。したがって、「貧困に対する支援」の学習に関して、必要と思われる範囲や内容がすべてカバーされている。

　なお、本科目は精神保健福祉士の指定科目ではないが、精神科医療機関に入院する者への地域移行支援や地域生活支援には、生活困窮に対する支援も必要不可欠な現状から、精神保健福祉士を目指す者も広く学んでほしい。

　さて、社会のなかで生起する生活問題は、その時代の社会構造、生活構造から生み出されるものであり、それは一見、貧困とはまったくかかわりのないようなさまざまな形で現れながら、実は、貧困と分かちがたく結びついていることが少なくない。また、これらの問題に対処してきた社会保障・社会福祉制度は、貧困問題を基点として、「貧困からの解放」を目指し、その防貧と救貧を中心に成立・展開してきた歴史がある。今日においても、グローバリゼーションや市場重視の国家政策などの進展によって、ますますその必要性・重要性が高まってきている。

　そのなかでも、公的扶助分野は、現代社会が生み出す貧困・低所得者問題に対処するための一連の制度的な取り組みを指し、市民生活を守る社会保障・社会福祉制度の最後のセーフティネットとして位置づけられることから、本書では、まず、公的扶助の概念と範囲、意義と役割について学び（第1章）、公的扶助分野の学習の前提となる「貧困」や「貧困状態」と呼ばれる問題への理解を図る（第2章）。また、貧困に対する見方や貧困状態にある人への対策は、どのような歴史的展開を経て今日の形になってきたか、貧困の歴史について概観する（第3章）。

　第1章から第3章のような直接実務に関係のないような基礎的な知識についても、それぞれに独立して章が設けられ整理されている。学びの際にはそれらが有機的に結びついている点にも留意してもらいたい。ソーシャルワーカーとして実務に当たる際、単純にインプットされた知識を組み合わせるだけの実践となるか、奥行きのある知性をもった実践となるかは、そのような学びの態度から培われるからである。

　次いで、貧困・貧困状態にある人への対策として、生活保護制度やさまざまな低所得者対策が、どのような制度的仕組みとなっているのか、公的扶助制度の主要制度である生活保護制度の最近の動向と併せて言及している（第4章・第5章）。

また、福祉事務所を中心とした、貧困に対する支援機関等の運営実施体制や関連する専門職の役割について明らかにしていく（第6章）。

　最後に、貧困状態にある人に対して行われる相談援助活動の実際を、事例等を通して具体的に整理し、生活保護における自立・自律のあり方、そして自立支援プログラムのあり方について展望する（第7章）。

　さて、近年は経済停滞・雇用環境の変容を背景に、貧困・低所得者層の増加傾向がみられる。そのため、貧困・低所得者対策において、生活保護制度として適正な運営実施の推進を図ることなどを目的に、現行法制定以来初めての大きな法改正が行われている。

　また、低所得者対策としては「生活困窮者自立支援法」、さらには貧困・低所得状態におかれている子どもの貧困の軽減・解消を目指す「子どもの貧困対策の推進に関する法律」が制定されるなど、制度として大きな動きがあった。これらを含め貧困・低所得状態にある国民の生活を支える制度・政策の充実強化が図られている。

　さらに最近の動向では、2018（平成30）年6月に、生活保護法および生活困窮者自立支援法の一部改正がされ、生活保護世帯の子どもの大学等への進学支援、医療扶助における後発医薬品の原則化、無料低額宿泊所（社会福祉住居施設）の最低基準の整備、日常生活支援住居施設の創設等の措置を講じた。今後も、同法に基づく被保護者健康管理支援事業の実施に向けた環境整備に取り組むこととされており、新たな政策ならびに相談援助活動が展開されている。

　本書の学習を通して、貧困に対する支援が社会保障・社会福祉の基底をなし、また市民社会において必要不可欠な領域としてより機能していくために、どのような手立てを講じたらよいかを認識する契機となれば幸いである。

編集委員一同

目次

第 6 章　貧困に対する支援における
　　　　関係機関と専門職の役割

第7章　貧困に対する支援の実際

本書では学習の便宜を図ることを目的として、以下の項目を設けました。

- ・学習のポイント……各節で学習するポイントを示しています。
- ・重要語句…………学習上、特に重要と思われる語句を色文字で示しています。
- ・用語解説…………専門用語や難解な用語・語句等に★を付けて側注で解説しています。
- ・補足説明…………本文の記述に補足が必要な箇所にローマ数字（ⅰ、ⅱ、…）を付けて脚注で説明しています。
- ・Active Learning……学生の主体的な学び、対話的な学び、深い学びを促進することを目的に設けています。学習内容の次のステップとして活用できます。

第1章

公的扶助の概念

　本章では、第1節で、公的扶助とは何か、その概念について明らかにする。その手順として、まず、各国に共通する公的扶助の制度的特徴を概観する。次いで、救貧制度に当たる公的扶助制度と、防貧制度に当たる社会保険制度の違いについて説明する。そして、狭義の公的扶助・広義の公的扶助という捉え方を通し、公的扶助の範囲をどのように考えたらよいかを言及し、我が国における公的扶助の特徴を説明する。第2節では、公的扶助の意義と役割・機能について整理する。とりわけ、そのなかでも最も重要な機能とされているセーフティネット機能とナショナル・ミニマム機能について、詳しく説明する。

第1節 公的扶助の概念と範囲

学習のポイント

● 公的扶助の概念と範囲を狭義・広義双方の観点から明らかにする
● 我が国の公的扶助の特徴を整理する

1 公的扶助の概念

1 公的扶助という言葉

　まず最初に、「扶助」とは何か、「公的扶助」とは何かについて、説明しておこう。

　扶助とは、広辞苑によると「たすけること」を意味し[1]、それは、一般的に、経済的に困難な生活状態にある者（以下、貧困者）に対し、経済的援助・支援を行うことを指して使用している。そしてその扶助は、援助・支援を行う者（援助・支援者）とそれを受ける者（被援助・支援者）の援助・支援関係によって成立する。この援助・支援関係は、援助・支援主体が誰かによって、私的扶助と公的扶助に分かれている。私的扶助が、個人・私的団体が主体となり貧困者に対して行う扶助を指しているのに対し、公的扶助は、公、とりわけ国家が主体となり貧困者に対して行う扶助を指している。いうまでもなく、扶助の成立する前提には貧困の存在があり、それをどのように個人あるいは国家が認識するかによって、私的扶助あるいは公的扶助の対象、方法、水準などが変わってくる。

　公的扶助においては、当初、貧困は個人の素行等の道徳的問題として捉える惰民観に立脚した消極的な施策が展開されていた。そこでは、個人・私的団体が貧困救済を行い、そこで救済されないやむを得ない事情を抱えている人にのみ国家が救済を行っていた。しかし、社会の進展に伴い、貧困が個人のレベルでは解決できない広がりと深さをもってきたことが社会の共通認識となってくる。それが人権意識の醸成と相まって国家の積極的な介入を生み、その責任のもとに国民すべてに最低限の生活を保障していこうとする社会の仕組みができあがるようになる。これが公的扶助として結実し、国民の権利として定着していくことになる。すなわち、当初、国家が主観的・恣意的・慈恵的に行ってきた扶助は、

今日では、国家責任のもと、客観的・無差別平等・権利としての扶助として内実化を目指しているといってよいであろう。

２ 公的扶助概念の使用例

❶ 海外

　公的扶助という言葉は、英語の「Public Assistance」の訳語であり、そもそもは、イギリスにおいて、1909 年の「救貧法および貧困救済に関する王立委員会」（Royal Commission on the Poor Laws and the Relief of Distress）の多数派報告（The Official Majority Report）のなかで、公的に登場したのが最初である。同報告書では「救貧法に『無情と絶望の連想』がつきまとうことを認め、したがって、救貧法を『公的援助（Public Assistance）』と改名」すべきと提案している。

　またその後、国の法律として公的扶助を最初に位置づけたのは、アメリカの「社会保障法」（Social Security Act）（1935 年）においてであった。同法において、連邦政府が実施する老齢保険、失業保険と並んで、公的扶助については、州の実施する扶助事業に連邦政府が補助金を支出することを定めている。それ以降、先進諸国において公的扶助が国の法律として制定されてくる。

　公的扶助は、各国でさまざまな名称で呼ばれているが、その概念・制度内容は統一されたものではない。たとえば、先述した公的扶助の始源である救貧法が早くから成立したイギリスにおいては、第二次世界大戦以降、国民扶助（National　Assistance）から補足給付（Supplemental Benefit）等へと変遷を遂げている。また現在、アメリカでは補足的保障所得（Supplemental Security Income：SSI）、補足的栄養扶助プログラム（Supplemental Nutrition Assistance Program：SNAP ／旧・フードスタンプ）、貧困家庭一時扶助（Temporary Assistance for Needy Families：TANF）などが、ドイツでは社会扶助と求職者基礎保障、戦争犠牲者援護、庇護申請者給付が、さらにフランスでは社会的ミニマムが、スウェーデンでは社会扶助が、韓国では国民基礎生活保障法などが、公的扶助制度として機能している。

❷ 日本

　我が国において、「Public Assistance」という用語が公式文書として最初に登場したのは、1945（昭和 20）年 12 月に日本政府が連合国軍総司令部（GHQ）に提出した「救済福祉に関する件」に対する、翌 1946（昭和 21）年 2 月の GHQ の SCAPIN775「社会救済」と題する回答

Active Learning

日本以外の国の公的扶助制度について調べて、違いを比較してみましょう。

書である。そこで日本政府は、原題である「Public Assistance」を「社会救済」と翻訳し使用している。

　次いで、1948（昭和23）年7月アメリカ社会保障制度調査団報告書「社会保障制度への勧告」では、公的扶助を「公共扶助」という用語で、またそれに相当する制度として生活保護制度を挙げている。さらに1949（昭和24）年9月社会保障制度審議会勧告「生活保護制度の改善強化に関する件」では、「公の扶助」という用語で使用し、また1950（昭和25）年10月、同審議会による「社会保障制度に関する勧告」では、公的扶助を前述のイギリスの国家扶助と同様の名称である「国家扶助」という表現で、生活保護制度を指して表現している。

❸各国共通の制度的特徴

　公的扶助は、各国において、以下の共通した制度的特徴をもっているといわれている。

❶　貧困という事実に応じて、給付が行われていること。
❷　国民が、申請あるいは請求権をもっていること。
❸　財源は、国家の歳入によって全額賄われていること。
❹　国家自らの責任において、行政機関を制度化・組織化していること。

2 ▶ 制度概念としての公的扶助と社会保険

　社会保障制度は、国家が主体となり広く国民を対象として生活を保障する制度的仕組みである。そしてそれは、主として貧困者に対して生活を保障する救貧制度と、主として労働者が貧困となることを予防する防貧制度の二大制度を中心に構成されている。社会保障制度では、前者の救貧制度に当たる制度を公的扶助制度、後者の防貧制度に当たる制度を社会保険制度と呼んでいる。なお、ここでいう国民とは、国籍法で規定する日本国民を指すだけではなく、ほかの国籍を有する者までを含んだ広い意味で使用している。以下、「国民」はその意味内容で記述する。

　ここで、社会保険制度と対比して公的扶助制度の特徴をみていけば、次のようなことがいえるであろう（表1-1）。

❶適用条件

　社会保険は強制加入であるのに対し、公的扶助は保護を必要とする者がすべて申請することを建前としている。

表1-1 社会保険と公的扶助の違い

	社 会 保 険	公 的 扶 助
❶適用条件	強制加入	申請
❷対象	国民一般、被用者	国民一般（貧困者）
❸費用	有償（本人拠出あり）	無償（公費負担）
❹給付水準	賃金比例・均一	最低生活費（差額不足分）
❺給付期間	おおむね有期	無期
❻給付の開始	事故の発生（自動的）	困窮の事実（資力調査）
❼受給資格	被保険者本人（およびその家族）	資力調査を受け、貧困の事実認定がなされた者
❽機能の相違	防貧的	救貧的

出典：佐口卓『社会保障概説 第2版』光生館, pp.14-15, 1987. を一部修正

❷対象

社会保険は国民一般（医療保険、年金保険、介護保険）、被用者（雇用保険、労災保険）であるのに対し、公的扶助は国民一般のなかの貧困者に限られている。

❸費用

社会保険は有償であり、定められた保険料を納入しなければならないが、公的扶助は無償であり、公費（租税）で賄われている。

❹給付水準

社会保険では特定の保険事故について賃金に応じた比例または均一であるのに対し、公的扶助では客観的に定められた一定の基準により最低生活のラインが定められており、所得・資産等がそれを下回る場合に、差額不足分が保障される。

❺給付期間

社会保険はおおむね有期であるが、公的扶助は無期であり、必要な条件を満たす限り、その給付は継続する。

❻給付の開始

社会保険はあらかじめ定められた保険事故が発生すれば自動的に給付が開始されるが、公的扶助は貧困という事実が制度的要件にて認められれば給付が開始される。そこでは、貧困の事実認定を行う**資力調査**（ミーンズ・テスト、資産調査とも呼ぶ）が必要となる。

❼受給資格

社会保険は保険に加入し、所定の保険料を納付することにより受給資

---

i　公的扶助を適用する要件である要保護（貧困）状態にあることを確認するため、貯金、収入、土地・家屋等の資産や稼働能力等、また扶養等の状態を把握するための調査。

格が発生するのに対し、公的扶助は資力調査を通し、貧困の事実認定を行うことにより保護の受給資格が生じる。

❽機能の相違

社会保険は保険事故が発生するとただちに給付が開始され生活の保障が行われ貧困になることを予防できるのに対し、公的扶助はすでに定められた最低生活ライン以下となっているという事実によって扶助が開始される。つまり、社会保険は防貧的機能を、また公的扶助は事後的に貧困状態にある者を救済することから救貧的機能をもっているといえる。

これらにより、公的扶助制度を、「国家が、最低生活保障を目的として、貧困状態にある者を対象に、貧困の事実認定を行うための資力調査を課し、公費を財源として行う制度」として規定することができる。我が国の場合、これに相当する制度として、生活保護制度が挙げられる。

3 公的扶助の範囲
──狭義の公的扶助・広義の公的扶助

我が国を例にして、公的扶助の範囲について説明すれば、次のようになる。

❶ 前記の特徴に相当する公的扶助制度は、生活保護制度となる。この生活保護制度では、法運用上の基本原理として「国家責任の原理」「無差別平等の原理」「最低生活保障の原理」「保護の補足性の原理」の四つを、また基本原則として「申請保護の原則」「基準及び程度の原則」「必要即応の原則」「世帯単位の原則」の四つを挙げ、資力調査を課してその要否が決定され、給付（最低生活保障）と対人サービス（自立助長）が行われている。

❷ 資力調査に代えて所得調査（インカム・テスト、所得制限）を要件とするならば、社会手当制度が、公的扶助の範囲に入ってくる。具体的には、児童扶養手当法に基づく児童扶養手当、特別児童扶養手当等の支給に関する法律に基づく特別児童扶養手当などが挙げられる。

❸ 直接的に生活困窮の救済を目的としないが、公的給付を提供することによって自立した生活を保障することにつながる制度も、公的扶助の範囲に入れている。具体的には、障害者の日常生活及び社会生活を総合的に支援するための法律（障害者総合支援法）に基づく補装具費の給付、戦傷病者戦没者遺族等援護法による年金の給付、感染症の予防及び感染症の患者に対する医療に関する法律など保健衛生立法によ

る医療費の給付、母子及び父子並びに寡婦福祉法に基づく母子福祉資
金の貸付けなどがある。

❹ 低所得者対策の一環として行われている施策も、公的扶助の範囲に
入ってくる。具体的には、生活保護に至る前の段階の自立支援等の強
化を図るため生活困窮者に対し実施される生活困窮者自立支援法の自
立相談支援事業、住居確保給付金の支給、低所得者等に対して各種資
金の貸付けを行う生活福祉資金貸付制度、低所得者を中心に住宅を提
供する公営住宅制度、ホームレスを対象に労働・住宅・生活など総合
的な施策を行うホームレス対策などの支援が挙げられる。

以上のことから、公的扶助は、狭義に捉えるならば、❶にある生活保
護制度がそれに相当し、広義に捉えるならば、❷にある社会手当制度、
❸にある間接的に寄与する制度である各種制度、そして、❹の低所得者
対策の一環として行われている各種施策が、公的扶助の範囲に入ってく
る。社会福祉における制度概念においては、貧困対策として❶を、低所
得者対策として❷❸❹を位置づけているのが通例である。

4 我が国における公的扶助の特徴

これらの狭義・広義の公的扶助を念頭において、公的扶助の特徴を整
理すれば、次の六つにまとめることができる。

❶ 公的責任の下で行われていること。

❷ 生活困窮状態にある者（貧困者）、またはそれと同等あるいはそれに
近い生活水準にある者（低所得者）を対象としていること。

❸ 生活困窮状態にある、またはそれと同等あるいはそれに近い状態に
あることを確認するため、一般的には資力調査あるいは所得調査が給
付要件・貸付条件に先立ち実施されること。

❹ その給付・貸付けは、一般的には、申請者あるいは請求者の個別的
必要（ニード）に対応する個別的給付・貸付けであり、国が設定する
最低生活保障水準（ナショナル・ミニマム）またはそれと同等あるい
はそれに近い生活保障水準に不足する「生活需要」（生活保護において
は必要を「需要」と使用）に対応していること。

❺ その財源は、主として国や地方公共団体の一般歳入にて全額賄われ
ていること。

❻ 家族、親族等の私的援助や他法他施策等の活用などを行うも生活困

窮状態にある、またはそれと同等あるいはそれに近い状態にある者の最終的生活保障制度として機能していること。

これらの点を踏まえて、公的扶助の概念を規定するならば、次のように定義することができる。

公的扶助とは、国家責任の下、最低生活保障水準あるいはそれに近い生活保障水準の不足に対する生活需要を補うことを目的として、貧困・低所得者を対象に、資力調査あるいは所得調査を課し、貧困・低所得者の請求あるいは申請をもって、給付・貸付けを行う制度であり、それは、公費を財源として行う救貧対策である。

◇引用文献
1）新村出編『広辞苑 第7版』岩波書店，p. 2555，2018.
2）モーリス・ブルース，秋田成就訳『福祉国家への歩み――イギリスの辿った途』法政大学出版局，p. 314，1984.

◇参考文献
・小倉襄二『公的扶助――貧乏とその対策』ミネルヴァ書房，1962.
・籠山京・江口英一・田中寿『公的扶助制度比較研究』光生館，1968.
・佐口卓『社会保障概説 第2版』光生館，1987.
・社会保障研究所編『日本社会保障資料Ⅰ』至誠堂，1975.
・社会福祉士養成講座編集委員会編『新・社会福祉士養成講座⑫ 社会保障 第6版』中央法規出版，2019.
・モーリス・ブルース，秋田成就訳『福祉国家への歩み――イギリスの辿った途』法政大学出版局，1984.
・仲村優一『社会福祉著作集第1巻 社会福祉の原理』旬報社，2003.
・埋橋孝文編著『福祉＋α 4 生活保護』ミネルヴァ書房，2013.

第2節 公的扶助の意義と役割

学習のポイント

● 公的扶助の意義と役割を社会保険との比較から明らかにする
● 社会保障の機能としての公的扶助を「ナショナル・ミニマム」をキーワードに理解する

1 公的扶助の意義と役割

公的扶助は、社会保険とともに国民生活を保障する社会保障の二大制度として位置づけられている。そこでは、まず社会保険が貧困を予防する制度として存在しており、社会保険をはじめとする社会保障各制度あるいは家族・親族等の私的扶養が十分機能しない場合に、貧困となった人々を救済する制度として公的扶助制度がある。このように公的扶助は、社会保険をはじめとする社会保障各制度（公的扶養）の補完、私的扶養の補完という制度として位置づけられることができよう。つまり公的扶助は、社会保障制度を根底から支える制度として存立しているのである。

さて、社会保障制度は、さまざまな機能をもち、国民生活の回復・維持安定に寄与している。主な機能として、以下の機能が挙げられる。

1 所得再分配機能

所得の第一次分配（労働に応じた収入）の結果（所得格差・不平等など）に対して是正を行う機能であり、再分配には、所得の多い階層から少ない階層へ所得移転する「垂直的再分配」、同一所得階層内で所得移転を行う「水平的再分配」、収入のある世代（稼得世代）から収入の少ない世代（退職世代）へ所得移転を行う「世代間再分配」などがある。このなかで公的扶助は、垂直的再分配機能と最もかかわりの深い制度である。

2 ナショナル・ミニマム機能

国家が国民に対して最低限度の保障を行うことであり、一般的には、社会保障などの公共政策において、国家が国民に保障する最低限度の生活水準を指している。我が国においては、賃金の水準（最低賃金）、社会

保険の給付水準ではなく、生活保護基準がその機能を果たしている。

3 セーフティネット機能

　国民生活の困難な事態への対処として、セーフティネット機能が位置づけられている。セーフティネットをどのレベル（水準）に張るかによって異なってくるが、それは大きく、防貧的レベルで張るか、救貧的レベルで張るかの二つが考えられる。

　前者は、年金などを含む保障を予防的（防貧的）に行い、国民が安定した生活を送れるようにすべきとする社会民主主義的な考え方に立っている。そして後者は、主に市場における自由競争にて十分な収入を得ることができない、あるいは競争に参加できない人たちに対して事後的（救貧的）に保障すべきとする経済の市場化を主張する新自由主義的な考え方に立っている。それは、前述のナショナル・ミニマムと関連させるならば、防貧的ナショナル・ミニマムか救貧的ナショナル・ミニマムかということになるであろう。

4 生活と経済の変動安定化機能

　国民生活の困難な事態、具体的には、生活上のリスクである老齢（退職）、傷病、失業、出産・保育等による所得の喪失・中断・減少を防ぎ、生活水準の低下を緩和し、生活の安定を図る機能をもつ（生活の変動安定化機能）。また、失業等による所得の減少を緩和させることにより、不況や景気後退に伴う消費需要の低下を緩和し、景気の回復時においては社会保障給付を減少させる経済変動安定化効果（ビルト・イン・スタビライザー効果）や、社会保障の運営に必要なマンパワーの育成・雇用・設備投資などによって景気回復を促す機能があるとしている（経済の変動安定化機能）。

5 社会的統合機能

　これは、政治・社会の安定化機能ともいえる機能である。階級・階層間の対立や経済的・社会的格差、不平等の拡大などは、社会的・政治的不安定をもたらす。そこで、公的扶助による最低生活保障により格差の緩和・解消を図ったり、社会保険などを通し国民の社会連帯意識を高めていくことが、社会的統合につながるとしている。

　以上の主な機能は、社会保障全般の機能として位置づけられる。その

なかでも、公的扶助にとって最も重要な機能が、セーフティネット機能とナショナル・ミニマム機能である。以下に、詳しく説明していく。

2 セーフティネット機能

1 セーフティネットとは何か

「セーフティネット」（safety net）とは、もともとは、サーカスの空中ブランコなどで落下してもけがをしないように床の上に張られた網（ネット）のことを指しており、「安全網」と訳される。これを、社会保障や他の分野にも援用し、困難な状況となったとき、またはそのような事態になることを防ぐようにする仕組みのことを指して使用されている。

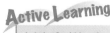

あなたが、新たに必要だと考えるセーフティネットを挙げてみましょう。

2 セーフティネットと公的扶助制度

旧・社会保障制度審議会[i]の分類に沿って社会保障制度体系をみてみれば、「社会保険」「公的扶助」「社会福祉」「公衆衛生および医療」「老人保健」を広義の社会保障、それに恩給と戦争犠牲者援護を加えたものを広義の社会保障としている。さらに住宅対策と雇用対策を社会保障関連制度として位置づけている（表1-2）。

狭義の社会保障である5分野は、それぞれ次のような特徴をもっている。

❶ 社会保険は、被保険者があらかじめ保険料を拠出し、生活上の困難がもたらす一定の事由（保険事故）が生じた場合に給付を行う公的な仕組みである。

表1-2 社会保障制度の体系

広義の社会保障		社会保障関連制度
狭義の社会保障	関連制度	住宅対策 雇用対策
社会保険 公的扶助 社会福祉 公衆衛生および医療 老人保健	恩給 戦争犠牲者援護	

---

i　2001（平成13）年廃止。経済財政諮問会議および社会保障審議会に引き継がれた。

❷　公的扶助は、貧困・低所得者に対し、国家が一般租税を財源とし、最低限度の生活あるいはそれに近い生活の生活需要の不足分を補う目的として、資力あるいは所得調査を課し、申請あるいは請求をもって、給付・貸付けを行う制度である。生活保護制度ならびに低所得者対策がこれに該当する。

❸　社会福祉は、個別的必要（ニード）に対応して、主として対面的・個別的サービス（対人サービス）を提供する仕組みである。

❹　公衆衛生および医療は、疾病を予防し健康増進を図る公衆衛生制度と、医療従事者の養成や医療機関の整備など医療サービスを支援する医療制度がある。

❺　老人保健は、高齢者の健康の保持と適切な医療の確保を図るための制度である。

　さらには、社会保障制度を、国民生活のセーフティネットの観点からみていけば、次のように位置づけられる。

　第一のセーフティネットは、日常生活のなかで生活の困難が生じた場合に対応するものであり、それは、国民が強制加入する社会保険制度である。これには、失業・労災に対応する労働保険（「雇用保険」「労災保険」）、障害・老齢・死亡に対応する「年金保険」、傷病・出産に対応する「医療保険」、介護に対応する「介護保険」の五つの社会保険が張られている。この第一のセーフティネットは、雇用されているか自営であるかを問わず、主として稼得者およびその家族を中心に組み立てられている制度であり、社会保障制度のなかでは貧困を予防する防貧的機能をもつものとして位置づけられる。

　第二のセーフティネットは、低所得者を対象とするものであり、それは、生活保護基準と同等かあるいはそれに近い所得水準にあり、従来のいわゆるボーダーライン層を対象とする諸施策を指している。具体的には、生活福祉資金貸付制度、社会手当制度である児童扶養手当、特別児童扶養手当等、さらには、ホームレス対策やその他の低所得者対策（公営住宅制度、民事法律扶助制度、災害救助法、無料低額診療制度、無料低額宿泊所等）が挙げられる。また、リーマンショック後に離職者を対象に制定された求職者支援制度、住宅手当制度、生活福祉資金貸付制度の総合支援資金貸付け、そして生活困窮者自立支援制度などがそれに相当する。

　そして、第三のセーフティネットは、資力調査を課す貧困対策（生活保護制度）である。生活保護制度は、社会保障制度全体のなかでも最後

図1-1　公的扶助・社会保険・社会福祉の関係

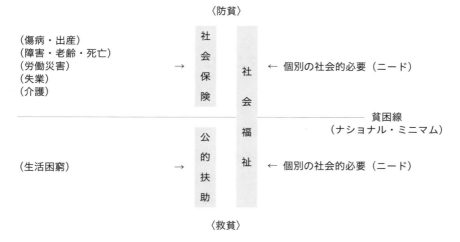

出典：岡部卓『新版 福祉事務所ソーシャルワーカー必携──生活保護における社会福祉実践』全国社会福祉協議会，p.39，2014. を一部修正

のセーフティネットとしての役割・機能を担っている。そのため、この生活保護制度の制度的枠組みが今後どのように設定されてくるかにより、国民生活がどの範囲でどの程度保障されてくるかが決まってくる。また生活保護制度は、セーフティネットとしての労働保障、住宅保障、所得保障、保健医療保障、対人サービスとしての最終的施策として位置づけられており、この国民生活を守るネットがどのように張られるかによって、信頼と安心をもって生活していけるかどうかの分岐となる。

　そして社会保険制度をはじめとする他法他施策が十分機能しない場合には、国民の生活保障は生活保護制度を中心とする公的扶助制度が対応することになる。前述したように生活保護制度は、国民に最低限の生活を保障するナショナル・ミニマム機能と、本人の収入・資産・労働能力、家族・親族等のインフォーマルな社会資源や他法他施策等のフォーマルな社会資源を活用したとしても収入が最低生活以下となる場合、最後のセーフティネット（安全網）となる機能をもっている。

3 ナショナル・ミニマム機能

1 ナショナル・ミニマムとは何か

　「ナショナル・ミニマム」（national minimum）とは、国家が国民すべてに対して保障すべき必要最低限度の生活水準のことを指しており、「国民最低限」と訳されている。それは、社会保障制度の根幹を基礎づける概念の一つであり、それぞれの国や社会において、その生活水準に対応した最低限度の生活保障水準があることを示している。

　ナショナル・ミニマムは、前述のように、社会保障・社会福祉の特定領域に限定して使用している場合もあれば、広く社会保障をはじめ国民生活にかかわる公共政策一般において用いられる場合があることに留意する必要がある。

　またこのことと関連して「シビル・ミニマム」（civil minimum）という用語があるが、これは我が国において 1960 年代に起きた公害問題をはじめとする地域問題に対応する地域住民の生活水準を、ナショナル・ミニマムを上回る自治体独自の高い基準に設定しようとする考えから提言された概念である。

　ミニマム（最低限）のレベルを、ナショナル（国家）レベルにするか、シビル（自治体）レベルに設定するかという地理的範囲に違いがある。

2 社会保障とナショナル・ミニマム

　ここで、社会保障・社会福祉領域において使用されているナショナル・ミニマムがどのように考えられてきたのかについて、少し言及してみよう。

　ナショナル・ミニマムの概念は、19 世紀末イギリスにおいてウェッブ夫妻（Webb, S. & B.）によって初めて提唱された。ウェッブ夫妻は、『産業民主制論』（1897 年）のなかで、労働者を生産者などと肩を並べられる程度の国民として必要な最低限度の生活水準を保障する、という意味でナショナル・ミニマムを使用していた。その後ウェッブ夫妻は、『大英社会主義国の構成』（1920 年）のなかで、ナショナル・ミニマム概念を、労働者（とりわけ劣悪な労働条件下に置かれた労働者）から国民一般までその対象を拡大し、その保障の範囲についても、労働者の労働・生活から保健医療、住宅、教育、自由時間（余暇）に至る国民生活全般にわたる諸領域まで包括して捉えるようになる。

この考え方は、戦後イギリスの福祉国家建設のベースとなった報告書『ベヴァリッジ報告；社会保険および関連サービス』（1942 年）に引き継がれていく。ベヴァリッジ（Beveridge, W. H.）は、その報告書のなかで社会保障計画の具体的政策目標としてナショナル・ミニマムをその柱としている。そこでいうナショナル・ミニマムとは、最低限度の所得保障を行う内容に限定し、そのための施策として社会保険を中心とした社会保障制度を構想している。この構想をもとに、戦後イギリスにおいていち早く、福祉国家が形成・成立・展開することになる。

3 ナショナル・ミニマムと生活保護制度

我が国においては、日本国憲法第 25 条において謳われた生存権保障の規定が、ナショナル・ミニマム概念を示す規範的概念として提示されている。第 25 条第 1 項では「すべて国民は、健康で文化的な最低限度の生活を営む権利を有する」と定めている。これを受け、第 2 項では「国は、すべての生活部面について、社会福祉、社会保障及び公衆衛生の向上及び増進に努めなければならない」としている。すなわちそこでは、ナショナル・ミニマム概念の内容を、国民は、肉体的生存だけでなく社会的・文化的生活を維持するに足る水準を権利として有していること、またそれは、国家により保障しなければならないこと、さらには、それは社会福祉、社会保障、公衆衛生のことを示しており、その後の社会保障・社会福祉制度の法的根拠となっている。

この生存権を具現化した生活保護制度は、生活保護法第 1 条に規定されているように、「最低生活保障」と「自立助長」を法の目的としており、その最低生活保障は生活保護基準として設定されている。それは、生活保護制度の最低生活保障水準を表しているだけでなく、国民にどの程度の生活レベルを国家が保障していくのかという、ナショナル・ミニマム、いわば社会保障制度の根幹にかかわる機能を有している。

またこの水準は、「健康で文化的な生活水準を維持することができるものでなければならない」（生活保護法第 3 条）とされ、人間としての尊厳と体裁が維持できる社会的・文化的生活が充足される水準でなければならない。

この最低生活保障水準（生活保護基準）は、生活困窮（貧困）かどうかを判断する貧困線（poverty line）の役割を果たしていると同時に、収入が最低生活保障水準を下回る場合にその不足分を支給する尺度ともなっている。

この最低生活保障水準は、要保護者の生活需要に応じて８種類の扶助（生活、教育、住宅、医療、介護、出産、生業および葬祭）があり、年齢別、世帯人員別、所在地域別などで設定されている。

◇参考文献
・大前朔朗『社会保障とナショナルミニマム──イギリスを中心にして　増補版』ミネルヴァ書房，1983.
・岡部卓「求められる新たな「セーフティネット」──生活保護制度を中心に」『ガバナンス』第66号，2006.
・岡部卓『新版　福祉事務所ソーシャルワーカー必携──生活保護における社会福祉実践』全国社会福祉協議会，2014.
・社会福祉士養成講座編集委員会編『新・社会福祉士養成講座⑫ 社会保障 第６版』中央法規出版，2019.
・岡部卓「地域福祉と社会的排除──ホームレス支援の課題と展望」『人文学報』第399号，東京都立大学人文学部，2003.
・岡部卓編著『生活困窮者自立支援──支援の考え方・制度解説・支援方法』中央法規出版，2018.

第2章

貧困の概念と
貧困状態にある人の
生活実態と
これを取り巻く
社会環境

　本章では、はじめに、貧困についての基本的な理解を図る。次いで、貧困に対する支援を貧困状態にある人の対応方策（制度・政策および相談援助活動）として位置づけ、貧困に対する支援の対象とする貧困・貧困状態にある人とは何を指しているのかについて、多面的な観点から明らかにする。最後に、貧困状態にある人を取り巻く社会情勢と貧困状態にある人の生活課題について、それぞれ明らかにする。

● 貧困の定義および概念について、さまざまな視点から理解する
● 貧困には物質的＝経済的側面と、非物質的＝文化的・象徴的側面があることを理解する

1　貧困とは何か

　貧困とは何か。この古くて新しい問いに応答することが本章の役割である。貧困と聞いて、あなたはどのような状態や人を思い浮かべるだろうか。駅舎や川沿いで寝泊まりしている「ホームレス」の人たち？　フィリピンのゴミ山で生活するストリート・チルドレン？　大きな借金を抱えて家賃を滞納している人？　あるいは、高額な学費と生活費を賄うために朝から晩までアルバイトをしているあなた自身や身近な友人のことを思い起こす人もいるかもしれない。これらはそれぞれに、貧困という言葉が表す事柄であり、どれか一つが正しくて、それ以外は間違いだということではない。そもそも 100 年前の貧困と今日の貧困は異なる面をもち、また今日の貧困といってもいわゆる先進国の貧困と途上国の貧困とでは異なる面をもっているということに異議を挟む人は少ないであろう。このことは、貧困は社会的に構成されるものであり、歴史や文化、社会の外側に立つような、単一の貧困の概念はないということを意味している。

　とはいえ、貧困はまた、ある種の普遍性を備えてもいる。つまり、貧困がどのように捉えられるにせよ（あるいは、どのような社会における貧困であっても）、そこには共通する点、一致点があるということである。では、その一致点とは何か。この点をよりよく理解するために、貧困とともに論じられることの多い不平等の概念と比較してみよう。不平等と貧困は、しばしば関連しているが、全く別の概念である。その最たる違いの一つは、不平等が記述的な（descriptive）概念であるのに対し、貧困は規範的な（prescriptive）概念だという点にある[1]。たしかに「容認できる／できない不平等」という言い方に表れているように、不平等が

規範的な問いとなることもあるかもしれない。しかし多くの場合、そこで問題にされているのは不平等の「程度」であって、その「存在」そのものではない。これに対して貧困は、その「程度」というよりも「存在」そのものが問われ、争われるような、規範的な概念だといえる。貧困は、それ自体「容認できない（unacceptable）」状態を含意しており、それゆえ「それに対して何かがなされなければならない」という規範を常に含むものなのである。これが、あらゆる貧困の捉え方に共通する点である。イギリスの社会政策学者であるオルコック（Alcock, P.）は、このような貧困概念の特徴をめぐって、「貧困は争われる問題ではあるが、それはやはり問題なのである。意見の不一致がみられない唯一の点は、貧困に対して何かがなされなければならない、ということである」と論じている。[2]

このように貧困は、それがどのように捉えられるにせよ、「容認できない」という規範を含むものである。この「容認できない困窮」を物質的なコアとしながら、貧困概念の多義性を捉えようとしたのが、イギリスの社会政策学者のリスター（Lister, R.）である。リスターは、貧困概念の中心に物質的核としての「容認できない困窮[3]」を置きながらも、貧困をそれだけで説明することはできないという。貧困は、その物質的＝経済的側面だけではなく、非物質的＝関係的・象徴的側面とともに捉える必要があるというのである。これを図示したものが図 2-1 の貧困車輪である。[i]

車輪の中心は、貧困の物質的中心、いわば「容認できない困窮」を意味しており、これに対して車輪の周縁は、容認できない物質的困窮のなかで生活している人々が経験する、貧困の関係的・象徴的諸側面—具体的には、貧困状態にあることで経験し得る屈辱や恥辱、無力感等—を意味している。ここで重要なのは、これらの中心と周縁はどちらも、社会的・文化的諸関係に媒介され、解釈されるものであるということであり、社会的・文化的文脈に応じてその都度定義し直される余地を伴っているということである。車輪は決して静態的なものではなく、動態的なものとして構想されなければならず、この意味でそれは概念（concept）と

---

i　なお、彼女が貧困の概念をイメージする際に車輪というモチーフを利用するのは、貧困の二つの側面の間にあるのが階層的関係ではなく、同等な関係および相互依存的関係であることを表すためであるとされる（Lister, R., *Poverty*, Polity Press, pp. 7-8, 2004.）。このことは、たとえば経済が文化を決定する、といったような階層的な関係を批判しつつ、両者を相対的に自律した領域として理解しようとする態度の現れである。

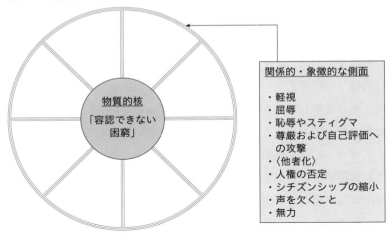

図2-1 物質的・非物質的な貧困の車輪

関係的・象徴的な側面

・軽視
・屈辱
・恥辱やスティグマ
・尊厳および自己評価への攻撃
・〈他者化〉
・人権の否定
・シチズンシップの縮小
・声を欠くこと
・無力

物質的核
「容認できない困窮」

出典：ルース・リスター，松本伊智朗監訳，立木勝訳『貧困とはなにか——概念・言説・ポリティクス』明石書店，p. 22, 2011.（Lister, R., *Poverty*, Polity Press, 2004.）

いうよりも概念化（conceptualization）の過程を示しているといってもよいだろう。

2 貧困の概念／定義／測定

　リスターはまた、貧困を捉えるにあたっては、少なくとも概念（concept）、定義（definition）、測定（measure）の三つの水準に分けて考えることができると指摘している[4]。ここでは、彼女の議論にしたがって、貧困の概念、定義、測定についてそれぞれ整理してみよう。まず、貧困の概念とは、貧困の意味とほぼ同義である。ここでいう意味とは、貧困を経験している人々にとっての意味と、貧困を経験したことのない人々にとっての意味の両方を指している。また、貧困の概念には、人々が貧困についていかに話し、いかにイメージしているかといったことをめぐる「貧困言説」も含まれる。続いて、貧困の定義とは、貧困ないし貧困であること（poverty）と、非貧困ないし貧困ではないこと（non-poverty）との間を区別するものである。そして最後に貧困の測定とは、貧困と定義された人々を同定し数え上げ、彼らの貧困の深さを測定することができるように、定義を量的に操作化したものとされる。

　これら概念、定義、測定のうち、従来の貧困研究が主に関心を寄せてきたのは定義と測定であった。貧困研究の一義的関心は、収入や資産の

低位性等、その物質的・経済的側面に置かれていたといえるだろう。それはまた、「貧困線」はどの程度の水準とすべきか、「貧困者」はどの程度存在するのかといった、「量」的な問題関心に裏づけされながら、貧困の定義と測定を促してきた。このような貧困研究の傾向に対し、イギリスの貧困研究者であるノヴァック（Novak, T.）は「私たちは、私たちが測定しているものが何であるのかを、その数を数え上げる前に知っておく必要がある」のではないかと警鐘を鳴らしている。この示唆的な警鐘を真摯に受けとめるとき、あらためて貧困の概念の重要性が理解されるであろう。よりよい貧困理解を目指すのであれば、ただ貧困を定義したり測定したりするだけではなく、貧困であることが意味するものは何か、という概念のレベルに十分な注意が払われなければならないのである。リスターもまた、貧困の定義と測定を考えるための「枠組み」を提供するものとして貧困の概念の重要性を指摘している。

3 貧困の定義

貧困の定義は、しばしば貧困の概念と重なりあう。それは、特定の社会的・文化的・歴史的背景を反映して構築されるものであり、貧困の概念同様、単一の「正しい」貧困の定義が存在するわけではない。

1 絶対的貧困アプローチ

❶チャールズ・ブースの貧困定義

チャールズ・ブース（Booth, C.）は、19世紀の終わりに、労働者階級が多く住んでいたロンドン地域で貧困調査を行い、労働者の生活困窮状態を明らかにした。その調査結果は『ロンドン市民の生活と労働』にまとめられ、そこでブースは、貧困を「階層」の問題として捉えるという方法を提示している。ブースはまず、所得や職業的地位のほか、見苦しくない生活を送れているかどうかといった社会・文化的要素等を考慮しながら、労働者をAからHまでの八つの階層に区分した（Aが最下層で、Hが最上層）。そのうえで、D階層とE階層の間に貧困線を位置づけ、これを下回る階層すなわちA～D階層を「貧困」としたのである。ちなみに、こうして設定された貧困線によって、ロンドンの30.7%の労働者が「貧困状態」にあるという結果が導き出され、この調査結果は、貧困を怠惰などの個人の道徳的欠陥によるものとみなすような当時のイギリ

ス社会の貧困観を揺るがすきっかけになったといわれている。

❷ラウントリーの貧困定義

　ブースの調査に触発され、イギリスの地方都市の一つであるヨーク市で調査を実施したのがラウントリー（Rowntree, B. S.）である。ラウントリーは、ヨーク市に暮らす労働者世帯への訪問調査により、それぞれの世帯の家計支出や生活習慣を分析するという方法で、貧困を捉えようとした[7]。なかでも彼が着目したのは、家計支出における食費の程度であった。ラウントリーは、生存に必要な食事を摂れていないことこそが、貧困状態であると考えたのである。具体的には、「肉体的能率（physical efficiency）」を維持するために最低限必要なものさえ得られない状態を「第一次貧困（primary poverty）」と定義している。そのうえでラウントリーは、当時の栄養学の知見を用いて、肉体的能率を維持するために必要な栄養・カロリーを算出し、それを充足するための必要な食料品の品目を数え上げ、それらを市場で廉価で購入した場合の価格を足し合わせるようにして、第一次貧困線を計算した。なお、このような計算方法は、後にマーケット・バスケット（買い物かご）方式とも呼ばれ、日本の生活保護における保護基準の算定にも一時期用いられていた。

　この調査により明らかになったのは、肉体的能率の維持も困難であるような「第一次貧困」状態にある者が、ヨーク市の労働者の9.91％にものぼるということであった。さらにラウントリーは、「第一次貧困」に加え、「第二次貧困」という概念にも言及している。これは、飲酒や賭博、計画性のない支出といった浪費さえなければ、なんとか肉体的能率を維持した生活を送れるというラインを指す。そのうえで、「第二次貧困」状態にある者がヨーク市の労働者の17.93％にのぼることを明らかにして、「第一次貧困」と合わせて27.84％が「貧困」状態にあると結論づけたのである。

　これらブースやラウントリーの調査により、おおよそ30％の労働者世帯が貧困状態にあることが明らかにされると、それまでは道徳的な退廃等に基づく「個人」的な問題として捉えられていた貧困が、「社会」的な問題として捉えられるようになっていった。このことから、彼らの貧困調査は「貧困の発見」をもたらしたといわれることもある。所得や肉体的能率等の指標を用いて「科学的」かつ「客観的」に貧困を捉えようとした彼らのアプローチは、しばしば「絶対的貧困アプローチ」と呼ばれることがある。

こうして「貧困の発見」を通して貧困の「社会問題」化に成功した彼らの社会調査は、その後のイギリス社会の福祉国家化を促したといわれている。実際、ラウントリーのヨーク調査の成果が、イギリス福祉国家の「青写真」となったともいわれる「ベヴァリッジ報告」のナショナル・ミニマム理念に影響を与えたことはよく知られている。その後、イギリスでは戦後福祉国家の建設が進められ、次第に、もはや貧困は解消されつつあるものと認識されるようになっていく。これに対して、実際には貧困は解消されるどころか、持続していることを明らかにしたのが**タウンゼント**（Townsend, P.）である。そこで以下では、タウンゼントの貧困理解についてみてみる。

2 相対的貧困アプローチと社会的排除アプローチ

タウンゼントは、エイベル–スミス（Abel-Smith, B.）との共著『貧困者と極貧者』において、「**相対的貧困アプローチ**」を展開するとともに、イギリス社会に持続し続けている貧困の実態を明らかにした。これは後に、ラウントリーらの社会調査が「貧困の発見」をもたらしたとされるのに対し、「貧困の再発見」をもたらしたと評されるようになる。

❶タウンゼントの貧困定義

では、タウンゼントは貧困をどのように定義したのだろうか。タウンゼントの著書『英国における貧困』では、以下のように記されている。

「個人、家族、諸集団は、その所属する社会で慣習になっている、あるいは少なくとも広く奨励または認められている種類の食事をとったり、社会的活動に参加したり、あるいは生活の必要諸条件や快適さをもったりするために必要な生活資源を欠いているとき、その社会のなかで貧困の状態にあるとされる。かれらの生活資源は、平均的な個人や家族が自由にできる生活資源に比べてきわめて劣っているために、通常社会で当然とみなされている生活様式、慣習、社会的活動から事実上締め出されているのである[8]」。

この定義からは、タウンゼントが貧困を「絶対的に」定義するのではなく、「相対的に」定義する、すなわち「比較」の視点で捉えようとしていることが読み取れる。ある人が貧困であるかどうかは、たとえば、「肉体的能率を維持するのに必要な最低限の食事が摂れている」という生存レベルの条件のみで判断されるものではなく、当該社会において「広く推奨または認められている種類の食事」を摂れているかどうかという、社会的・文化的な次元も踏まえて判断されるものだ、というわけだ。こ

うしてタウンゼントは、当該社会において「ふつう」とみなされている生活資源や生活様式を享受できていない状態を「相対的剥奪」と名づけ、この概念をベースに貧困を理解しようとしたのである。タウンゼントによれば、貧困は、「相対的剥奪（relative deprivation）概念の視点からのみ客観的に定義づけられ、かつ一貫して矛盾することなく使用され得るもの」なのである[9]。

またタウンゼントは、「相対的剥奪」の度合いをはかるための「剥奪指標」についても記している。具体的には、以下のとおりである。

❶ この1年間に、家以外で1週間の休日を持たなかった。

❷ （成人）この4週間に親せきか友人を家に招待して食事をふるまわなかった。

❸ （成人）この4週間に親せきか友人と外食をしなかった。

❹ （15歳以下の子ども）この4週間に、友人と遊んだりお茶を飲んだりしなかった。

❺ （子ども）最近の誕生日にパーティーをしなかった。

❻ この2週間に、午後や夜に娯楽で外出しなかった。

❼ この1週間に、4日以上新鮮な肉を食べなかった。

❽ この2週間に調理した食事を食べなかった日が1日以上あった。

❾ 週のほとんど、火を通した朝食をとらなかった。

❿ 世帯に冷蔵庫がない。

⓫ 世帯で通常（4回に3回）日曜日を一緒に過ごさない。

⓬ 世帯が以下の四つの設備を室内で単独の部屋として備えていない：水洗便所、洗面所、風呂・シャワー室、ガス・電気調理室。

これら12の剥奪指標をみると、「誕生日パーティーをするかどうか」や「日曜日を一緒に過ごすかどうか」といった、文化や生活様式、社会参加にかかわるような項目が数多く含まれていることがわかる。ここからも、タウンゼントの貧困理解が、当該社会における「ふつう」の享受とのかかわりを重視していることがよくわかるだろう。もちろん、これらの指標を現代の日本社会の視点から振り返ってみると、やや現実的ではないものも含まれているだろう。しかし、そうした点も含めて、何を「ふつう」とみなすかは時代や社会によって異なり得る、というタウンゼントの「相対的な」貧困理解をよく表しているといえるだろう。

❷社会的排除アプローチ

このように、当該社会における「ふつう」を軸に貧困を「相対的」に捉えようとするアプローチは、タウンゼント以降もさまざまに展開され

Active Learning

現代の日本社会の「ふつう」を軸に、あなたなりの「剥奪指標」を考えてみましょう。

ていった。とりわけ 1990 年代後半以降、広く共有されるようになった
のが「社会的排除アプローチ」である。「社会的排除」は、もともと
1970 年代後半に、薬物依存症やシングルマザー等、「ふつう」の社会保
障から排除されがちな人々の問題を指してフランスで用いられ始めた用
語だが、この用語が欧州連合（EU）を経てイギリスに浸透していった
1990 年代には、次第にその意味内容は拡大し、移民や長期失業者、若
者・ニート等の問題も含むようになっていく。たとえば 1997 年にイギ
リスで設置された「社会的排除ユニット」という組織は、「社会的排除」
について、「たとえば失業、低いスキル、低所得、差別、みすぼらしい住
宅、犯罪、不健康、そして家庭崩壊などの複合的不利に苦しめられてい
る人々や地域に生じている何かを、手っ取り早く表現した言葉」として
いる。従来の貧困を捉えるフレームワークではうまく理解できないよう
な「複合的不利」の問題が「社会的排除」と名指しされ、「社会問題」化
していったのである。

4 貧困の政治

　さて、先述したリスターは、貧困の概念化がはらむ「政治」について
も言及している。「容認できない」という含意をもつ貧困の概念は、必然
的に、社会内および社会間における資源分配を求めることから、政治的
にならざるを得ない、というわけだ。なお、ここで政治とは、いわゆる
政党政治に限られるものではない。たとえば、貧困をめぐるさまざまな
実践や討議、したがって言説政治を含むような相対的に広義の政治を指
していることに注意されたい。

　彼女が貧困の政治を論じる際に出発点に据えるのは、貧困のなかにあ
る人々は経済的困窮という物質的＝経済的不利益のみならず、非物質的
＝文化的・象徴的不利益をもこうむっている、という前提である。これ
は、本節で紹介した、貧困車輪として示されるようなリスターの二元論
的な貧困の概念化を反映しているといえよう。なお、ここでいう非物質
的な不利益とは、具体的には、貧困者に不利な影響を与えるようなラベ
リングや、人権やシティズンシップの侵害、声（主張）が聞き届けられ
ないことなどを指している。こうした前提から、彼女はまず、物質的＝
経済的側面ではなく、非物質的＝関係的・象徴的側面に着目し、貧困者
にも非貧困者と平等な地位が承認され、尊重されることを求める「承認

★社会的排除
レヴィタス（Levitas, R.）は、言説としての社会的排除に着目し、以下の三つに類型化した。❶ RED（再分配言説）：排除の原因は貧困であり、その問題解決のためには所得再分配であるという言説、❷ MUD（道徳・アンダークラス言説）：排除の典型は福祉依存やアンダークラスであり、その問題解決のためには福祉削減や治安対策が必要であるという言説、❸ SID（社会統合言説）：排除とは賃労働に従事していない状態を指し、その問題解決のためには就労支援が必要であるという言説。

★シティズンシップ
マーシャル（Marshall, T. H.）によれば、シティズンシップとは、ある共同社会（a community）の完全な成員である人々に与えられた地位身分（status）のことであり、この地位身分をもっているすべての人々は、その地位身分に付与された権利と義務において平等であるとされる。マーシャルはさらに、シティズンシップには、自由権や財産権を含む市民的権利、参政権を含む政治的権利、社会権を含む社会的権利の三要素があると論じている。

25

＆尊重の政治（the politics of recognition & respect）」を概念化する。

　とはいえ、貧困の中心的問題は、やはり「許容できない困窮」、すなわち物質的＝経済的なものである。したがって、貧困の政治を理解し、かつ構成し得る枠組みは、物質的＝経済的側面と、非物質的＝文化的・象徴的側面の「両面」を含むものでなければならない。リスターは、貧困の物質的＝経済的側面、すなわち彼女の貧困車輪の中心部分をめぐる政治を、フレイザー（Fraser, N.）にならって「再分配の政治（the politics of redistribution[11]）」と名指し、その重要性も指摘している。そして、この両面を含むものとして、「再分配と承認＆尊重の政治」を支持するのである。貧困概念の車輪において説明するならば、貧困の政治は、その中心部をめぐる「再分配の政治」と、その外延部をめぐる「承認＆尊重の政治」という二重の政治として理解され得る、ということになる。

　このように、リスターは、物質的＝経済的タームだけではなく非物質的＝文化的・象徴的タームを貧困の政治へ導入し、「再分配と承認＆尊重の政治」の枠組みを提出した。その意義は、貧困をめぐるイシューを、物質的資源と同様、非物質的資源ないし権力の問題として捉え返し、シティズンシップや民主主義といったより広範な議論への接続可能性を拓いたという点にある。このことは、貧困の政治を、貧困者の「特殊な」問題としてのみならず、非貧困者も含んだ普遍的な問題へと接続していくことができるということを意味しているといえよう。

◇引用文献
　1）Alcock, P., *Understanding Poverty Second edition*, Palgrave Macmillian, 1997.
　2）同上
　3）Spicker, P. "Definitions of poverty", in Gordon, D., Spicker, P., *The International Glossary on Poverty*, Zed Books, 1999.
　4）Lister, R., *Poverty*, Polity Press, 2004.（ルース・リスター，松本伊智朗監訳，立木勝訳『貧困とはなにか——概念・言説・ポリティクス』明石書店，p. 16, 2011.）
　5）Novak, T., 'Rethinking poverty', *Critical Social Policy*, 15 (44/45), 1995.
　6）阿部實『チャールズ・ブース研究——貧困の科学的解明と公的扶助制度』中央法規出版，1990.
　7）Rowntree, B. S., *Poverty——A Study of Town Life*, Macmillan, 1901.（B. S. ラウントリー，長沼弘毅訳『貧乏研究』千城，1975.）
　8）Townsend, P., *Poverty in the United Kingdom : A survey of Household, Resources and Standards of Living*, University of California Press, p. 31, 1979.
　9）同上
　10）岩田正美『社会的排除——参加の欠如・不確かな帰属』有斐閣，p. 21, 2008.
　11）Fraser, N., *Justice Interrupts : Critical Reflections on the Postsocialist Condition*, Routledge, 1997.（ナンシー・フレイザー，仲正昌樹監訳『中断された政治——「ポスト社会主義的」条件をめぐる批判的省察』御茶の水書房，2003.）

第2節 貧困状態にある人の生活実態

学習のポイント

● 一般世帯と貧困世帯の生活状況の違いについて理解する
● 貧困世帯の社会的・経済的に不利な状況の重なりについて理解する

　貧困をどのように捉えるかは、これまで見てきたとおり、さまざまなアプローチがある。本節においては、生活保護を利用している世帯（以下、生活保護世帯）のデータから、貧困状態にある人の生活実態に迫ってみたい。生活保護は貧困状態であることを公に認められてはじめて利用可能となる制度であるため、その人々を「貧困状態にある」として捉えるわけである。

　生活保護は生活に困窮するすべての国民に対し、最低限度の生活を保障し、自立を助長することを目的とする制度であるため、その基準の妥当性を検証する必要がある。厚生労働省は、そのための基礎資料として「家庭の生活実態及び生活意識に関する調査」を実施しており、本節ではそのデータを用いて解説する。

1 世帯類型・世帯規模・配偶者の有無・世帯主の年齢階級・世帯主の健康状態

　貧困がどのような世帯においても同じように影響を与えるのであれば、一般世帯と生活保護世帯の差はそれほどみられないはずである。しかし、現実には生活保護世帯は一般世帯とは異なる特徴をもつ。世帯構成はその典型である。調査では生活保護世帯の類型に合わせて一般世帯を分類し、比較している。

　世帯類型、世帯主の年齢階級、配偶者の有無、世帯主の健康状態を示したものが表2-1である。生活保護世帯で最も多い世帯類型は高齢者世帯で39.5％、次に多いのがその他の世帯（高齢者世帯・母子世帯・障害者世帯・傷病者世帯のいずれにも該当しない世帯）で24.8％、母子世帯は14.0％、障害者世帯は8.3％、傷病者世帯は13.4％である。他方、一般世帯ではその他の世帯が68.3％を占め、次いで高齢者世帯が27.9％である。生活保護世帯で一定数みられる母子世帯・障害者世帯・

★家庭の生活実態及び生活意識に関する調査
国が実施する調査であり、これまでに2回（2010（平成22）年、2016（平成28）年）実施されている。一般世帯と生活保護受給世帯を比較することができるよう、一般世帯については国民生活基礎調査所得票調査世帯の一部（約3万世帯）、生活保護受給世帯については社会保障生計調査の調査世帯（約1100世帯）を対象としている。詳細は厚生労働省のホームページを参照されたい。

「家庭の生活実態及び生活意識に関する調査」にアクセスし、本節で取り上げていない項目について調べてみましょう。

表2-1　一般世帯・生活保護世帯別の世帯構成

	一般世帯	生活保護世帯
N	10000	995
＜世帯類型＞		
高齢者世帯	27.9	39.5
母子世帯	1.1	14.0
障害者世帯	1.5	8.3
傷病者世帯	1.3	13.4
その他の世帯	68.3	24.8
＜世帯主の年齢階級＞		
18-19歳	0.2	—
20-40歳	14.4	9.3
41-59歳	32.9	30.5
60-64歳	10.5	13.6
65歳以上	41.4	46.6
不詳	0.6	—
＜配偶者の有無＞		
配偶者あり	64.6	22.5
配偶者なし_未婚	14.6	24.6
配偶者なし_死別	10.9	11.3
配偶者なし_離別	7.5	39.3
配偶者なし_不詳	—	1.4
配偶者の有無不詳	2.4	0.9
＜世帯主の健康状態＞		
良い	15.4	9.4
まあ良い	16.6	11.3
普通	50.1	31.8
あまり良くない	12.6	36.6
良くない	1.8	10.1
不詳	3.6	0.9

資料：厚生労働省「平成28年家庭の生活実態及び生活意識に関する調査」より作成

傷病者世帯は全体の約1〜2％と極めて少ない。

　近年、一人暮らしの増加が指摘されているが、単独世帯の割合は一般世帯では28.8％（「令和元年国民生活基礎調査」）であるのに対し、生活保護世帯では80.8％（「平成30年度被保護者調査」）であり、その傾向がより顕著である。世帯規模をみると、平均世帯人員は生活保護世帯では1.65人であり、一般世帯の2.58人に比べて小規模である。さらに世帯類型別にみると、生活保護世帯で1世帯平均2人を超えるのは母子世帯のみであり、それ以外の世帯でも一般世帯と異なり世帯規模がかなり小さい（図2-2）。世帯規模の小ささは、配偶者の有無にも表れている。一般世帯では「配偶者あり」が64.6％であるのに対し、生活保護世帯では「配偶者あり」は22.5％である。

図2-2 一般世帯・生活保護世帯別の世帯平均人員（世帯類型別）

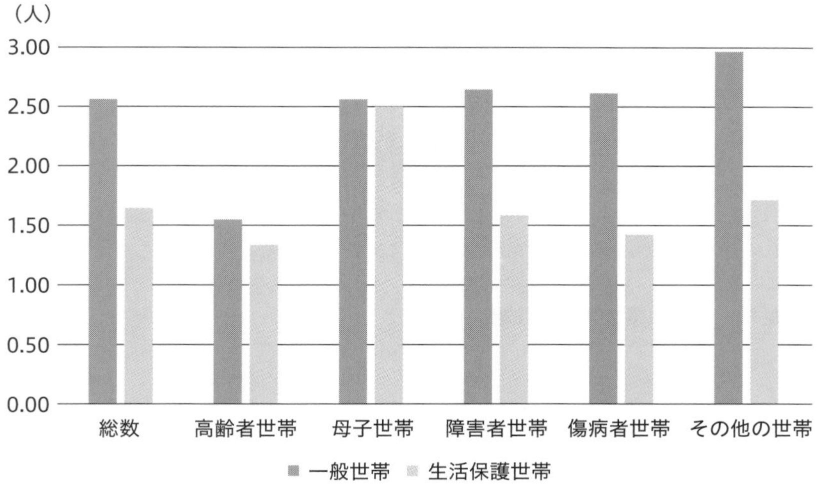

資料：厚生労働省「平成28年家庭の生活実態及び生活意識に関する調査」より作成

　世帯主の年齢階級では、一般世帯に比べて生活保護世帯は「20〜40歳」が少なく、やや 60 歳以上が多い。生活保護世帯の世帯主の平均年齢は64.9歳である（「平成 30 年度被保護者調査」）。

　世帯主の健康状態では、一般世帯が「良い」と「まあ良い」と「普通」で80％超であるのに対し、生活保護世帯では「あまり良くない」と「良くない」が半数近くを占め、健康不良の割合が高い。

2　暮らし向き・住居・生活の状況

　暮らし向きに関しては、両世帯ともに「大変苦しい」「やや苦しい」は全体の半数を超えるが、生活保護世帯のほうが「やや苦しい」の割合が多く、「大変苦しい」を合わせると 70％を占める（**図 2-3**）。生活保護を利用していても暮らし向きは決して楽ではない状況にある。

　住居に関しては、生活保護世帯では「民間賃貸住宅」「都市再生機構・公社・公営住宅」に居住する世帯が多数を占め、一般世帯で多数の「持ち家」はわずか5.9％である（**図 2-4**）。これは、生活保護では制度利用にあたり資産活用に関する条件があることが一つの理由であろう。

　生活に関しては、「食料が買えない機会の有無」でみると、一般世帯は60.2％が「まったく無かった」と回答している。生活保護世帯でも34.3％は「まったく無かった」としているものの、「何度もあった」「と

図2-3　一般世帯・生活保護世帯別の暮らし向き

■大変苦しい　■やや苦しい　■普通　■ややゆとりがある　■大変ゆとりがある　■不詳

資料：厚生労働省「平成28年家庭の生活実態及び生活意識に関する調査」より作成

図2-4　一般世帯・生活保護世帯別の住居の状況

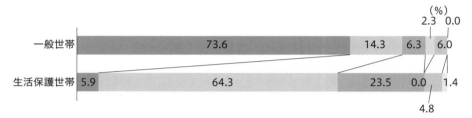

■持ち家　■民間賃貸住宅　■都市再生機構・公社・公営住宅　■給与住宅　■その他　■不詳

注：各住居は、「一戸建て」と「マンションなどの集合住宅」を合計している
資料：厚生労働省「平成28年家庭の生活実態及び生活意識に関する調査」より作成

図2-5　一般世帯・生活保護世帯別の食料が買えない機会の有無

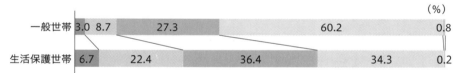

■何度もあった　■ときどきあった　■ほとんど無かった　■まったく無かった　■不詳

資料：厚生労働省「平成28年家庭の生活実態及び生活意識に関する調査」より作成

きどきあった」が29.1％と、一般世帯と比べるとやや高い傾向がみられる（**図2-5**）。

3　仕事関係

　生活保護世帯の世帯主の就労状況を示したものが**図2-6**と**図2-7**である。生活保護世帯の世帯主で「主に仕事をしている」割合は26.0％であり、一般世帯53.4％の半分程度である。世帯主が「仕事をしている」「仕事あり」の世帯の合計は、生活保護世帯が36.3％であり、一般世帯は61.9％である。

　この世帯主の仕事の内容をみると、生活保護世帯では、「サービス職業

従事者」が 26.6％と最も多く、次いで「運搬・清掃・包装等従事者」（17.7％）、「販売従事者」（10.5％）と続く（**図 2-6**）。一般世帯では、「専門的・技術的職業従事者」（22.3％）が最も多く、「サービス職業従事者」（15.1％）、「事務従事者」（12.9％）、「管理的職業従事者」（8.4％）の順に多い。

生活保護世帯の世帯主の雇用形態をみると、一般世帯と同様「一般常雇者」が 46.8％で最も多いが、「1 月以上 1 年未満の契約雇用者」と「日々又は 1 月未満の契約雇用者」の割合もそれぞれ 19.4％、5.5％であり、

図2-6　生活保護世帯の世帯主の仕事の内容（仕事なし・仕事の有無不詳を除く、N ＝361）

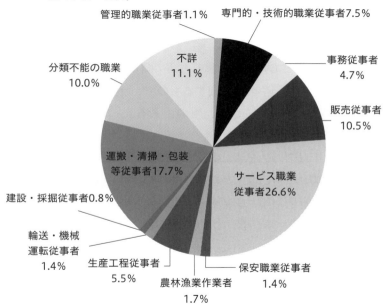

資料：厚生労働省「平成28年家庭の生活実態及び生活意識に関する調査」より作成

図2-7　一般世帯・生活保護世帯別の世帯主の雇用形態（仕事なし・仕事の有無不詳を除く）

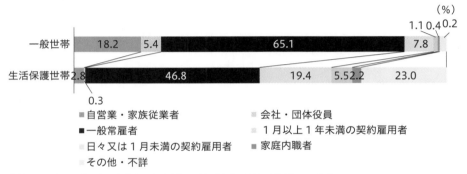

資料：厚生労働省「平成28年家庭の生活実態及び生活意識に関する調査」より作成

あわせて約25%を占める（**図2-7**）。また、「一般常雇者」をさらに細かくみると、正規の職員・従業員はわずか7.1%にすぎず、圧倒的多数はパート・アルバイトなどの非正規職員である。他方、一般世帯の「一般常雇者」の内訳は正規の職員・従業員が73.0%、非正規職員が27.0%であり、およそ3：1である。

　生活保護世帯では、世帯主の平均年齢が高いこと、障害や疾病を抱えている人が多いことから、世帯主が就労をしている世帯は全体の3分の1程度であり、就労状況も非正規職員や、1年未満・1月未満の雇用契約など、不安定な要素を抱えていることがわかる。

▶ 4　教育

　図2-8は子どものいる世帯の生活に関して、多くの人が「当たり前」に行っている活動や教育に関するもので、「金銭的に余裕がないから」していないとする割合を示したものである。一般世帯と差が大きい項目は、「有料のレジャー施設に遊びに連れていく」「学習塾」「習い事」「進路（中学生以下の子ども；高校まで、高校生；就職させるつもり）」である。最低限の学費に関しては、義務教育は教育扶助、高等学校は生業扶助でカバーされるが、学習塾やレジャーといった面までは、まだ余裕が

図2-8　一般世帯と生活保護世帯のうち子どものいる世帯の子どもへのかかわり・教育

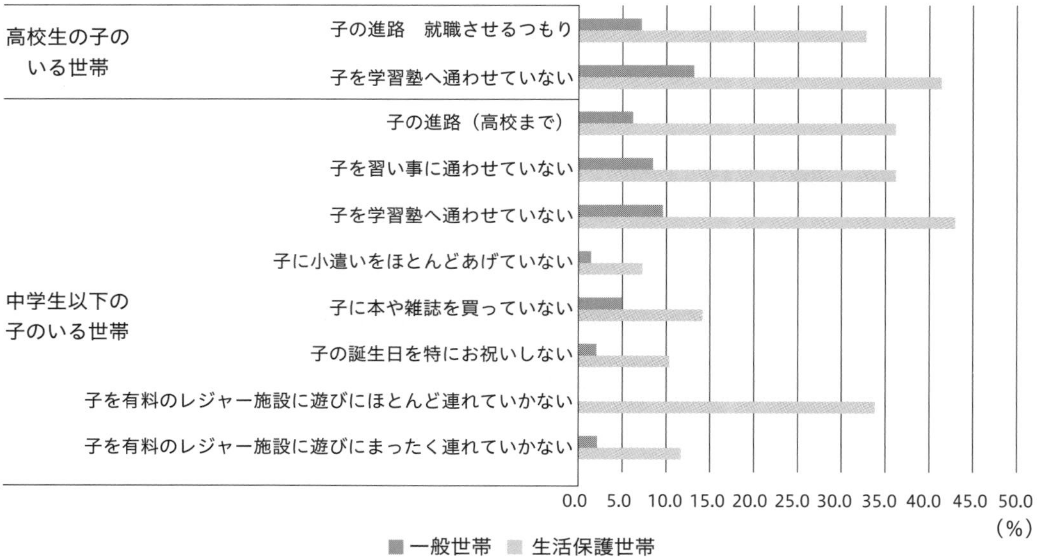

資料：厚生労働省「平成28年家庭の生活実態及び生活意識に関する調査」より作成

ないことが読み取れる。さらに生活保護世帯においては、虐待や面前
DV、養育者の精神疾患等を同時に経験する子どももおり、そのような
子どもにとっては、養育上不十分な状態からのスタートにならざるを得
ない。子ども期からのさまざまな経験の蓄積の差が、将来にわたって影
響を与えないような支援が必要である。

第
2
章
貧困の概念と貧困状態にある人の生活実態と
これを取り巻く社会環境

貧困状態にある人を
取り巻く社会環境

- 1990 年代以降の日本経済の長期停滞と日本型雇用システムの変化について理解する
- 日本の所得格差と貧困の拡大の長期的動向と主要先進諸国内の位置について理解する
- 世帯類型・世帯規模の長期的変化と貧困や社会的孤立について理解する

1 日本経済の構造変容

1 バブル経済崩壊後の長期停滞

ソーシャルワーカーが「貧困と社会環境」を理解する意味について考えてみましょう。

　日本経済は、1956（昭和 31）年度から 1972（昭和 47）年度までの「高度経済成長期」（実質 GDP 平均増加率 9.3%）、1973（昭和 48）年度の第一次オイルショックから 1990（平成 2）年度のバブル経済崩壊までの「安定成長期」（同 4.3%）、バブル崩壊以降の「長期停滞期」（同 1.0 %、数値は 1991（平成 3）年度から 2018（平成 30）年度まで）と時期区分ができるが、経済成長率は長期的に低下を続けてきた。

　長期停滞期の初期において政府が直面したのは、株価・地価の大幅下落、膨大な不良債権処理、消費者物価上昇率の下降、経済危機への緊急経済対策や減税政策（所得税・法人税減税）に伴う巨額な公債残高であった。また、生産年齢人口は 1995（平成 7）年の 8716 万人をピークに、18 歳人口は 1992（平成 4）年の 205 万人をピークに減少しており（2015（平成 27）年にはそれぞれ 7629 万人、120 万人）、若年労働力の減少と消費低迷、社会保障給付増など、少子高齢化の人口構造への転換を原因とする課題が急速に浮上した格好となった。

　その背後では経済のグローバル化、金融自由化も進行しており、日本経済は構造転換を迫られ、政治においては経済・行財政・社会保障・教育等の制度改革や規制緩和・民営化の気運が高まった。しかし、1997（平成 9）年には消費税増税（税率 5%）があり、同年にはアジア通貨危機、金融危機（銀行や証券会社の破綻）にも見舞われ、経済はさらに停滞し、当時の政権の改革構想は頓挫し先送りされた。2001（平成 13）年、小泉内閣は、最初の「骨太の方針」で「資源の移動は、『市場』と『競争』を通じて進んでいく。市場の障害物や成長を抑制するものを取り除く」

と宣言し、1980 年代初頭の第二次臨時行政調査会よりも急進的な新自由主義型の構造改革を進めた。

2008（平成 20）年頃には、日本は人口減少局面へ転換した[1]。三大都市圏は、高度経済成長期に地方圏の若年労働力の吸収により人口規模を拡大し開発と発展をとげてきたが、安定成長期以降は大阪圏と名古屋圏は人口流入が停滞し、東京圏のみが地方圏や他の大都市圏の人口を吸収し続ける不均等な発展となっている。これまでも中山間地域などの過疎地域で人口減少は顕著であった。人口減少地域への影響は大きく、商店街の衰退、空き家、耕作放棄地の問題が現れているだけではなく、買い物、医療、福祉、教育等の生活関連サービス、公共交通、道路、公民館等のインフラ、地域の産業や雇用に関する課題が現れ始めている。

長期停滞期には、6 回ものマイナス成長を経験した。1992（平成 4）年頃から大都市を中心に野宿生活をせざるを得ない人が増えた。リーマン・ショック直後は、2008（平成 20）年にマイナス 3.4%、2009（平成 21）年にマイナス 2.2% の景気の落ち込みであった。このときは、製造業派遣分野などの非正規労働者が解雇され、家賃を払えなくなったり寮を追い出されたり、住居喪失者があふれた。日本経済の構造変容によって、剥き出しの絶対的な貧困が顕在化することも多くなった。

2 日本型雇用システムの動揺と劣化

新卒一括採用、終身雇用、年功序列型賃金を中核とする日本型雇用システムの原型は、高度経済成長期に形成され安定成長期に発展した。長期停滞期になると、日本社会は企業倒産・業務縮小、中高年労働者の解雇、パート・アルバイト・派遣労働者などの非正規労働者が増加した。労働者の給与（現金給与総額）は、下降している。高度経済成長期平均 1.5%、安定成長期平均 2.2% だった完全失業率は、長期停滞期に 3.9%（1991（平成 3）年～2018（平成 30）年平均）まで上昇し、2003（平成 15）年と 2009（平成 21）年には過去最高水準となる 5% を超えた（総務省「労働力調査」）。このなかで、賃金等の労働条件が悪化し不安定な労働環境で働く人が増えていった。

企業は、経済のグローバル化による人件費引き下げ競争のなか、非正規労働者を増やし、正規労働者の雇用を抑制した（**図 2-9**）。正規労働者は 1997（平成 9）年の 3812 万人をピークに、2014（平成 26）年には 3298 万人に減少し、この間に単純計算で 514 万人分の正規職が失われている。1993（平成 5）年から 2004（平成 16）年頃には、企業は正規

★**第二次臨時行政調査会**
行政のスリム化などを念頭に行政改革の方向性について調査・審議するために旧総理府に設置された内閣総理大臣の諮問機関である。第二次臨時行政調査会（土光敏夫会長）は、1981（昭和 56）年から 1983（昭和 58）年にかけて「増税なき財政再建」をスローガンに設置され、「小さな政府」「民営化」を目指す新自由主義を理論的背景としながら社会保障費を削減する司令塔となった。

第2章 貧困の概念と貧困状態にある人の生活実態とこれを取り巻く社会環境

図2-9　正規・非正規労働者数と非正規労働者率

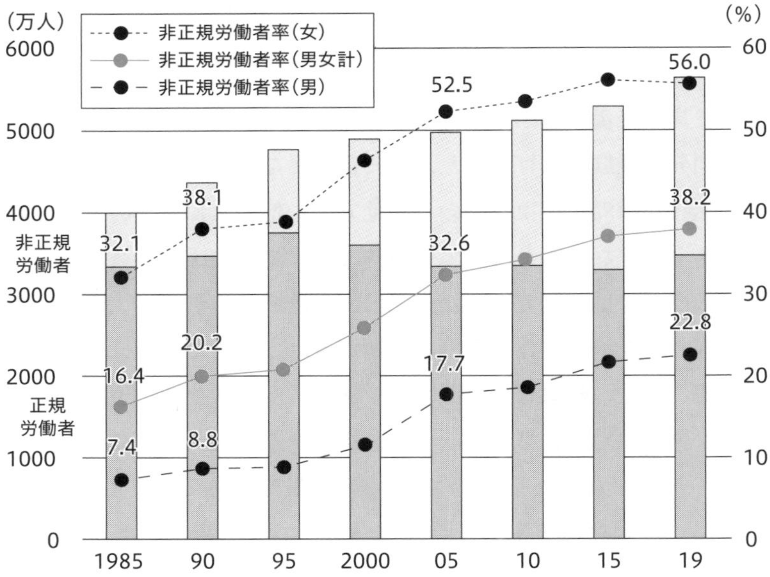

（万人）
6000

- 非正規労働者率（女）
- 非正規労働者率（男女計）
- 非正規労働者率（男）

（%）
60

5000 — 50

非正規
労働者

4000 — 40

正規
労働者

3000 — 30

2000 — 20

1000 — 10

0 — 0

32.1　38.1　52.5　56.0
16.4　20.2　32.6　38.2
7.4　8.8　17.7　22.8

1985　90　95　2000　05　10　15　19

出典：労働政策研究・研修機構「早わかり　グラフでみる長期労働統計」より作成

労働者を抑制したため大学新卒の求人倍率が落ち込み、就職氷河期とも呼ばれた。雇用者全体が増加するにつれて、パート・アルバイト・派遣社員・契約社員・嘱託などの非正規労働者の採用が男女とも増えた。非正規労働者の割合は、1985（昭和60）年に16.4％であったが、1990（平成2）年には20.2％、2005（平成17）年に30％を超え、2019（令和元）年には38.2％と、40％に迫ろうとしている。

　長期停滞期には労働分野の規制緩和も一気に進んだ。会社と労働者の間に直接の雇用契約のない間接雇用は、劣悪な労働を生み出した戦前の負の経験から、1947（昭和22）年に労働基準法と職業安定法で禁止された。ところが1985（昭和60）年に成立した労働者派遣事業の適正な運営の確保及び派遣労働者の保護等に関する法律（労働者派遣法）は、派遣も含めて全業種で禁止した間接雇用を、システムエンジニア（SE）、通訳、秘書、添乗員など13の専門職で限定的に解禁した。1999（平成11）年改正では26業務に拡大され、ほとんどの業種で派遣が解禁された。2004（平成16）年改正では工場の製造現場への派遣までもが可能となった。2015（平成27）年改正では「専門26業務」の枠組みが廃止され、「企業は人さえ替えれば同一事業所での派遣使用期間をいくらでも延長」[2]できるようになった。

　こうして、長期停滞期において日本型雇用システムは揺らぎ、企業は

正規労働者をある程度守りながら採用の絞り込みと解雇・早期退職によって正規労働者数の抑制を続け、非正規労働者を大幅に増やし労働力需給の調整弁とすることによって経済停滞に対応した。日本社会は、非正規労働者のワーキングプア問題に直面し、非正規労働者の増加は低賃金、雇用の不安定、研修・福利厚生をはじめ、正規労働者との圧倒的な待遇格差を生じさせ、雇用システム全体を劣化させることとなった。

2 所得格差と貧困の拡大

1 1980 年代以降の格差拡大と貧困・低所得層の増加

　主要先進国では、1980 年代から 2000 年代にかけて所得格差が拡大した。厚生労働省「所得再分配調査」から日本のジニ係数[*]（当初所得）の推移をみると、1980（昭和 55）年に 0.34 であったが、1998（平成 10）年に 0.47、2007（平成 19）年に 0.53、2016（平成 28）年には 0.55 と大きく上昇している。社会保障給付等による再分配により所得格差は 0.3 台に大幅に改善されているが（1980（昭和 55）年 0.31、1998（平成 10）年 0.38、2007（平成 19）年 0.37、2016（平成 28）年 0.37）、それでも主要先進国の格差が大きいグループから脱していない。また厚生労働省「国民生活基礎調査」によれば、日本の貧困率[*]（中央値の 50％を貧困線）は、1985（昭和 60）年に 12.0％であったが、1997（平成 9）年に 14.6％、2015（平成 27）年には 15.7％と上昇傾向にある。生活保護率は 1984（昭和 59）年度に 1.22％であったが、1995（平成 7）年度に 0.7％まで下がってからは反転し、2013（平成 25）年度には 1.70％まで上昇した。2018（平成 30）年度は、1.66％である。

　図 2-10 は、バブル崩壊以降の平均所得と中央値の推移、および低所得世帯率（300 万円未満と 200 万円未満世帯）の推移である。平均所得は 1994（平成 6）年の 664 万円をピークに、2002（平成 14）年以降 600 万円を割り込み 550 万円前後で推移している。所得の中央値は 1994（平成 6）年に 545 万円であったが、以降一貫して減少している。このことは、低所得世帯数が増加していることを意味し、低所得世帯率も一貫して上昇していることからも裏づけられる。2018（平成 30）年においては、平均所得は 552 万円、中央値は 437 万円であったが、200 万円未満世帯は全世帯数の 19％、300 万円未満が 33％、400 万円未満

★ジニ係数
ジニ係数は、イタリアの統計学者コッラド・ジニ（Corrado Gini：1884-1965）が開発した所得分布を計測する数値である。ジニ係数は、0 から 1 までの数値をとり、1 に近いほど所得格差が大きく不平等状態を示し、0 に近いほど所得格差が小さく平等状態を示す。
　経済協力開発機構（OECD）は国際比較のため各国の数値を公表し、日本では厚生労働省「所得再分配調査」で 3 年おきに当初所得ベースのジニ係数と再分配所得ベースのジニ係数を公表している。

★貧困率
日本の貧困率（相対的貧困率）は、OECD の基準に基づいて、等価可処分所得の中央値の 50％を貧困線として、それ以下であった者の割合として算出されている。民主党政権が政府として 2009（平成 21）年 10 月に過去に遡って公表し、その後厚生労働省「国民生活基礎調査」で 3 年おきに大規模調査年のみ公表している。
　等価可処分所得は、収入から税・社会保険料等を除いた手取りとして調査対象者の可処分所得を算定し、世帯規模による生活水準の違いを考慮するため世帯人員の平方根で割って調整し算出されている。なお、資産や現物給付は算定に含まれていない。

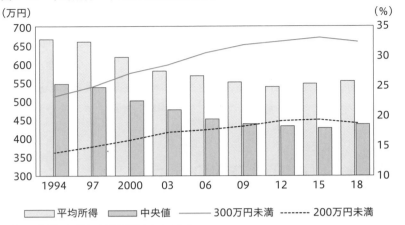

図2-10　平均所得・中央値と低所得世帯率

（万円）　　　　　　　　　　　　　　　　　　　　　　　　　（%）

凡例：
■ 平均所得　■ 中央値　── 300万円未満　---- 200万円未満

出典：厚生労働省「国民生活基礎調査」より作成

★貯蓄減少
金融広報中央委員会「家計の金融行動に関する世論調査」によれば、2018（平成30）年において2人以上世帯で2割強、単身世帯で4割弱の世帯が金融資産を保有していない。

となると45%とほぼ過半数であった。これは個人年収ではなく世帯年収であるため、被扶養家族が多いほど生活は厳しいことを表している。また、所得の減少は、貯蓄減少をもたらした。

2　日本の国際的位置

　図2-11はジニ係数を横軸に貧困率を縦軸にプロットしたもので、主要先進国のなかでの日本の所得格差と貧困分布の位置が確認できる。全体的には、ジニ係数と貧困率が相関する傾向がみられる（格差が大きいほど貧困率も高い）。経済的な利益を最優先する社会では、必然的に経済的格差が生まれ、適切な再分配などの社会政策が行われないと結果的に貧困層が増えていく。格差拡大や貧困層の増加は、機会の不平等や世代間連鎖が生じるとともに、社会的な流動性が止まり、個人の能力が活かせず社会的不利が解消されないことになる。その結果、階層固定化と社会内の分断を招き、市場経済も不活性化する。

　グループ化してみると、デンマークやフィンランドなどの北ヨーロッパ諸国ではジニ係数・貧困率ともに小さく、平等で貧困者が少ない社会であることがわかる。次いで、オランダ、フランス、スイス、ドイツなどの大陸ヨーロッパ諸国が比較的に平等な社会である。ジニ係数0.3以上、かつ貧困率10%以上のグループは、アメリカ・カナダ・イギリス・オーストラリア・ニュージーランドのアングロサクソン諸国、スペイン・ポルトガル・ギリシャ・イタリアの南ヨーロッパ諸国である。日本はこのグループに位置し、アメリカに次いで貧困率が高く格差も大きく、主

図2-11 格差・貧困の国際比較

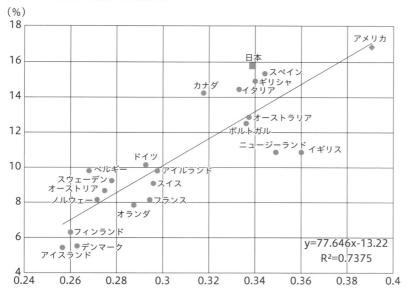

注1：横軸：ジニ係数、縦軸：貧困率
　2：2015年の数値（オーストラリアとニュージーランドのみ2014年）。
　3：ジニ係数と貧困率における所得は課税・再分配後の可処分所得。貧困率における貧困線は中央
　　　値50%基準。
出典：OECD Statistics より作成

要先進国のなかでは平等な国ということはできない。**ひとり親世帯**の貧
困率（2015 年）は、カナダの 48.0％、アメリカの 43.7％よりも高い
50.8％で、OECD 加盟国のなかでは韓国の 62.2％に次いで 2 番目に高
い。

3 家族・地域の変化と貧困・社会的孤立

　次に世帯に着目すると、世帯数は戦後一貫して増加した[3]。とりわけ、
核家族世帯と単独世帯が増えた。2015（平成 27）年の世帯の内訳をみ
ると、単独世帯が最も多く、以下、核家族世帯（夫婦と子ども、夫婦の
み、女親と子ども、男親と子ども）、その他の親族世帯（三世代世帯など
の拡大家族世帯）、非親族世帯の順となっている。

　戦後、夫婦と子ども世帯が最も多かったが、単独世帯が 2000 年代後
半に世帯数第 1 位となり、その後前者は減少し、後者は顕著に増加し続
けている。夫婦のみ世帯は少しずつ増加し続けている。その他の親族世
帯は 1980 年代後半に減少をし始め、2015（平成 27）年には、女親と子

ども世帯（404万5000世帯）と近い456万1000世帯となっている。三世代世帯の「サザエさん家族」を標準的家族構成とみるのは時代錯誤である。

　単独世帯、夫婦のみ世帯、女親と子ども世帯などの小規模な世帯が増えたことは、世帯規模の縮小をもたらした。平均世帯人数は1960（昭和35）年に4.52人であったが、1995（平成7）年に2.85人となり、2015（平成27）年には2.38人となっている。1970年代末から1980年代初頭に現れた日本型福祉社会論★による自民党政権の家族依存主義言説は、その後、世帯規模の縮小や核家族化・単身化の現実の前に消え去り、安定成長期における「十分な経済的余裕をもって福祉国家建設を進めるチャンス[4]」を逸してしまった。当時将来の少子高齢化対策の論議も活発化せず、1990年代以降には対策は手遅れの様相を呈した。日本は、合計特殊出生率の低下、晩婚化・未婚化などから、加速的な少子高齢化が起きたことに対して、有効な政策が打てず厳しい対応を迫られることとなった。しかし政府の政策基調は、社会保障給付の削減と社会保険料負担の増加の議論に回収するものであった。一方で、家族内の支え合いの余裕を失った家族は、地域の相互扶助も期待できず、貧困リスクを内包することになった。

　内閣府『男女共同参画白書 平成24年版』によると、世帯人員規模が小さい単身世帯やひとり親世帯の貧困率は他の世帯類型に比べて高いことがわかっている。2010（平成22）年時点で勤労世代（20〜64歳）では単身女性32.1％、単身男性25.1％、母子世帯48.2％、父子世帯21.7％となっている。高齢者世代（65歳以上）では、単身女性46.6％、単身男性28.7％となっている。これらの世帯では高貧困リスクの生活となり、しかも社会的孤立が起きやすいため、貧困対策や孤立を防ぐ政策において最重要課題になるべきである。

★日本型福祉社会論
1979（昭和54）年に打ち出された、個人の自助努力や家庭・地域・企業の相互扶助を重視し、市場経済・民間活力を優先し公共部門を縮減する社会観や政策方針である。この考え方は第二次臨時行政調査会に受け継がれていった。

◇引用文献
1）厚生労働省編『厚生労働白書 平成27年版』p. 2, 2015.
2）森岡孝二『雇用身分社会』岩波書店, p. 79, 2015.
3）国立社会保障・人口問題研究所「人口統計資料2020」
4）落合恵美子『21世紀家族へ──家族の戦後体制の見かた・超えかた 第4版』有斐閣, p. 272, 2019.

◇参考文献
・大沢真理『生活保障のガバナンス──ジェンダーとお金の流れで読み解く』有斐閣, 2014.
・小熊英二『日本社会のしくみ──雇用・教育・福祉の歴史社会学』講談社, 2019.
・河合克義『老人に冷たい国・日本──「貧困と社会的孤立」の現実』光文社, 2015.
・筒井淳也『仕事と家族──日本はなぜ働きづらく、産みにくいのか』中央公論新社, 2015.
・広井良典『ポスト資本主義──科学・人間・社会の未来』岩波書店, 2015.
・諸富徹編『日本財政の現代史Ⅱ──バブルとその崩壊1986〜2000年』有斐閣, 2014.

第3章

貧困の歴史

　貧困問題は、人間の歴史とともにあったといってもよい。そして、それぞれの時代状況によって、その問題の現れ方や捉え方、対応策も変わってきている。そこで本章では、貧困問題の社会的な位置づけに関する歴史的な変遷過程を概観しながら、貧困者の権利と福祉を保障する仕組みが確立してきたプロセスを理解する。次いで、早い時期から社会保障・社会福祉制度の成立と展開がみられたイギリスの歴史を通し、国家が貧困・低所得者問題にどのようにかかわってきたのかについて学ぶ。さらに、我が国の貧困に対する制度が、どのような経緯をたどり、今日に至っているのか、その制度的沿革を理解する。

第1節 貧困状態にある人に対する福祉の理念

　日本を含めた多くの先進諸国において、社会保障の一部として公的扶助制度が整備され、貧困状態にある人が政府による援助を権利として要求できる仕組みが整備されたのは、歴史的にみれば比較的最近のことである。

 貧困の歴史を概観する
────**貧困者はどのように扱われてきたか**

■1 貧困問題の発生

　そもそも今日の私たちが「貧困」と呼んでいる問題は、資本主義社会の成立とともに登場してきた。資本主義的市場経済のなかで仕事を見つけることができず、困窮した人々が引き起こすさまざまな社会問題（たとえば、路上での物乞いや犯罪など）が深刻化してきたことが、今日的な意味での貧困問題の原型となった。第3節でも確認するように、16世紀にイギリスで世界初の救貧法（the Poor Law）がつくられたのは、世界で最初に資本主義的市場経済が確立されたからである。イギリスの救貧法は、多くの国で導入された救貧制度のモデルになったが、その最大の目的は、都市の治安や社会秩序を安定化させるために、貧困者を取り締まることにあった。すなわち貧困者は、積極的に救済されるべき対象としてではなく、「普通の人々」の生活を脅かす危険な存在として捉えられていたのである。

　このような理由から、資本主義の歴史においては、貧困者が社会の一員として扱われない時代が長く続いた。そして多くの国や地域で導入された救貧制度においては、救済を受ける権利を保障するというよりも、むしろ救済を受ける貧困者の権利や尊厳を積極的に否定することを原則として運用されてきた。困窮した高齢者や孤児を含めて同じ場所で救済を行う「混合収容」を前提とし、働ける者に強制労働を課した「ワーク

ハウス」の設置や、1834年に成立した新救貧法のもとで明示された**劣等処遇の原則**は、そのわかりやすい事例である。劣等処遇の原則とは、政府が実施する貧困者救済の水準は「救済を受けずに自活している最下層の人々の生活水準」を上回ってはならないという原則である。その趣旨は、救済の内容を低い水準にとどめ、救済を受ける貧困者をあえて差別的に処遇することにより、一般の人々が政府に依存することを防止し、「労働による自立」が正常な状態であることを広く示すことにあった。

◾2 資本主義の進展と貧困の大衆化

　イギリスを皮切りに18世紀の後半から長期間にわたって継続した「産業革命」の進展は、資本主義社会のあり方をさらに大きく変化させた。各地に大規模な工場が建設され、巨額の設備投資のもとに大量の労働力を投入し、工業製品の大量生産を行う「工場制機械工業」が経済活動の中心となったことで、さらに大規模な社会構造の変化が生じたのである。特に重要な変化としては、工場や機械などの生産手段を所有して労働者を雇用し、生産された商品から利潤を獲得する資本家階級（ブルジョアジー）と、工場や鉱山などで働き、賃金を得ることによって生活を維持する労働者階級（プロレタリアート）との間に階級分化が進んだことである。その過程において貧富の差が拡大し、一部の資本家に富の集中が生じる一方で、貧困の大衆化が進んだ。工業化が本格的に進展し始めた当時の労働環境や待遇は全般として劣悪であったため、人口の多数を占める労働者階級の生活は常に苦しかった。特に不況期には多くの労働者が失業し、生活を維持できない貧困者が大量に生み出されることとなった。こうして、多くの人々にとって身近な問題となった貧困は、一部の人々だけが経験する例外的な出来事としてではなく、誰もが陥る可能性のあるリスクとして認識されるようになっていった。

　貧困の大衆化は、治安の悪化や犯罪の増加といった社会問題だけではなく、労働者階級による権利獲得運動や政治闘争の拡大をもたらす原動力にもなった。労働者による運動の高まりによって、当初は裕福な人々に限定されていた参政権は段階的に拡張され、労働者階級の政治参加への道が開かれた。そして労働者階級の政治的影響力の増大とともに、差別的な処遇を原則とした貧困対策のあり方を見直す動きが広まっていく。

　20世紀に入ると、資本主義諸国を取り巻く経済環境はさらに厳しさを増した。そのなかで、政府が貧困問題の積極的な解決に努めることは

国力の向上をもたらすという考え方が登場してくる。国民に広く最低限度の生活（ナショナル・ミニマム）を保障し、貧困者にも適切な保護を与えることは全体的な生産性を高めて社会統合を強めるという考え方が大きな説得力をもった。そして実際に、日本を含めた多くの国で今日の社会保障や公的扶助に直結するさまざまな制度が確立されたのが、各国の国力を最大限に動員する必要に迫られた世界恐慌（1929年～）から第二次世界大戦（1939～1945年）にかけての時期であった。また第二次世界大戦後の復興期においても、各国政府による積極的な貧困対策が果たした役割は大きく、高度経済成長を下支えする役割を果たした。

2 ▶ 基本的人権の尊重と貧困

■1 基本的人権と個人の尊厳

　ここまでみてきたように、資本主義経済の進展は、貧困問題を生み出し、その拡大を促してきた一面をもつ。他方で、資本主義は近代的な民主主義の思想と制度を確立する原動力を提供してきたという側面もある。そして民主主義の発展とともに、基本的人権に関する思想および人権の保護にかかわる法や制度の発展がもたらされてきた。第二次世界大戦後の1947（昭和22）年に施行され、現在の私たちの社会を成り立たせている日本国憲法も、近代以降において確立・定着してきた基本的人権の考え方を忠実に受け継いでいる。

　近代的な人権思想の全体を貫く中心的な価値は「個人の尊厳」である。すべての個人が「かけがえのない存在」として尊重されなければならないという考え方が、基本的人権に関する発想の根底にある。何を考え、何を学び、どのような仕事に就き、どのように生きるのか、すべては個人の自由な選択に委ねられている。公共の福祉に反するものでない限り、個人の意思に基づく選択と決定（自己決定）は最大限に尊重されなければならない。

　そして基本的人権は、誰にも侵すことのできない「人としての固有の権利」であり、どのような境遇にある個人に対しても、差別されることなく平等に保障されなければならない。当然ながら、貧困であることを理由に基本的人権が侵害されるようなことがあってはならない。これは、今日の私たちが貧困状態にある人の福祉をどのように保障するのかを考えるとき、常に念頭におくべき基本原則である。日本国憲法に明示

された以下の二つの条文は、特に貧困者の支援にかかわる者が意識しておく必要がある。

（個人の尊重、生命・自由・幸福追求の権利の尊重）

第13条　すべて国民は、個人として尊重される。生命、自由及び幸福追求に対する国民の権利については、公共の福祉に反しない限り、立法その他の国政の上で、最大の尊重を必要とする。

（法の下の平等）

第14条　すべて国民は、法の下に平等であって、人種、信条、性別、社会的身分又は門地により、政治的、経済的又は社会的関係において、差別されない。

---

2 基本的人権としての生存権

　日本国憲法には、上記の他にも基本的人権を構成するさまざまな権利が明記されているが、人々が健康で文化的に生きる権利を保障した「生存権」も基本的人権の一つである。そして現行の生活保護は、すべての国民の生存権を最終的に保障する制度として位置づけられている。

　生存権が基本的人権の一部を構成しているということは、単に健康で文化的に生きることが許されているという意味ではない。実際に貧困状態に陥り、政府による援助を受ける立場に置かれたとしても、基本的人権をもつ「かけがえのない個人」としての地位はいっさい損なわれないことを含意しているのである。たとえば、生活保護を受けていることを理由に、個人としての自由な意思表示が制限されたり、望まない仕事に就くことを強いられたり、恋愛を禁止されたりするようなことがあってはならない。もしそのような事態が生じているとすれば、それは明らかに基本的人権の侵害であり、貧困という理由に基づく差別である。現実的には、さまざまな問題を抱えた貧困者の支援にかかわる現場において、必ずしも当事者の意思を全面的に尊重するわけにはいかない場面が生じることは確かである。しかし、貧困状態にある人の福祉を達成するための援助は、当事者の基本的人権を保障するために行われるべきものであるという基本的な原則を忘れてはならない。

　以上のように、現代社会においてはかつてのように貧困者を差別すること、および「個人の尊厳」を損なうような形で援助を行うことは明確に否定されている。このことは、労働者階級による権利獲得運動や基本的人権思想の発達に伴う歴史的な成果の一つである。しかしその一方

で、特に近年における格差の固定化・拡大傾向が強まるなかで、貧困者や生活保護受給者への差別や偏見を助長する言動が至るところでみられるようになっている。また、グローバル化の進展とともに、日本国内で貧困状態に陥ってしまった外国籍の人々の基本的人権をどのように保障すべきなのかという新たな問題も登場してきている。貧困者に対する人権と福祉保障のあり方は、社会の変化とともに常に問い直されるべき重要な課題であることを理解しなければならない。

第2節 貧困観の変遷

- 個人主義的貧困観の内容を理解し、そこから導かれる貧困対策の是非を考える
- 19世紀末に実施された貧困調査の内容と意義を理解する

貧困観とは、人々が「貧困」という問題に対して抱くイメージのことである。どのような状態を貧困と呼ぶのか、なぜ貧困が発生するのか、貧困の解決には何が必要なのか、その人なりの「理解の枠組み」を表す言葉が貧困観である。貧困対策の歴史を改めて振り返ると、その社会における多くの人々が共通に抱くようになった貧困観のあり方が、その時々の貧困対策の内容に大きな影響を与えてきた。これまでの貧困対策の歴史、または今日における貧困対策の内容を理解しようとするとき、それがどのような貧困観によって支えられているのかを理解することは、とても重要である。

1 個人主義的貧困観

貧困問題の登場とともに、19世紀末に至るまで多くの国で支配的なものとなっていた貧困観は、「個人主義的貧困観」と呼ばれる。個人主義的貧困観は、貧困の発生要因を当事者個人に求める。貧困が発生するのは、努力不足や怠惰といった個人的な要因による部分が大きく、「勤勉さ」や「節制」といった基本的なモラルを欠いた人々が貧困に陥るという考え方である。このような貧困理解のあり方は、貧困者を「私たち」とは異質な存在として理解する考え方と結びついている。

貧困の発生を自己責任と関連づける個人主義的貧困観は、貧困から脱却するには個人の自助努力が最も重要であるという考え方と直結している。したがって、貧困者への公的救済に対して否定的な見方をとる傾向が強い。個人的な要因によって生じる貧困に対して公的に救済を行うことは、資源の浪費であるばかりか、貧困者の依存的な態度を助長する可能性があると考える。何らかの貧困対策を導入する必要性を認めるとしても、その内容は普通の人々の生活水準を上回るものであってはならな

い。そうでなければ、働いている人々の労働意欲を著しく弱め、かえって貧困を拡大させてしまう可能性があると考える。「劣等処遇の原則」は、まさに個人主義的貧困観の発想に基づく。

　また、個人主義的貧困観に基づく貧困対策は、対象者のスティグマを助長する。スティグマとは、汚名や屈辱を意味する言葉である。個人主義的貧困観のもとでは、貧困であること自体が「恥ずかしいこと」を示唆するが、さらに公的な救済を受けることは「社会に迷惑をかけること」として理解される。その結果、個人主義的貧困観が優勢な社会においては、救済を受ける貧困者には軽蔑のまなざしが向けられやすくなり、多くの人々は救済を受けることに強い抵抗感を抱くようになる。

2　貧困調査と貧困観の転換

　資本主義社会の確立以降、長期間にわたり、個人主義的貧困観は貧困に対する支配的な見方であり続けてきた。しかし、19世紀半ば以降における貧困の大衆化と深刻化は、個人主義的貧困観に基づく貧困対策の限界を生じさせた。こうした社会的背景のもとで、個人主義的貧困観とは異なる貧困の見方をもたらす契機となったのは、チャールズ・ブース（Booth, C.）によるロンドン調査と、ラウントリー（Rowntree, B. S.）によるヨーク調査である。

■1 チャールズ・ブースのロンドン調査

　ブースが行ったロンドン調査は、世界で最初に実施された「科学的貧困調査」として知られている。汽船会社の社長でもあったブースは、巨額の費用を投じ、1880年代の後半から東ロンドン地区に暮らす労働者階級の生活実態を大規模かつ詳細に調査した。その結果、貧困層に位置づけられる人々の規模は東ロンドン地区に暮らす人々全体の30.7％に達すると結論づけた。

　さらにブースは、貧困が生じる原因についても分析を行い、怠惰や浪費といった個人的な要因よりも、低賃金や不安定就労、生活環境の劣悪さといった社会的な要因が大きく作用していることを明らかにした。このことは、個人主義的貧困観が想定してきた貧困のイメージとは、まったく異なる視点を提供するものであった。

2 ラウントリーのヨーク調査

ラウントリーもブースと同様に、大規模かつ詳細な科学的貧困調査を行った先駆者として知られている。ブースのロンドン調査に大きな影響を受けたラウントリーは、私財を投じて故郷ヨーク市での全数調査を実施し、貧困者の実態把握を試みた。ラウントリーはヨーク市での貧困調査を3回実施（1899年、1936年、1950年）しているが、1899年に実施され、1901年に出版された第一次貧困調査が最も有名である。調査の概要については、第2章ですでに説明されている。

第2章で説明された内容に加え、ラウントリーは貧困調査の結果から貧困のライフサイクルの概念を示したことでも知られている。貧困のライフサイクルとは、一般的な労働者の生涯において、貧困リスクが上昇する期間が一定の周期性をもって訪れる傾向を表現した言葉である。ラウントリーは、多くの労働者が一生のうちで「子ども期」「子育て期」「退職後」に貧困を経験する共通の傾向を見出し、それを貧困のライフサイクルと名づけたのである。貧困のライフサイクルの発見は、貧困の発生を時系列的な変化の下で捉える新たな視点を提供し、後の福祉政策や社会調査の発展に大きな影響を与えた。

ブースとラウントリーによる貧困調査は、19世紀末の世界で最も繁栄していたイギリスにおいて、貧困が一部の人々の問題ではなく、社会全体に蔓延している大衆的で深刻な問題になっているという客観的な事実を多くの人々に示すこととなった。また、個人主義的貧困観に基づく事後的で低水準な貧困救済策の限界を明らかにし、より広範な貧困対策の必要性を多くの人々に理解させるきっかけをもたらした。このような意味で、ブースとラウントリーが実施した貧困調査の成果は、「貧困の発見」とも呼ばれている。

3 貧困の再発見

多くの西欧諸国において第二次世界大戦後に生じた高度経済成長は、前例のない「豊かな社会」を実現させた。雇用の安定と社会保障の拡充は、多くの人々の生活水準を劇的に引き上げ、「肉体的能率を維持」できない水準の貧困に苦しむ人々を大幅に減少させることに成功した。しかし、社会全体の生活水準が著しく向上した先進国のなかでは、肉体的生

Active Learning

時代によって変化した貧困状態を具体的に挙げてみましょう。

第3章 貧困の歴史

存のレベルで貧困を定義するラウントリー的な貧困観には限界がある。このことを指摘し、1960～1970年代にかけて、貧困を捉える新たな視点を提示したのが、イギリスの社会学者タウンゼント（Townsend, P.）である。

■ タウンゼントによる貧困の定義──相対的剥奪としての貧困

　タウンゼントは、貧困の意味や内容はそれぞれの社会における一般的な生活様式との比較によって相対的に決定されるという考え方を提示した。そして、所属している「社会のなかで当然とみなされる生活様式や慣習、社会活動への参加を可能にするだけの資源を欠いた状態」[1]を貧困と定義したうえで、普通の人々の生活様式と著しく異なる生活が「強いられている」ことを強調するために、「剥奪」（deprivation）という表現を用いた。このため、タウンゼントが提唱した新たな貧困の定義は、「相対的剥奪としての貧困」と呼ばれる。

　以上のようにタウンゼントは、当時の固定化していた貧困観のあり方に異議を唱え、一般的な生活水準との比較という観点から貧困問題に関する新たな視点を提示した。タウンゼントの一連の業績は、「貧困の再発見」と呼ばれ、多くの国で貧困をめぐる議論を再び活性化させるきっかけをもたらした。

★貧困の再発見（アメリカ）
豊かな社会における「貧困の再発見」は、アメリカでも生じた。ハリントン（Harrington, M.）の『もう一つのアメリカ』（1962年）やガルブレイス（Galbraith, J. K.）の『ゆたかな社会』（1958年）は、アメリカにおける「貧困の再発見」のきっかけをつくった著作として知られている。

◇引用文献
　1）金子充『入門 貧困論──ささえあう／たすけあう社会をつくるために』明石書店, p. 71, 2017.

第3節 貧困に対する制度の発展過程

学習のポイント

- 資本主義社会における貧困に対し、日本ではどのような制度がつくられてきたかを理解する
- 日本において各制度が置かれた時代の文脈について理解する
- イギリスの制度発展過程と関連づけて理解する

1 日本の公的扶助の歴史

1 明治から昭和前期・第二次世界大戦まで

❶明治・大正期

① 幕末から明治期へ

　江戸時代における貧困者の救済は、大名や幕府の代官・奉行、あるいは富裕層を担い手として、行われていた[1]。1868（明治元）年新政府が成立したが、政権の基盤は不安定であり、しばらくの間、救貧行政は府県（旧幕府直轄地で新政府の直轄地）と藩（旧幕末の体制）にて行われることになる[2]。

　1871（明治4）年の廃藩置県によって、中央集権化が図られ、救貧行政の一本化が進められ、1874（明治7）年12月8日に恤救規則が制定された。そのことにより救貧行政においても、従来の藩による救済は廃止された。ただし、その過程において政府は、まず罹災貧農の救済を目的とする罹災窮民救助法（1871（明治4）年の窮民一時救助規則）および1880（明治13）年の備荒儲蓄法を設けた。新政府の確立にあたり、貧農は治安上無視できない存在であった。それ以外の貧窮民は、政府として、積極的に保護すべき理由を見出さなかったのであるが、「無告の窮民」は人道上から無視放任すべきでないとされた[3]。

② 恤救規則の内容

　恤救規則は次のようである。前文と五つの条文からなる簡潔な内容で、前文には「済貧恤救ハ人民相互ノ情誼ニ因テ其方法ヲ設クヘキ筈ニ候得共目下難差置無告ノ窮民ハ自今各地ノ遠近ニヨリ50日以内ノ分左ノ規則ニ照シ取計置委曲内務省ヘ可伺出此旨相達候事」とある。つまり、

「貧者を救済したり、憐れんで助けたりすることは、本来人びとがおたがい自発的な意志でおこなうものである。しかし、誰にも頼ることができず、放っていくわけにもいかないような者については、この規則に基づいて救済する[4]」という意味である。

具体的には、次のような者が救済の対象とされた。極貧の単身生活者で、病気・障害・老衰のために働けない者、単身生活者で13歳以下の者、単身生活者ではないが家人が70歳以上か15歳以下で、病気・障害・老衰のため働けない者などである。これらの人々に一定の米の代金を給付すること（現金給付）とされている。一応、一般的な救貧法規の体裁を整えているが、根本理念が「人民相互ノ情誼ニ因テ」にあるため、その救済対象の範囲や、救済内容は極めて限定されていた。

③　救貧法案および関連法

恤救規則による実際の救済者数も極めて限定されており、いわば形だけの救済策であるにすぎなかった。日本資本主義の生成が最も苛酷に進行したといわれる明治10年代の人々の窮乏は悲惨であった[5]。1889（明治22）年2月11日に大日本帝国憲法が制定され、帝国議会が置かれた。その最初の帝国議会（1890（明治23）年11月）で、政府は恤救規則にかわる法律案である「窮民救助法案」を提出した。これは、救貧制度を大幅に改善しようとするものであり、戸籍上の家族がいても実際に飢餓に瀕している人は救済する、市町村に対して救助の責任を負わせるという内容であったが、議会の反対により廃案となった[6]。結果として、恤救規則は救護法ができるまで存続することになる。

他方で、日清戦争・日露戦争による傷痍軍人や戦死者の家族の生活を救済する手立てもとられた。1904（明治37）年4月「下士兵卒家族救助令」が公布され、下士兵卒の家族で「生活スル能ハサル者」に国費による救助を認めた。さらに軍事救護法が1917（大正6）年7月に公布され、1918（大正7）年1月より施行された。この法律の運用を目的として内務省地方局に救護課が設置される[7]。

❷ 昭和前期（昭和恐慌・戦時下・敗戦）

①　救護法成立過程と実施

第一次世界大戦後の好況は、日本の資本主義経済を発展させたが、価格の騰貴をもたらした。米価は、シベリア出兵を見越した買い占めと政府の価格調整の失敗により暴騰し、米騒動が生じた。その後の1920年代の相次ぐ不況は日本経済に打撃を与えた。1920（大正9）年8月に内務省に社会局が発足して、1921（大正10）年には救貧立法の研究が本

格的に始められた。関東大震災により一時中断となり、1925（大正14）年頃から再開され、1928（昭和3）年には社会局の成案ができ、救護法案は議会に提出された。[8]

　法案は、財政問題などが絡んでなかなかまとまらず、施行時期未定のまま、1930（昭和5）年度から実施すべしという付帯決議がつけられて1929（昭和4）年4月に成立した。救護法は全33条からなる法律で、救護対象は貧困のため生活できず、扶養義務者が扶養することができない65歳以上の老衰者、13歳以下の幼者、妊産婦、身体的・精神的な障害により労働できない者である。労働能力者については対象とせず、労働能力のない者が対象であった。救護は個人単位で実施することが前提とされた。救護の方法は、居宅保護を原則とし、その種類は、生活扶助、医療、助産、生業扶助の4種類を規定した。救護を受けている者が死亡した場合には埋葬費が支給される。救護費は、市町村の負担を原則とし、国庫は2分の1以内、道府県は4分の1以内の補助を規定した。[9]

　しかし、救護法の実施は大幅に遅れ、1932（昭和7）年にようやく実現する。1927（昭和2）年の金融恐慌から1929（昭和4）年の世界恐慌により深刻化した昭和恐慌の折、国民生活は苦しく、救護法の実施が国家財政的に困難である反面、貧困者は増加した。その後、社会事業関係者らによって結成された救護法実施促進期成同盟による働きかけがあって、実施に至ったといわれている。[10]救護法による救済人員は、恤救規則と比較して拡大した。救護法は、救貧の責任は国にあることを明確にした、すなわち公的扶助義務を確立したという点で、画期的とされる。[11]

②　戦時下の救済事業

　しかし、救護法による救済人員は徐々に減少していく。その背景には、1937（昭和12）年に救護法の改正が行われ、濫救対策（扶養義務強化・方面委員による精神指導強化）がなされるとともに、戦争の拡大に伴い導入された軍事目的をもつ諸制度の成立があった。[12]まず、1937（昭和12）年3月3日に母子保護法が公布された。扶助の方法などは救護法と同様であったが、[13]何より未亡人貧困対策であった。[14]さらに軍事救護法が改正され、1937（昭和12）年7月1日から軍事扶助法が実施された。同法は、兵士という戦争遂行上必要な人的資源のための特別立法であることが強調されていた。軍事扶助法の給付額は、救護法より高く、同法にかかわる費用は全額国庫負担とされた。母子保護法と軍事扶助法は、救護法に優先して適用された。[15]

　1941（昭和16）年3月6日には、医療保護法が公布された。この法

律によって救護法と母子保護法に基づく医療保護、時局匡救医療救護事業、地方公共団体および済生会その他民間団体による救療事業を吸収再編し、それに伴い、救護法の医療、助産扶助、母子保護法の医療扶助は廃止された。保護の要件は「生活不能」から軍事扶助法なみの「生活困難」に弱められたが、欠格条項は残された。さらに、救護法、母子保護法、医療保護法に優先する戦時災害保護法が1942（昭和17）年2月25日に公布された。このように戦争が激しくなるに伴い、生活困窮者の救護策としての救護法の役割は相対的に低下していき、敗戦を迎えることになる。

2 戦後から平成期

❶被占領期・生活保護法制定（1945（昭和20）〜1954（昭和29）年）

第二次世界大戦によって、日本の社会・経済は壊滅状態となり、失業者は増加し、国民の多くが飢えに直面するほど困窮した。深刻な生活困窮への対策として、取り急ぎ設けられたのが生活困窮者緊急生活援護要綱（1945（昭和20）年12月15日閣議決定）であった。これは、各種施設を拡充し、衣食住や医療の現物を与え、職業斡旋などを行うことをその内容とした。失業者、戦災者、引揚者など従来の救護法などでは対象にならなかった人々や軍人をも含む生活困窮者を対象としており、戦前の救貧制度とは性格を異にする。[17]

敗戦後、日本は連合国軍総司令部（GHQ）の占領下に置かれた。1946（昭和21）年2月27日GHQが日本政府に発したSCAPIN775「社会救済」の指令は、被占領期を通じて社会福祉諸施策の根本規範となった。具体的には、国家責任、無差別平等、必要充足、公私分離である。これを踏まえ、1946（昭和21）年9月9日に生活保護法が制定され（10月1日に施行）、1950（昭和25）年に改正の生活保護法に継承された。[18] 前者を旧・生活保護法、今日まで存続する後者を新・生活保護法と呼ぶことがある。

旧・生活保護法は、救済の対象を生活困窮者一般とし、労働能力の有無は問わなかった。ただし、勤労を怠る者や素行不良な者は救済しないという、いわゆる欠格条項が第2条第2号で定められた。保護の実施機関は、市町村長であるが、実務を行うのは民生委員とされた。保護の種類は、生活扶助、医療、助産、生業扶助、葬祭扶助の五つであった。保護に要する費用は、10分の8が国、残り10分の2を地方の負担とした。

実施された生活保護法によって、保護された人数は、1946（昭和21）年、1947（昭和22）年とも毎月270万人前後、1948（昭和23）年1月に一挙に約65万人減少して200万人前後になり、その後毎月少しずつ増加して1949（昭和24）年5月の165万人を底に、再び上昇に転じて、1950（昭和25）年12月には211万人であった。[19]

　この旧・生活保護法の実施過程である1948（昭和23）年8月1日生活保護基準の第8次改定では、保護基準が、最低生活費、すなわち、日本国憲法第25条の生存権の規定を受け、健康で文化的な最低限度の生活を保障するものとして設定された。この理屈を理解して基準額を運用することは、民生委員には荷が重く、行政機構の整備が必要と考えられた。さらに、保護請求権に関する疑義照会を契機に、不服申立制度がつくられたが、これは旧法の枠をはみ出している制度と考えられ、法改正の機運が高まった。[20]

　社会保障制度審議会「生活保護制度の改善強化に関する件」（1949（昭和24）年9月13日）を受けて、法改正の作業が進められた。新・生活保護法は、1950（昭和25）年5月4日法律第144号として公布、即日施行された。その特徴は、❶日本国憲法第25条との関係を明確にし、生存権保障を謳い、それを実現するために不服申立制度を置いたこと、❷保護の対象を生活困窮者とし欠格条項を廃したこと、❸法施行の事務の執行補助機関として社会福祉主事を充て、福祉事務所を第一線機関とする実施体制を敷いたこと、❹教育扶助と住宅扶助を追加し、保護の種類を7種類にしたことである。[21]

❷高度経済成長期（1955（昭和30）〜1973（昭和48）年）

　新・生活保護法のもと保護率は低下傾向であった一方、決算額は年々増え、それが次第に問題となった。その原因は、生活扶助基準と医療扶助基準の引き上げにあると考えられた。1950年代を通じて、保護基準の引き上げは抑制され、医療扶助費の濫救対策が求められ、予算が引き締められた。[22] このような状況下で、朝日訴訟が起こされた。1957（昭和32）年、結核患者であった朝日茂が、入院患者日用品費の基準額が日本国憲法第25条にいう「健康で文化的な最低限度の生活水準」を充たすには不十分であるとして提訴したものである。同年の第一審判決では、厚生大臣が敗訴した。

---

i　福祉事務所は、1951（昭和26）年社会福祉事業法の制定によって規定され、生活保護法は一部改正された。

国会審議でも、保護基準算定への関心が高まり、高度経済成長期を迎えて国民一般の生活水準は向上していくなかで、一般世帯と被保護世帯の格差を縮める保護基準の改定が必要であるという認識が広まっていった。厚生省は、1961（昭和36）年度の予算に際して生活扶助基準の大幅引き上げの案をまとめた。この第17次改定では生活扶助基準の算定方式を、マーケット・バスケット方式からエンゲル方式に変更し、改定前基準対比18%増であると説明した。[23]

　この保護基準の大幅な引き上げにもかかわらず、被保護者の生活はなお苦しかった。一般世帯の生活水準が向上する社会情勢のなかで被保護者は取り残されていく感があった。1964（昭和39）年12月16日には、中央社会福祉審議会の生活保護専門分科会が、一般国民の消費水準との格差縮小を図るべきだという中間報告を行った。この報告をもとに、生活扶助基準の算定方式が、格差縮小方式に転換していったとされる。

　と同時に、厚生省は、実施要領の充実を図った。テレビや原動機付き自転車の保有を条件付きで認める、世帯分離の要件を緩和して高校や短大への進学の道を開くなどといった措置である。[24] しかし、納税者である一般国民の生活、あるいは生活感情に配慮する必要があるとされ、彼らに浸透していない資産は、その均衡上、被保護世帯にも認めなかった。

❸不況・低成長期（1974（昭和49）～1999（平成11）年）

　1960年代以降、社会保障制度が全体として拡充されるなかで、生活保護の相対的重要性が低くなる状況が生まれた。被保護人員と保護率（第4章第2節参照）は、高度経済成長期を通じて増加した年もあるが、おおむね減少傾向にあった。第一次石油危機を経て1974（昭和49）年以降は少しずつ増加傾向にあったが、1984（昭和59）年以降、1990年代半ばに底を打つまで、被保護人員は80万人台、保護率は0.7%台まで減少していった。

　1980年代の生活保護行政は、国全体の行財政改革に大きな影響を受けた。改革をリードした第二次臨時行政調査会は、「増税なき財政再建」を基本方針とし、生活保護関係の予算編成も厳しい状況に置かれた。1982（昭和57）年11月財政制度等審議会第一特別部会による「歳出削減・抑制の検討項目リスト（抄）」には、「生活保護の適正化等」が掲げられていた。これに対して、1983（昭和58）年12月23日の中央社会福祉審議会の意見具申は、保護基準の現在の水準は妥当な水準であるとし、今後の保護基準は、一般国民の消費水準と相対的なものとして設定すべきであるとした。[25] これを踏まえ、1984（昭和59）年から水準均衡

方式と呼ばれる生活扶助基準算定方式に移行したとされる。

さらに 1984（昭和 59）年度予算編成では、生活保護費の地方負担割合の引き上げ、すなわち国庫負担割合削減が提起され、注目が集まった。このときは、反対にあって実現しなかったが、1985（昭和 60）年度予算編成において、国庫負担の割合が暫定的に 10％引き下げられ、引き下げられた分は地方自治体が負担することになった。さらに、1986（昭和 61）年度から 1988（昭和 63）年度には、暫定的に生活保護法については 10 分の 7 の国庫負担割合とする補助金一括法が成立して運用され、1989（平成元）年度からは恒久的に 10 分の 7.5 とされ、現在に至る。

国庫負担割合削減と同時に、生活保護臨時財政調整補助金（200 億円）が設けられた。交付の対象は、補助率引き下げの影響が大きく、財政力が脆弱な地方自治体であって、生活保護の適正な実施に努めている地方自治体であった。[26] この「適正な実施」を背景として、厚生省による監査が厳しくなる。すでに 1980（昭和 55）年頃から、新聞などマスメディアが生活保護の不正受給事件を取り上げて報道する例が目立ち始め、厚生省による不正受給対策が推進されることになった。1981（昭和 56）年の「生活保護の適正実施の推進について」（昭和 56 年 11 月 17 日社保第 123 号）、いわゆる「123 号通知」によって、不正受給防止のため新規申請の場合は資産の保有状況および収入状況について詳細に記した書類を申請用紙に添付することにより自己申告させ、併せて実施機関の関係先照会を包括的に同意する旨の署名・捺印した書類を提出させた。保護受給中の者にも、必要に応じて同様の書類の提出を求めた。[27]

❹変化する生活保護制度（2000 年代以降）

1990 年代半ば、保護率は 0.7％台にまで低下して、生活保護がナショナル・ミニマムを保障する最後のよりどころとしての役割を果たしているのか、疑問が呈され、[28] その改革の必要性が議論され始めた。実際に制度変更の動きがみられるのは、2000 年代に入ってからである。2003（平成 15）年度の生活保護基準改定において、制度史上初めて保護基準の引き下げがなされた。2003（平成 15）年から社会保障審議会福祉部会「生活保護制度の在り方に関する専門委員会」が設置され、制度改革の議論が進められた。同委員会は 2003（平成 15）年 12 月に中間報告を出した。厚生労働省は、これを踏まえた措置として、2004（平成 16）年度から老齢加算の段階的廃止を始めた（2006（平成 18）年度廃止）。2004（平成 16）年 12 月の最終報告書にはいくつも提案が盛り込まれ、このうち 2005（平成 17）年度から導入された自立支援プログラムは、

注目を集めた。

　2008（平成20）年末から2009（平成21）年初めにかけて、2007（平成19）年からの世界金融危機を発端とした不況によって失業した人々を救済しようと設置された「派遣村」は話題を呼んだ。この前後から、日本の貧困問題を提起する運動が広がりをみせ、マスコミに取り上げられ、政治にもつながっていく動きが目立つようになる。2009（平成21）年、政府として初めて相対的貧困率が公表され、2006（平成18）年の相対的貧困率は15.7％、子どもの貧困率は14.2％であった。「派遣村」以後に広がった支援を公的な仕組みにつくり上げていく試みとして、2010（平成22）年からパーソナル・サポート・サービスというモデル事業が実施された。2012（平成24）年には、このような生活困窮者対策と生活保護制度の見直しについて一体的に検討するため、社会保障審議会の下に「生活困窮者の生活支援の在り方に関する特別部会」が置かれた。

　2013（平成25）年1月に出された同部会の報告書を受け、生活保護法の一部改正法案と生活困窮者自立支援法案が策定された。両法案は2013（平成25）年5月の第183回国会に提出、衆議院では可決されたが、参議院で審議未了のうえ廃案となり、2013（平成25）年10月に再提出され、同年12月に成立した。一方、保護基準については、2011（平成23）年4月に設置された社会保障審議会生活保護基準部会において審議が続けられている。2013（平成25）年1月に出された同部会の報告書を受け、2013（平成25）年8月より段階的に基準引き下げが行われた。さらに、2017（平成29）年12月の報告書を踏まえ、2018（平成30）年10月から、再度3か年かけての保護基準の見直しが行われた。

2 イギリスの公的扶助の歴史

1 救貧法の成立と展開

　イギリスにおける公的扶助制度の始まりは、1601年のエリザベス救貧法にある。

　それまでの封建社会においては、封建領主の支配下に領民である農民や戦士がおり、個人の貧困は共同体内部の相互扶助により救済されていた。そのため、社会的に保護しなければならない者は共同体から脱落した身寄りのない少数の者に限られ、それは主として、キリスト教による

宗教慈善事業に委ねられていた。

しかし、近代社会に移行するにあたり、大量の貧民が現れることになる。具体的には、15世紀後半から18世紀にかけての大規模な囲い込み（エンクロージャー）運動、封建家臣団の解体、修道院の解体、ギルドの崩壊などにより浮浪貧民が大量に発生し、それに伴う社会不安は新しい対策を必要とした。こうして、エリザベス救貧法が制定される。同法の特徴は、宗教組織の単位であった教区を救貧行政の単位としたこと、治安判事によって任命された貧民監督官を救貧税の徴収と救済の業務に充たらせたこと、そして貧民を次の三つに分類し救済したことである。すなわち、エリザベス救貧法では、❶労働能力のある貧民については、材料を提供し就労を強制、就労を拒否する者は懲治監（house of correction：貧民の刑務所）に収容し就労を強制、❷老人・障害者など労働能力のない者については、在宅で救済し、それが難しい場合、宗教慈善事業にて施設収容、❸孤児、棄児、貧困のため両親が養育できない児童は、教区徒弟制度により男子24歳、女子21歳もしくは結婚まで就労を強制、と規定していた。

このように、エリザベス救貧法は、労働能力のない貧民を救済の対象とし、労働能力のある貧民や貧困児童は就労を強制することに重点を置いていたのである。

しかしながら、救貧行政は、市民革命を経て、いくつかの変化が現れてくる。居住地法（1662年）や、非人間的な労役場テスト法（1722年）が制定された。その後、このような状況を改変する主だった二つの法律が出された。一つは、ギルバート法（1782年）であり、もう一つは、スピーナムランド制度（1795年）である。しかし、これらの制度は救済費の膨張を招き、さらには貧民の独立心を損ねるなどの批判を受けることになる。

18世紀後半から19世紀前半にかけて行われた産業革命は、イギリス社会に大きな変化を与えた。これにより、生産力の飛躍的な増大と利潤の増大がもたらされ、封建社会からはっきりと決別し、近代社会に移行することとなった。その結果、資本家と労働者の分化が現れ、貧富の差は大きくなり、新たな社会問題を生み出した。

1832年の選挙法改正により政治上の主導権を産業資本家が握り、マルサス（Malthus, T. R.）に代表される自由主義的貧困観の下、増大する救済費をめぐって、救貧法は批判にさらされることになる。こうして同年、救貧法調査委員会が設置され、1834年に新救貧法が制定される

★居住地法
自己の教区に属さない貧民については元の定住地に戻し、教区に属する貧民については移動を制限した。

★労役場テスト法
教区に労役場（workhouse）を設置し、救貧法の救済を求める者には労役場に収容させる方式をとった。そのため、労役場は、老幼・障害・疾病の別を問わず一律収容・就労させる総合混合収容施設となり、「恐怖の家」とも呼ばれ、貧民から忌み嫌われた。また、これを拒んだ者は救済を拒否された。貧民が救済を求めることを思いとどまらせるほど厳しい条件下に労役場を置くことにより、救済抑制の効果をねらったものであった。

★ギルバート法
労役場を労働能力のない者の救済の場と位置づけ、労働能力のある者は救貧法によらない雇用または院外救済で対応することとした。

★スピーナムランド制度
同制度は、労働能力があり、かつその意欲がある者を対象として、パンの価格で最低生活費を算定し、貧民の賃金が低い場合はその補償を、また失業している場合は最低生活費相当分の支給という、今日の扶助に対する考え方に近い方式をとっていた。

第3章 貧困の歴史

ことになる。

　新救貧法の特徴は、主として次の三つに表れている。❶救済は全国的に統一した方法でなされること（「全国的統一の原則」）、❷貧民の状態は全体として、実質的あるいは外見上、最下級の独立労働者の状態以下でなければならないこと（「劣等処遇の原則」あるいは「被保護者低位性の原則」という）、❸労働能力のある貧民は、労役場の収容に限ること、このことにより、労働能力のある貧民の院外救済は禁止された（「強制労役場制度」）。

　新救貧法は、貧困の原因を個人の道徳的欠陥に求めた。救済は貧者を生み出すという考えの下、院外救済は認めず、労役場に強制的に収容し、劣等処遇の原則により、ひどい救済が行われることになる。このことは、労働者に対する救済拒否を意味するものであり、「自立自助の原則（生活自己責任の原則）」を明らかにしたものでもあった。

　さてこの当時、救貧行政の不備を補うために、多数の民間慈善団体が活動し、1869年には慈善組織協会（Charity Organization Society：COS）が設立された。慈善組織協会は、貧困を貧民個人の道徳的欠陥に帰因するものと考え、この観点から援助対象を「救済に値する貧民」（deserving poor）と「救済に値しない貧民」（undeserving poor）に分け、前者のみを協会の援助対象にし、友愛訪問など個別的サービスを通して道徳感化を与えることとし、後者を労役場に委ねることとした。

2 貧困の発見と福祉国家への道

　1873年の大恐慌とそれに続く大不況により、失業・貧困問題は大きな広がりと深化をみせ、労働者の貧困化をさらに促進させていった。

　この時期、二つの調査が「貧困の発見」に重要な役割を果している。その一つは、チャールズ・ブース（Booth, C.）によって行われたロンドン調査（1886～1891年）である。もう一つが、ラウントリー（Rowntree, B. S.）が1899年に実施したヨーク市の貧困調査である。これら貧困調査を通して、貧困は個人的原因に基づくものであるという捉え方から、社会的原因に基づくものであるという捉え方へと、貧困観

Active Learning
エリザベス救貧法と新救貧法の違いを調べてみましょう。

---

ii　彼は『人口論』で、「人口は幾何級数的に増加するが、食物は算術級数的にしか増加しない。救貧法は、貧民を増加させるだけであり、貧困を減少させることができない。そのため対策として、人口の抑制、結婚の抑制とともに、真の対策は救貧法によってではなく、貧民自身の手によるもので、特にその道徳的抑制による」と主張した。しかも、「貧民をその道徳的抑制に向かわせるものは、飢餓の圧力である」とした。

の転換がもたらされた。

　このような状況を受け、20世紀に入り、新救貧法が再検討されることになる。そこで政府は1905年に「救貧法及び貧困救済に関する王立委員会」を設置し、1909年に報告書を提出した。同報告は、二つの報告に分かれている。一つは、慈善組織協会の系統に属する人たちを中心とする多数派報告であり、従来の延長線下での救貧法の改良を主張した。もう一つは、ウェッブ（Webb, B.）らから成る少数派報告であり、救貧法を解体すべきであると主張した。しかしながら、多数派報告はあまりに道徳的であるということで、また、少数派報告はあまりに急進的すぎるということで、政策に直接反映されることはなかった。そのため、政策担当者である政府は、旧来の救貧法を引き続き存続させる一方で、救貧法の外部で貧困化の諸原因に対応する新たな方策を出すことになる。

　1920年代に入ると、失業者の増大が社会問題化してきた。とりわけ1929年に始まる世界恐慌によって、それまでの失業保険制度の立て直しと失業保険から漏れた人々の救済が、喫緊の課題となってきた。その対応として、政府は、1934年に失業保険と失業扶助から成る失業法を新たに設定した。これにより、労働能力のある者で、失業により貧困に陥った場合は失業扶助を適用し、救貧法は労働能力のない者を対象にした制度に変容していったのである。

▍3 福祉国家の成立と公的扶助

　第二次世界大戦下の1941年、政府は社会保障委員会を設置し、翌年、報告書「社会保険および関連サービス」（Social Insurance and Allied Services）（通称「ベヴァリッジ報告」）を公表した。これは、戦後のイギリス社会保障制度の骨格となり、同報告に基づき、社会保障・社会福祉に関する諸法律が次々と制定・施行され、福祉国家が確立されることになる。

　公的扶助に関する法律としては、1948年に国民扶助法が制定され、

---

iii　具体的には、救貧法を公的扶助に改称し、「低位性」（less-eligibility）の代わりに、「処遇」（treatment）の概念を導入し、抑制要素を緩めようとした。そして、私的慈善で救済されない者を公的扶助の対象とすべきとし、慈善組織協会の役割の強化を図るべきであるとした。

iv　貧困の原因は、社会状態の産物であり、「国民の最低限」（ナショナル・ミニマム）を保障する政策を実施すべきであるとした。

v　リベラル・リフォームといわれ、1906年「学校給食法」、1908年「児童法」「無拠出老齢年金法」、1909年「職業紹介所法」「住宅及び都市計画法」、1911年「国民保険法」（健康保険・失業保険など）が制定されている。

ここに、長く続いた救貧法の歴史が幕を閉じることになる。国民扶助法により、新たに国民扶助庁が設置され、財源は中央政府が賄うこととなった。同法では、扶助の対象を原則として国民すべてとしているが、❶16歳以下の者、❷フルタイム労働者およびその家族、❸ストライキ中の労働者本人は適用除外とした。また、扶助申請者の所有する家屋の全価値を資産としてみなさない、一定額の貯蓄およびそこから生じる利子も認定しない、申請手続きを簡素化する、などの措置がとられた。

しかしながら制度に対する周知不足や誤解、扶助に伴うスティグマの問題などがあり、貧困であるにもかかわらず、国民扶助を受給していない年金受給者などが多数いた。

そのため、1966年に社会保障省法を制定し、同年、国民扶助庁が廃止され、新たに補足給付委員会が創設された。これによって国民扶助は補足給付に改称され、年金受給年齢以上の老齢者には補足年金、その他の者については補足手当を支給することとなった。そして、種々の改善を行い、要保護者の救済拡大とスティグマの軽減を図った。

しかし、国民扶助法で規定されているフルタイム労働者への扶助の禁止や、扶助額を働いて得られる収入水準までしか支給しない賃金停止条項は補足給付になっても、引き続き規定されていた。

1960年代後半からは、稼働者の貧困が問題とされた。タウンゼント（Townsend, P.）らの調査を通して、貧困な状態にあるフルタイム労働者が多数いること、その世帯に16歳以下の児童がいること（児童の貧困）が問題となった。これを契機として家族手当の引き上げをめぐる論議が起こり、普遍主義対選別主義という、社会保障の原則をめぐる論争にまで展開していった。

そうした論議を踏まえて、政府は次のような方策を打ち出した。1970年に、フルタイム労働に従事し、16歳未満の児童を養育している者で、その所得が一定の基準に満たない者に支給する「世帯所得補足制度」を創設した。また1975年には、補足給付法を改正し、賃金停止条項を撤廃した。さらに同年、従来の家族手当に代わる「児童給付法」を制定した。

1980年代に入り、1970年代からの経済的停滞から脱却するための政策が打ち出されてくる。社会保障においては、増大する社会保障費支

---

vi　調査により、1953年・1954年から1960年にかけて貧困者が約400万人から約750万人に増大し、そのうち、34.6%がフルタイム労働者であること、そして、貧困世帯人員の約3分の1が16歳以下の児童で占められていることを明らかにした。

出に対応するため、ベヴァリッジ報告以来の「大改革」に乗り出し、補足給付の問題点が指摘された。

そこで、1986 年に社会保障法（Social Security Act）を制定（1988年に完全実施）し、補足給付（Supplementary Benefit）制度は、所得補助（Income Support）、社会基金（Social Fund）、家族給付（Family Credit）に再編成されることになった。

また、1990 年代になると、長引く不況に伴う長期失業・若年失業の問題がクローズアップされるようになり、所得補助が就労インセンティブに対する阻害要因となっているのではないか、という議論が盛んに繰り広げられるようになった。こうした状況のなかで、1995 年には新たに、求職者手当（Jobseeker's Allowance）制度が導入された。これはいわば、所得補助の受給者から失業者を切り離そうとする試みである。

この枠組みの下では、国民保険の保険料拠出要件を満たす失業者には、最初の一定期間に限り、資力調査（ミーンズ・テスト）なしの「拠出制求職者手当」（Contribution-based Jobseeker's Allowance）が支給されることになった。その後、求職者には無拠出制求職者手当（Income-based Jobseeker's Allowance）、病気や障害等で就労できない者に対しては雇用支援給付（Employment and Support Allowance）、高齢者には年金クレジット（Pension Credit）による給付がなされ、また、その他の手当等で生計維持できない者に対しては所得補助（Income Support）が給付されるようになっている。

このように、イギリスにおける公的扶助制度は、救貧法から現代の所得補助、社会基金、家族給付等へと大きく変遷を遂げている。そこには、貧困を個人の問題から社会の問題として捉える考え方の転換、また救済責任が共同体から国家に移り、国家が積極的に国民の生活を保障する制度へと進展していった歴史をみることができる。

このような貧困の捉え方や近代的公的扶助制度の枠組みの変遷は、我が国の公的扶助制度にも大きな影響を与えた。

◇**引用文献**
1 ）松澤裕作『生きづらい明治社会──不安と競争の時代』岩波書店，p. 50，2018.
2 ）小川政亮「恤救規則の成立──明治絶対主義救貧法の形成過程」福島正夫編『戸籍制度と「家」
制度──「家」制度の研究』東京大学出版会，pp. 259-319，1959.
3 ）同上
4 ）前出 1 ），p. 48
5 ）小川政亮，宇都栄子「付論　恤救規則の成立と意義」右田紀久恵・高澤武司・古川孝順編『社会
福祉の歴史──政策と運動の展開』有斐閣，1977.
6 ）前出 1 ），p. 54
7 ）岡本多喜子「救貧制度の変遷」横山和彦・田多英範編著『日本社会保障の歴史』学文社，pp. 16-40,
1991.
8 ）寺脇隆夫『救護法の成立と施行状況の研究』ドメス出版，p. 37，2007.
9 ）同上，pp. 188-190
10）前出 7 ）
11）田多英範「昭和恐慌と社会事業立法」右田紀久恵・高澤武司・古川孝順編『社会福祉の歴史──
政策と運動の展開』有斐閣，pp. 222-238，1977.
12）高澤武司「翼賛体制と社会事業の軍事的再編成」右田紀久恵・高澤武司・古川孝順編『社会福祉
の歴史──政策と運動の展開』有斐閣，pp. 239-256，1977.
13）日本社会事業大学救貧制度研究会編『日本の救貧制度』勁草書房，p. 275，1960.
14）前出12）
15）前出 7 ）
16）前出12）
17）田多英範「生活保護制度の確立」横山和彦・田多英範編著『日本社会保障の歴史』学文社，pp.
70-84，1991.
18）菅沼隆『被占領期社会福祉分析』ミネルヴァ書房，p. 2，2005.
19）小山進二郎『生活保護法の解釈と運用　改訂増補』中央社会福祉協議会，p. 18，1951.
20）岩永理恵『生活保護は最低生活をどう構想したか──保護基準と実施要領の歴史分析』ミネル
ヴァ書房，pp. 63-65，2011.
21）同上，pp. 75-76
22）同上，pp. 83-117
23）同上，pp. 119-121
24）清水浩一「生活保護制度の展開」横山和彦・田多英範編著『日本社会保障の歴史』学文社，pp.
231-251，1991.
25）前出20），pp. 224-228
26）同上，pp. 232-236
27）清水浩一「生活保護の制度改革」横山和彦・田多英範編著『日本社会保障の歴史』学文社，p.
346, 1991.
28）星野信也『「選別的普遍主義」の可能性』海声社，p. 194，2000.

◇**参考文献**
・日本社会事業大学救貧制度研究会編『日本の救貧制度』勁草書房，1960.

第4章

生活保護制度

　現行生活保護法は、日本国憲法第 25 条に規定する理念に基づき、生存権の保障を具体的に実現する重要な制度であり、社会保障制度の根幹を支える制度として位置づけられ、機能している。そこで本章では、はじめに、生活保護法の目的および法の基本的な考え方となる四つの基本原理と、保護を具体的に実施する際の四つの基本原則等、制度の基本的な枠組みおよびその財源・予算について説明する。次いで、統計資料をもとに示した被保護人員や被保護世帯の状況から、現在、生活保護を受給している人・世帯が置かれている状況を、総合的・多角的に学ぶこととする。

● 生活保護制度の体系的理解を図る

● 生活保護制度の実施体制の理解を図る

1 ▶ 生活保護法の構成

1 生活保護法の構成

　生活保護法は、日本国憲法第 25 条に定める生存権を実現するための法として制定され、現在に至るまで社会保障制度の根幹を支える制度として機能している。全文で第 1 条から第 86 条まで、以下の章・条文で構成される[i]。

> 第 1 章　総則（第 1 条—第 6 条）
> 第 2 章　保護の原則（第 7 条—第 10 条）
> 第 3 章　保護の種類及び範囲（第 11 条—第 18 条）
> 第 4 章　保護の機関及び実施（第 19 条—第 29 条の 2 ）
> 第 5 章　保護の方法（第 30 条—第 37 条の 2 ）
> 第 6 章　保護施設（第 38 条—第 48 条）
> 第 7 章　医療機関、介護機関及び助産機関（第 49 条—第 55 条の 3 ）
> 第 8 章　就労自立給付金及び進学準備給付金（第 55 条の 4 —第 55 条の 6 ）
> 第 9 章　被保護者就労支援事業及び被保護者健康管理支援事業（第 55 条の 7 —第 55 条の 9 ）
> 第 10 章　被保護者の権利及び義務（第 56 条—第 63 条）

i　2018（平成 30）年 6 月改正では、2018（平成 30）年 6 月より「進学準備給付金」の創設（第 55 条の 5 第 1 項）、2018（平成 30）年 10 月より後発医薬品の原則化（第 34 条第 3 項）、資力がある場合の返還金の保護費との調整（第 77 条の 2 、第 78 条の 2 第 1 項）、介護保険適用の有料老人ホーム等の居住地特例（第 19 条第 3 項）が、2020（令和 2 ）年 4 月より「日常生活支援住居施設」（第 30 条第 1 項ただし書）が追加された。また 2021（令和 3 ）年 1 月より「健康管理支援事業」（第 55 条の 8 第 1 項）が創設され、第 9 章の章名は「被保護者就労支援事業及び被保護者健康管理支援事業」（第 55 条の 7 —第 55 条の 9 ）に改められた。

第 11 章　不服申立て（第 64 条―第 69 条）
第 12 章　費用（第 70 条―第 80 条）
第 13 章　雑則（第 81 条―第 86 条）
附則

2 各章の概要

　生活保護法の各章がどのような構成・内容であるかについて簡単に説明しておく。

　第 1 章「総則」においては、生活保護法の目的と法の基本的な考え方である四つの基本原理（国家責任の原理、無差別平等の原理、最低生活保障の原理、補足性の原理）を定めている。第 2 章「保護の原則」においては、保護を具体的に実施するにあたっての考えを示す四つの原則（申請保護の原則、基準及び程度の原則、必要即応の原則、世帯単位の原則）を定めている。第 3 章「保護の種類及び範囲」と第 5 章「保護の方法」では、要保護世帯の生活需要に対応する 8 種類の扶助（生活扶助、教育扶助、住宅扶助、医療扶助、介護扶助、出産扶助、生業扶助、葬祭扶助）の内容とその提供方法を定めている。第 4 章「保護の機関及び実施」においては、生活保護の実施機関と生活保護の決定実施に関する手続きを定めている。第 6 章「保護施設」においては、居宅で生活を営むことが困難な要保護者が入所または利用して保護を受ける施設として位置づけられる 5 種類の保護施設（救護施設、更生施設、医療保護施設、授産施設、宿所提供施設）を定めている。第 7 章「医療機関、介護機関及び助産機関」では、医療扶助および介護扶助を提供する医療機関および介護機関の指定やその給付内容にかかわる診療方針および報酬等および助産機関に関して定めている。第 8 章、第 9 章においては、近年の改正で新しく追加された「就労自立給付金」「進学準備給付金」「被保護者就労支援事業」「被保護者健康管理支援事業」を定めている。第 10 章「被保護者の権利及び義務」においては、被保護者の給付を受けるにあたっての三つの権利（不利益変更の禁止、公課禁止、差押禁止）と五つの義務（譲渡禁止、生活上の義務、届出の義務、指示等に従う義務、費用返還義務）を定めている。第 11 章「不服申立て」においては、被保護者の救済制度である不服申立て制度（審査請求、再審査請求）および訴訟について定めている。第 12 章「費用」においては、市町村、都道府県、国の生活保護の費用負担および費用の徴収について定めている。第 13 章「雑則」

においては、後見人選定の請求から罰則規定まで生活保護運営実施上のことを定めている。

　生活保護法は、これに加え生活保護法施行令（政令）、生活保護法施行規則（省令）、告示、各種通知（次官通知、局長通知、課長通知）などにより運用の指針が示され、制度運営されている。

2　生活保護法の目的と原理、原則

1　生活保護法の目的

　日本国憲法は第25条において、「すべて国民は、健康で文化的な最低限度の生活を営む権利を有する」と規定しているが、この憲法の規定する生存権の保障を国が実体的に具現するための一つとして制定されたのが生活保護法である。

　このことは、第1条において、「この法律は、日本国憲法第25条に規定する理念に基き、国が生活に困窮するすべての国民に対し、その困窮の程度に応じ、必要な保護を行い、その最低限度の生活を保障するとともに、その自立を助長することを目的とする」と規定されているところからも明らかである。

　このように生活保護法は、生活に困窮する国民は健康で文化的な最低生活が保障されることを権利として認めているが、それだけではなく、これらの人々の自立の助長も積極的に図っていくことをも併せて目的としている。

2　生活保護法の基本原理

❶国家責任による最低生活保障の原理（国家責任の原理）【法第1条】

　この原理は、生活保護法第1条に規定されているとおり、生活保護法の目的を定めた最も根本的な原理であり、生活に困窮する国民の最低生活保障を国がその責任において行うことを規定したものである。

　また、単に生活に困窮する国民の最低限度の生活を保障するだけでな

---

ii　生活保護法第6条において、「被保護者」とは、現に保護を受けている者、「要保護者」とは、現に保護を受けているといないとにかかわらず、保護を必要とする状態にある者をいうと定められている。なお、保護の申請・開始に関する場面で「被保護者」と「要保護者」とを区別して規定している場合には、「要保護者」はいまだ「被保護者」とはなっていない者を指すものとして用いられている。

く、保護を受ける者がその能力に応じ、自立して社会生活を送ることができるように自立助長を図ることも併せて規定している。

❷無差別平等の原理【法第2条】

救護法および旧生活保護法においては、素（性）行不良な者などについては救護や保護は行わないこととする欠格条項が設けられていたため、生活困窮に陥った原因の内容によって保護をするかしないかが決定されていた。

しかし、現在の生活保護法は第2条において、「すべて国民は、この法律の定める要件を満たす限り、この法律による保護を、無差別平等に受けることができる」と規定し、生活困窮者の信条、性別、社会的身分などにより優先的または差別的な取り扱いを行うことを否定するとともに、生活困窮に陥った原因による差別を否定している。したがって、もっぱら生活に困窮しているかどうかという経済的状態に着目して保護が行われることになる。

なお、この無差別平等は、保護請求の権利の保障という面あるいは保護を要するに至った原因面で差別的な取り扱いを行わないということを意味するものであり、保護の対象者の生活需要の差異を無視した画一的な給付が行われるべきであるということを意味するものではない。

❸健康で文化的な最低生活保障の原理（最低生活保障の原理）【法第3条】

この原理は、生活保護法で保障する最低生活の水準の内容を規定したものである。

前述したように、生活保護法は、日本国憲法第25条に規定する生存権保障の理念を具現するための制度であるから、その保障される生活水準は、当然、憲法上の権利として保障されている生活を可能にするものでなくてはならない。

このため第3条において、「この法律により保障される最低限度の生活は、健康で文化的な生活水準を維持することができるものでなければならない」と規定されている。

❹保護の補足性の原理【法第4条】

この原理は、国民の側において保護を受けるための前提として守るべき最小限の要件等を規定したものであり、第4条において、「①保護は、生活に困窮する者が、その利用し得る資産、能力その他あらゆるものを、その最低限度の生活の維持のために活用することを要件として行われる。②民法に定める扶養義務者の扶養及び他の法律に定める扶助は、す

べてこの法律による保護に優先して行われるものとする」と規定されているところである。

この原理は、保護に必要な費用が国民の税によって賄われていることから、保護を受けるためには各自がそのもてる能力に応じて最善の努力をすることが先決であり、そのような努力をしてもなおかつ最低生活が維持できない場合に初めて保護が行われることを意味している。

公的扶助の特徴といわれている資力調査（ミーンズ・テスト）（p.5参照）は、この要件を確認するためのものである。

次に、この原理に基づく要件等をあげると、以下のとおりとなる。

① **資産の活用**

保護を受けるためには、資産を最低生活の維持のために活用しなければならないが、この資産の概念は極めて広く、土地、家屋はもとより生活用品なども含むものである。

また、活用の方法は、当該資産の本来の用途に従って活用することと、売却してその売却代金を生活費に充てることの二つに分けられる。

そこで、資産の活用の範囲と程度を決める尺度が必要となるが、その原則的な考え方は次のとおりである。

❶ 現実に最低生活の維持のために活用されており、かつ、処分するよりも保有しているほうが生活維持および自立の助長に実効が上がっていると認められるものは処分しなくてもよいこと。

❷ 現在活用されてはいないが、近い将来において活用されることがほぼ確実であって、かつ、今処分するよりも保有しているほうが生活維持に実効が上がると認められるものは処分しなくてもよいこと。

具体的な取り扱いは、上記の原則に従いながら個々の世帯の事情やその地域の実態に応じて決められるべきものであって、機械的、画一的に決められるべきものではない。国民の税によって賄われる公的な救済を受ける場合には、地域住民、特に低所得者との均衡からみて、最低生活の内容としてその保有が容認できるものかどうかが判断の基準となる。

なお、現行の取り扱いにおいては、宅地、家屋は現に居住の用に供されているもので、その処分価値と利用価値とを比較して、処分価値が著しく大きいもの以外は保有が認められることとなっている（ただし、要保護世帯向け不動産担保型生活資金の利用が可能な者については、当該貸付資金の利用が、生活保護の適用より優先される）。また、田畑は現に耕作しているなど利用価値の高いものは、その地域の農家の平均耕作面積までは保有が認められることとなっている。

生活用品については、その世帯の人員、構成などから判断して利用の必要があり、かつ、その地域の普及率が70%程度を超えるものについては、地域住民との均衡などを勘案のうえ保有を認めている。

自動車については、原則として保有は認めていないが、公共交通機関の利用が著しく困難な地域に居住する者等が通勤のため必要とする場合、障害者については、通勤用に加え、通院、通所および通学に自動車を必要とする場合には保有が認められることもある。

なお、資産については、機械的な取り扱いはできるだけ避け、その世帯の自立の芽を摘むことのないよう配慮して取り扱うことが基本的な考え方となっている。

② 能力の活用

能力についても前述の資産と同様、それを最低生活の維持のために活用することが要件とされる。したがって、現に労働能力があり、適当な就労先があるにもかかわらず、就労しようとしない者については、保護の要件を欠くものとして保護を受けることはできない。ただし、就労の意思と能力があり、かつ求職活動を行っていても現実に就労先がないときには、保護を受けることができる。

なお、能力の活用の要件に欠ける場合であっても、保護が受けられない対象をその要件を欠く者だけに限定し、他の世帯員については保護が受けられるように取り扱う場合がある（世帯分離）。これについては「3 保護の原則」のうち、「④世帯単位の原則」（p.74参照）を参照のこと。

③ その他あらゆるものの活用

さらに、この保護の補足性の原理は、資産、能力だけでなく、その他あらゆるものについても適用される。現実には資産となっていないが、申請などの手続きにより資産となし得るもの、たとえば、恩給受給権などを有する場合には、まず手続きをとるなどして、自分の力で生活が維持できるように努力することが必要とされる。

④ 扶養の優先

生活保護法は、民法に規定されている扶養義務者（**図4-1**）の扶養義務の履行を保護に優先させることとしている。

特に、この民法に規定されている扶養義務においては、夫婦相互間および未成熟の子（義務教育修了前の子）に対する親には、極めて強い扶養義務が課せられている。

図4-1　民法に定める扶養義務者の範囲

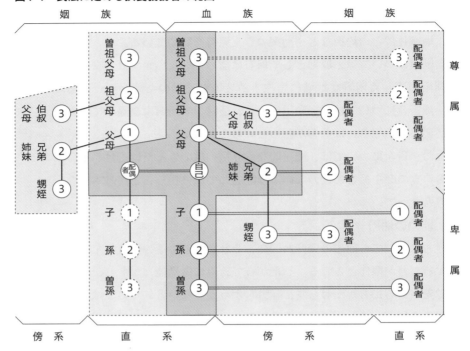

絶対的扶養義務者（民法第877条第1項）
相対的扶養義務者（民法第877条第2項）
①配偶者は、継親の場合等であること。
子①は、先夫の子、後妻の連れ子等である。

出典：「親等表」『生活保護手帳2020年度版』中央法規出版, p. 252, 2020.

⑤　他の法律による扶助の優先

　生活保護法は、我が国の公的救済制度のなかでも最終段階の救済制度であることから、他の法律による扶助を受けることが可能な場合には、まずその扶助を受ける必要があるという、いわゆる「他法他施策優先の原理」を定めている。

　したがって、具体的には、老人福祉法、身体障害者福祉法、知的障害者福祉法等による措置などを受けることができるときは、まずこれらの扶助を受けなければならないとされる。

　以上が保護の補足性の原理と称される保護受給の要件等であるが、個々の要保護者についてこの要件を問題としていた場合には生存が危なくなるとか、社会通念上放置できない程度に状況が切迫している場合には、必要な保護を行うことを妨げるものではないとされている。

3 保護の原則

生活保護法には基本原理のほかに、保護を具体的に実施する際の原則が定められている。これらの原則は、制度の基本原理とともに、重要な運用上の考え方を示しているものである。

❶申請保護の原則【法第7条】

生活に困窮する国民には、この法律により保護を請求する権利が保障されているが、この権利の実現を図る前提として、申請に基づいて保護が開始することを原則とした規定である。

これは、給付の性質からみて保護請求権の行使を当事者の意思にかかわらしめたほうが適当であり、また、より合理的な制度運営ができるものと考えられたからである。

ところで、この保護請求権は一身専属権であり、要保護者であれば申請することができるが、申請することができる者を要保護者のみに限定すると現実には申請ができない者がいる場合も考えられることから、要保護者本人のほか、要保護者の生活の事情を熟知しているとみられるその扶養義務者または扶養義務者以外の同居している親族に限って申請することができるとされている。

また、保護の実施機関としては、要保護者の発見、あるいは町村長などによる通報があった場合には適切な処置をとる必要があり、こうしたことから、法は申請保護を原則としながらも、要保護者が急迫した状況にあるときは、保護の申請がなくとも必要な保護を行うこと（職権保護）ができる旨も明記している。なお、要保護者本人に十分な意思能力がない場合や保護を要するにもかかわらず意思を表示できない場合については、急迫した状況にあると認めて差し支えないとされる。

❷基準及び程度の原則【法第8条】

第8条に、「①保護は、厚生労働大臣の定める基準により測定した要保護者の需要を基とし、そのうち、その者の金銭又は物品で満たすことのできない不足分を補う程度において行うものとする。②前項の基準は、要保護者の年齢別、性別、世帯構成別、所在地域別その他保護の種類に応じて必要な事情を考慮した最低限度の生活の需要を満たすに十分なものであって、且つ、これをこえないものでなければならない」という「基準及び程度の原則」が規定されている。

厚生労働大臣は、この原則に基づき、保護の実施上の基準、すなわち、生活保護基準を定めているが、この生活保護基準は、保護の要否を決めるための尺度としての機能と同時に、保護費の支給の程度を決めるため

の尺度としての機能がある。

　前者の保護の要否を決める尺度としての生活保護基準は、その基準の合計額（最低生活費）とその者の収入とを対比して保護を受けることができるか否かの資格を決定するための基準である。また、後者の基準は、保護が必要であると決定された者に対して、現実に保護費として支給する程度を決めるための尺度となる基準である（**図4-2**）。

　これらの基準は、要保護者の最低生活需要に対応してきめ細かく設けられており、現行生活扶助基準を例にとれば、年齢別、世帯人員別、地域別（全国の市町村を6区分のうちいずれかに指定）、寒冷地区別（都道府県別に6地区のいずれかに指定）に設定されている。

　一方、生活保護基準と対比される収入については、たとえば、冠婚葬祭の場合の祝金・香典料、地方公共団体等から障害者・高齢者等の福祉増進のため条例に基づき定期的に支給される金銭のうち一定額以内の額等については収入として取り扱わないこと、さらに勤労収入等については、その収入を得るための必要経費が新たな需要として生ずることとなるので、その収入を得るための必要な経費を控除するとともに、勤労意欲を助長するなどの見地から各種の勤労控除（p.81参照）等の控除制度が設けられている。

❸必要即応の原則【法第9条】

　第9条に、「保護は、要保護者の年齢別、性別、健康状態等その個人又は世帯の実際の必要の相違を考慮して、有効且つ適切に行うものとする」という「必要即応の原則」が規定されている。

　この原則は、起こりがちな法の画一的・機械的運用を戒め、個々の要保護者の実情に即して、保護を実施すべきであるという趣旨で設けられた規定であり、常に留意すべき原則であるといえる。

❹世帯単位の原則【法第10条】

　第10条は、「保護は、世帯を単位としてその要否及び程度を定めるものとする。但し、これによりがたいときは、個人を単位として定めることができる」という「世帯単位の原則」を規定したものである。

　この原則は、保護の要否および程度の決定は、世帯を単位として行うという原則であるが、このように保護が世帯を単位として行われるのは、生活困窮という状態は個人に現れる現象であるというよりは、生計を一にしている世帯全体を観察して初めて把握される現象であるという社会通念に基づくものである。

　なお、ここでいう世帯とは、同一の住居に居住し、生計を一にしてい

図4-2　扶助費算定方法の具体例

ア　収入のない世帯

保護基準の積み上げが
そのまま扶助費となる。

イ　勤労収入のある世帯

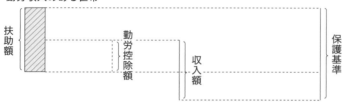

ウ　医療扶助と生活扶助の二つの扶助を受給（併給）する場合

※介護扶助についても同様である

エ　医療扶助のみ受給（単給）の場合

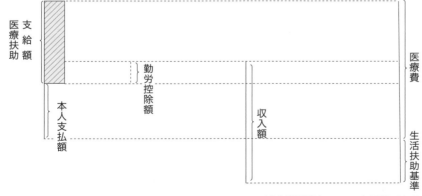

※介護扶助についても同様である

る者の集まりをいうものであり、たとえば、それが親族ばかりでなく他人を含む場合であってもそれらの者すべてを一つの単位として、同一の世帯としてとらえてしまうということである。

この世帯単位の原則により、具体的には最低生活費の認定、収入認定、扶助費の決定、資産保有状況などが世帯全体として捉えられることになる。なお、出稼ぎ者や入院患者のように、実際には同居していない場合でも、それが一時的なものであって、経済的には出身世帯と一体性があり、いずれは自宅に帰る場合には、これらの者も同一の世帯員として取り扱うこととなっている。

保護の実施は、このように世帯を単位として行うことが原則とされているが、これによりがたい事情があるような場合には、例外的に個人を単位として保護の要否および程度を定めることができることとされている。このような措置を世帯分離と称しているが、これは、世帯単位の原則を貫くと法の目的である最低生活の保障に欠けるというような場合であるとか、被保護者の自立を損なうというような場合に、擬制的に別世帯と同じように取り扱うという措置である。

3 保護の種類と内容および方法

生活保護法による最低生活の保障は、8種類の扶助により実施されている（図4-3）。

1 生活扶助

①内容【法第12条】

① 基準生活費

生活扶助は、現行の8種類の扶助のなかで最も基本的な扶助であり、飲食物費、被服費、光熱水費、家具什器などの日常生活の需要を満たすための給付が中心として行われる。

この扶助は、個人単位の費用である第1類の経費、世帯単位の費用である第2類の経費および各種加算を中心に構成されている。

このように生活扶助基準が、第1類の経費と第2類の経費の組み合わせ方式を採用しているのは、世帯構成によって異なる個々の世帯について合理的、科学的に最低生活需要が測定されるように仕組まれているからである。

図4-3　生活保護基準等体系図（令和 2 年10月現在）

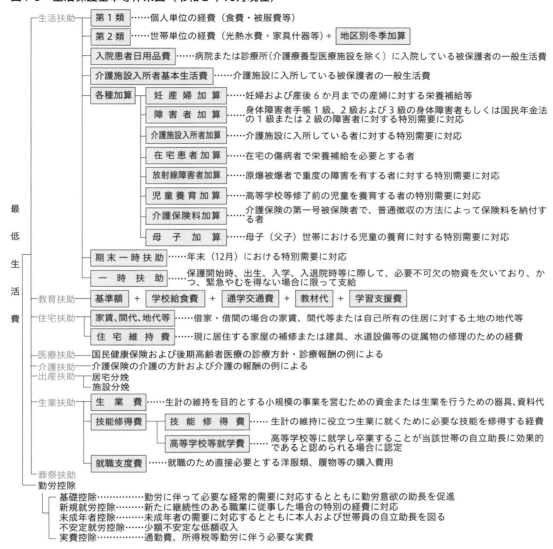

注：このほか、救護施設、更生施設入所者についての入所保護基準がある。

図4-4　生活扶助基準の構成

生活扶助基準 （級 地 別）			
第 1 類 費 （年齢別）	第 2 類 費（世帯人員別）		各種加算
	基準額	冬季加算 （寒冷地区別）	

なお、被保護者が入院している場合には「入院患者日用品費」が、介護施設に入所している場合には「介護施設入所者基本生活費」が、その他必要に応じて「一時扶助」が生活扶助として行われることとなる。

❶　第1類（個人経費）

　第1類の経費は、食費、被服費などの個人単位で消費する生活費である。この第1類の基準額は、年齢別、所在地域別に定められている。

　「所在地域別」は級地制度によって具体化されている。級地制度は、生活保護法第8条第2項に基づき、地域における生活様式や物価差による生活水準の差を生活保護基準額に反映させることを目的とした制度である。

　おおむね大都市およびその周辺地域を1級地、中都市およびその周辺地域を2級地、その他の市町村を3級地とし、この各級地内にそれぞれ2区分の枝級地を設け（1級地—1、1級地—2など）、全国を、市町村を単位に6区分して基準のうえで格差をつけている。

　なお、第1類は個人単位の経費であるため、多人数世帯での節約効果を勘案して、基準額に対して逓減率が定められている。

❷　第2類（世帯共通経費）

　第2類の経費は、第1類費と異なり世帯全体としてまとめて支出される経費であり、電気代、ガス代、水道代などの光熱水費や家具什器費などである。この第2類の基準額は、世帯人員別、所在地域別に定められている。

　世帯共通経費は、複数でいることによる節約・経済効果が生じるが、これは第2類の基準額表にも表れている。

　また冬季においては、地域における寒冷の度合いなどによって、暖房費などの必要額が異なってくる。こうした事情を考慮して第2類に地区別冬季加算額が加わる。この冬季加算は、都道府県を単位として全国をⅠ区からⅥ区までの六つに区分し、Ⅰ・Ⅱ区については10月から4月までの7か月間、Ⅲ・Ⅳ区については11月から4月までの6か月間、Ⅴ・Ⅵ区については11月から3月までの5か月間で世帯人員別に設定されている。

②　**期末一時扶助**

年末において増加する食費や雑費等の経費を補填するものとして、12

---

iii　最低生活保障水準（月額）の具体的事例が紹介されているような表（**表4-4**（p.109参照）など）では、多くの場合、この5か月間から7か月間支給される冬季加算を合算して12か月で割り、1か月平均を出した額を含めている。

月の基準生活費に加えて支給されている。

③　加算

　前述した第1類の経費、第2類の経費などは、誰もが日常生活を営むうえで必要とする最低生活費であるのに対して、障害者の場合などは健常者と比較してより多くの経費が必要であり、また、妊産婦や在宅患者の場合などはより多くの栄養の補給が必要となることから、こうした個別的な特別需要を補填するために加算制度が設けられている。この加算制度により初めて、加算対象者は加算がない者と実質的に同水準の生活が保障されることになる。

❶　妊産婦加算

　妊婦についての加算は、妊娠の判明した月の翌月に認定し、産婦についての加算は、出産月から6か月間（人工栄養によって乳児を保育する産婦については3か月間）認定するが、病院等の給食を受けている入院患者などについては行わない。

❷　障害者加算

　身体障害者福祉法による身体障害者障害程度等級表の1級、2級もしくは3級または国民年金法施行令別表の1級もしくは2級に該当する者などに対して行う加算である。

　また、重度の障害者で常時の介護を必要とする者にはそれに加えて重度障害者加算が算定され、さらに重度障害者で日常生活のすべてに介護を必要とし、家族がこれに当たるときは重度障害者家族介護料が算定される。なお、介護する家族がなく介護人をつける場合には、一定限度内において介護料が算定される。

❸　介護施設入所者加算

　介護施設に入所している者で、「介護施設入所者基本生活費」が算定されている者（母子加算または障害者加算が算定されている者を除く）に対して行う加算である。

❹　在宅患者加算

　居宅療養に専念している患者で、医師の診断により栄養の補給が必要と認められる者について行う加算である。

❺　放射線障害者加算

　原子爆弾被爆者に対する援護に関する法律（平成6年法律第117号）によって認定を受けた者、または放射線を多量に浴びたため負傷や疾病の状態にある者および治癒した者に対して行う加算である。

❻　児童養育加算

高等学校修了前の児童の養育に当たる者に対して行う加算である。

❼　介護保険料加算

介護保険の第一号被保険者であって、普通徴収の方法によって保険料を納付する義務を負う者に対して行う加算である。

❽　母子加算

父母の一方もしくは両方が欠けているかこれに準ずる状態にある場合に、父母の他方または祖父母・兄・姉など、児童（18歳に達する日以後の最初の3月31日までの間にある者または20歳未満の障害者）の養育に当たる者に対し行う加算である。[iv]

④　**一時扶助**

出産、入学、入退院などの場合や新しく保護が開始される場合に、最低生活の基盤となる物資の持ち合わせがないときなど、最低生活費のなかでのやりくりではこれらの物資を確保させることに無理がある世帯に限って、一時的に一定の支給を認めている。これを一時扶助と呼んでおり、この主なものは以下のとおりである（ただし、この分は保護基準のなかに含まれているので、要否判定の際には使用しない）。

❶　被服費

①　布団

全くないか、全く使用に堪えなくなった場合、もしくは災害罹災者の場合

②　被服

被服をもっていない場合、もしくは災害罹災者の場合

③　新生児被服等

出産を控えて産着などを必要とする場合

④　寝巻等

入院を必要とする者が、入院に際し、寝巻などが全くないかまたは使用に堪えない場合

⑤　おむつ

常時失禁状態にある者でおむつを必要とする場合

❷　家具什器費・暖房器具・冷房器具の購入に要する費用

長期入院後退院する単身者、災害罹災者などが、持ち合わせがない

---

iv　母子加算については、全国消費実態調査に基づく一般母子世帯の消費水準を主な指標として重視し、生活保護基準を検証した結果、平成17年度より段階的に縮減され、2009（平成21）年4月に廃止されたが、子どもの貧困を解消する観点から2009（平成21）年12月より復活した。

場合

❸ 移送費

要保護者を保護施設へ移送するなど、交通費等を必要とする場合

❹ 入学準備金

小学校または中学校に入学する際の入学準備を必要とする場合

❺ 就労活動促進費

早期就労により保護脱却が可能な者が就労活動を必要とする場合

❻ 配電設備費・水道、井戸または下水道設備費・液化石油ガス設備費
など

⑤ **入院患者日用品費**

病院または診療所（介護療養型医療施設を除く）に入院している者の
一般生活費である。入院している患者には、第 1 類、第 2 類の基準生活
費が支給されずに、この入院患者日用品費が支給される。

⑥ **介護施設入所者基本生活費**

介護施設に入所している者の基本的日常生活需要については、介護施
設入所者基本生活費という形で経費が支給される。

❷方法【法第 30～31 条】

生活扶助は、原則として金銭給付により、世帯単位で計算し 1 か月分
を世帯主またはこれに準ずる者に対して交付されることになっている。

また、生活扶助の方法としては、被保護者の居宅で行うこと、すなわ
ち、居宅保護が原則とされているが、居宅保護では保護の目的を達しが
たいときまたは被保護者が希望したときは、救護施設（日常生活を営む
ことが困難な者を入所させる）および更生施設（養護および生活指導を
必要とする者を入所させる）などの施設に入所させ、生活扶助を行うこ
とができることとなっている。

なお、2020（令和 2 ）年 4 月より、単独での居住が困難な被保護者へ
の日常生活上の支援を「日常生活支援住居施設」に委託できる。

❸勤労控除

生活扶助基準は非稼働世帯を基礎として算定されているが、就労に伴
う収入（いわゆる稼働収入）については、稼働に伴い特別な需要が生じ
ること、また自立を助長するという観点から、必要経費を控除すること
以外に勤労控除の制度が設けられている。具体的には、収入から勤労控
除を差し引いた金額を収入として認定し、その控除分が手元に残るとい
う仕組みを設けている。主な勤労控除としては、「基礎控除」「新規就労
控除」「未成年者控除」の三つがある。

① 基礎控除

　勤労に必要な被服、身のまわり品、職場交際費などの経常的職業経費を対象としたものであるが、勤労意欲増進のための経費としての性格を強めることなどを目的とし、控除額を勤労収入に比例して増加させる算定方式が採用されている。

② 新規就労控除

　中学校などを卒業した者が継続性のある職業に従事した場合や、入院などやむを得ない事情のためおおむね3年以上職業に従事できなかった者が継続性のある職業に従事した場合には、就職後も職場に適応するまでの間は特別の需要があることや、卒業後も世帯に残り家計を助けて働いている者の勤労意欲を助長する観点から設けられており、新規就労後6か月間に限り一定額を控除することができることとされている。

③ 未成年者控除

　未成年者が、将来自力で社会に適応した生活を営むことができるようになるためには、教養その他生活基盤を確立するために特別の需要がある。この控除は、こうした需要に対応し、併せて未成年者の勤労意欲を助長する観点から設けられており、一定額を未成年期間中控除することができるとされている。ただし、未成年者であっても、単身者または結婚している者など、一定の条件にある者についてはこの控除は適用されない。

2 教育扶助

●内容【法第13条】

　教育扶助の対象となるのは、義務教育の修学に必要な費用である。これは、日本国憲法第26条第2項により就学が義務づけられていることに関連して、最低生活の内容として義務教育への就学を保障しようとすることからきている。

　この教育扶助の具体的内容としては、義務教育に伴って必要となる学用品費、実習見学費、通学用品費などの費用が小・中学校別に定めた基準額によって支給されるほか、教科書に準ずる副読本的な図書、ワークブック・辞書、楽器の購入費、学校給食費および通学のための交通費、児童・生徒が学校または教育委員会の行う校外活動に参加するための費用（校外活動参加費）、課外のクラブ活動に要する費用（学習支援費）が支給されることとなっている。

❷方法【法第32条】

　教育扶助は、原則として金銭給付によることとなっており、通常は生活扶助と併せて支給されている。

　ただし、支給先としては、被保護者、親権者などのほか、学校長に対しても交付することができることとされている。このように学校長が直接の交付先とされているのは、学校長に対して交付したほうが便宜を図りやすいことや、教育扶助費がその目的とする費用に直接充てられるように対処することが必要な場合があることに対応したものであり、通常は学校給食費の場合にこうした交付が行われることが多い。

3 住宅扶助

❶内容【法第14条】

　住宅扶助の対象となるのは、「住居」および「補修その他住宅の維持のために必要なもの」である。具体的には、被保護世帯が借家、借間住まいをしている場合などに、家賃、間代、地代など月々にかかる費用に充てる費用として所在地域別等に定めた基準額の範囲内の額が支給される。また福祉事務所が認めた場合において、転居にかかる敷金等、契約更新料等が支給される。なお、基準額について、一般基準では満たすことができない場合には、厚生労働大臣が都道府県（指定都市および中核市）ごとに別に定める額の特別基準が使用できる。

　また、被保護者が現に居住している家屋が風雨などのために破損し、最低生活が維持できなくなった場合には、その補修のために必要な一定額内の経費が支給される。

　なお、住宅扶助は最低生活保障の趣旨から、被保護者に資産としての住宅を支給したり、改善・拡張などを内容とする大規模修理を目的とするものでないことはいうまでもない。

❷方法【法第33条】

　住宅扶助は、原則として金銭給付によることとなっており、通常は生活扶助費と併せて、世帯主またはこれに準ずる者に対して支給されている。

　このほかに、住宅確保の方法としては、保護施設である宿所提供施設を利用させる方法があるが、この場合には金銭給付は行われず、現物で住宅扶助の給付が行われることになる。

❸方法の特例【法第37条の2】

　2014（平成26）年7月から、代理納付の対象に家賃のほかに共益費

が追加された（生活保護法施行規則第 23 条の 2 ）。

■4 医療扶助

❶内容【法第 15 条】

　医療扶助は、疾病や負傷により入院または通院によって治療を必要とする場合に、生活保護の「指定医療機関」に委託して行う給付である。この給付は、入院、診療、投薬、注射や手術などが対象になることはもちろん、入退院、通院、転院などの場合の交通費（移送費）や治療の一環として必要な輸血、義肢、装具、眼鏡などの治療材料の給付も対象となっている。

　なお、柔道整復、あん摩・マッサージ、はり・きゅうなどの施術の費用も給付対象となっている。

❷方法【法第 34 条】

　医療扶助は、指定医療機関に委託して行ういわゆる現物給付を原則としているが、医療扶助実施の事務手続きの流れを図示すれば、図 4-5 のとおりである（ただし、併給外来などについては一部簡略化されているものがある）。

　福祉事務所は、要保護者から医療扶助の申請があった場合には、まず指定医療機関の意見などの記載された医療要否意見書によって医療の要否を判定し、その結果、医療の必要があるとされた者に対し医療券を発行することとなる。そして、被保護者がこの医療券を指定医療機関に提出することによって必要な医療の現物給付が行われることになる（ただし、明らかに医療の必要が認められる場合は、手続きが一部簡略化されることがある）。また、指定医療機関に支払うべき診療報酬は、都道府県知事あるいは市町村長から、社会保険診療報酬支払基金を通じて指定医療機関に支払われることとなる。

　なお、診療報酬以外の施術、治療材料費などの費用の審査および支払いについては、福祉事務所が行うこととされており、請求が適正なものであることを確認したうえで請求者に支払うこととされている。

　2018（平成 30）年 10 月からは、後発医薬品の使用が原則化され、医師等が医学的知見に基づき後発医薬品を使用することができると認めたものについては、原則として後発医薬品により給付が行われる。

❸指定医療機関【法第 49 条〜54 条】

① 指定

　医療の給付は、指定医療機関に委託して行われるが、この医療機関の

図4-5　医療扶助実施に伴う事務手続きの流れ

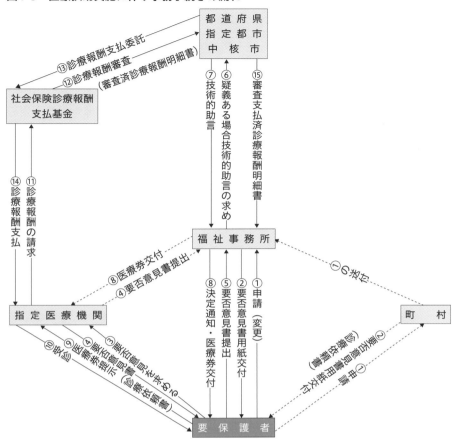

指定は、国が開設した医療機関については厚生労働大臣の権限の委任を受けた地方厚生局長が、また、その他の医療機関については、都道府県知事（指定都市および中核市の市長を含む。以下同じ）が行うこととされている。助産師、あん摩マッサージ指圧師などについても、都道府県知事が、出産扶助のための助産や医療扶助のための施術を担当させる機関を指定することとなる。この指定行為は、医療機関の開設者の申請に基づき行われる性質のものであり、指定により医療機関は被保護者に対し、法令・告示などに基づき適正な医療の給付を行い、また、実施機関は、正当な報酬を支払うことを内容とする公法上の契約と解されている。指定医療機関の指定は6年ごとに更新を受けなければならない。

　なお、指定医療機関として指定された場合の診療方針および診療報酬は、国民健康保険、高齢者医療の診療方針や診療報酬の例によることとされている。

② 義務および指定の取消し

指定医療機関は、厚生労働大臣が定めた「指定医療機関医療担当規程」（昭和25年厚生省告示第222号）に基づき、懇切丁寧に被保護者の医療を担当し、また、被保護者の医療について、厚生労働大臣または都道府県知事の行う指導に従わなければならない義務（生活保護法第50条）がある。指定医療機関がこの義務に違反した場合には、厚生労働大臣の指定した医療機関については厚生労働大臣が、都道府県知事の指定した医療機関については都道府県知事がその指定を取り消すことができることとされている。

また、上記の取り扱いは、出産扶助のための助産を担当する助産師や医療扶助のための施術を担当するあん摩マッサージ指圧師などについても準用される。

5 介護扶助

❶内容【法第15条の2】

介護扶助の対象者は、介護保険法に規定する要介護者および要支援者（介護保険法第7条第3項、第4項）である。すなわち、要介護状態または要支援状態にある65歳以上の者、加齢に起因する一定の範囲の疾病（特定疾病）により要介護状態または要支援状態にある40歳以上65歳未満の者が対象となる。^v

介護扶助の内容は、介護扶助の範囲として、居宅介護（居宅介護支援計画に基づくものに限る）、福祉用具、住宅改修、施設介護、介護予防（介護予防支援計画に基づくものに限る）など、基本的に介護保険の給付対象サービスと同一の内容が規定されている。

なお、介護保険の保険給付が行われる場合には、保護の補足性の原理により、当該保険給付が優先し、自己負担部分が保護費の支給対象となる。

❷方法【法第34条の2】

介護扶助の方法は、介護扶助による介護サービスはその性質上、介護サービスそのものを保障することが重要であることから、現物給付によることを原則としており、事務手続きの流れを図示すると、**図4-6**のと

---

v　介護保険の被保険者は、65歳以上の者および40歳以上65歳未満の医療保険加入者とされているため、医療保険に加入していない40歳以上65歳未満の者は被保険者とならないが、介護扶助はこれらの者についても対象としている（介護費用の10割を給付）。

図4-6　介護扶助給付事務手続きの流れ

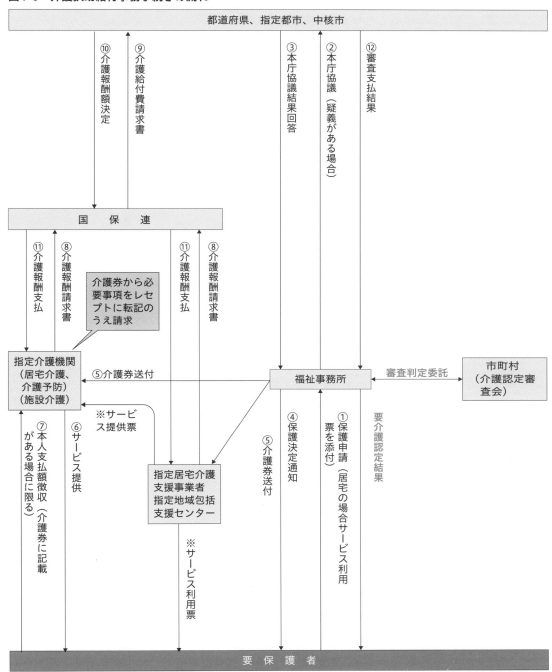

注1：色文字は被保険者以外の者（生活保護で介護費用の10割を介護扶助として給付）にかかる手続き。
　2：※は、介護保険法上の仕組みであり、居宅介護等の場合のみ送付される。
　3：被保険者については、被保険者の申請に基づいて介護保険の要介護認定、介護サービス計画作成等の手続きが行われていることを前提としている。

おりである。なお、これによることが適当でないときなどは金銭給付によることができるとされている。

　現物給付の方法については、医療扶助と同様、都道府県知事などが介護扶助の現物給付を担当する機関を指定し、この指定介護機関に介護の給付を委託して行うこととされている。

❸指定介護機関【法第54条の2】

　指定介護機関の指定制度については、指定医療機関と同様に要件が明確に規定されている。また、指定介護機関の指定に当たっては、法に基づく単独指定のほか、介護保険法の指定または開設許可があった介護機関については、当該介護機関から別段の申出がない限り、法の指定があったものとみなされる。

■6 出産扶助

❶内容【法第16条】

　出産扶助の対象となるのは、分娩の介助、分娩前および後の処置などのいわゆる助産のほか、分娩に伴って必要となる一定の額の範囲内のガーゼなどの衛生材料費である。

　なお、病院などの施設において分娩する場合には、入院料についても、入院に要する必要最小限度の額が支給される。

❷方法【法第35条】

　出産扶助は、原則として金銭給付によることとなっており、出産に伴って必要となる費用が被保護者に交付される。

■7 生業扶助

❶内容【法第17条】

　生業扶助は、要保護者の稼働能力を引き出し、それを助長することによって自立を図ることを目的としているものである。

　この内容は、生業費、技能修得費および就職支度費の基準からなっている。

　このうち、生業費は、生計の維持を目的とした小規模事業を営もうとする被保護者に対して、その事業を経営するために必要な設備費、運営費および器具機械等の購入費用などの費用について基準が設定されている。技能修得費は、生業に就くため必要な技能を修得する被保護者に対して、それに必要な授業料、教科書代および教材費などが認められている。また、高等学校などに就学し卒業することが世帯の自立助長に効果

的であると認められる場合にも、高等学校等就学費として、基本額のほか、授業料、教材代、入学料および入学考査料、通学交通費、学習支援費などが認められている。そして、就職支度費は、就職のために必要な洋服類や身のまわり品などの購入費用を必要とする場合に認められている。

❷方法【法第36条】

生業扶助は、原則として金銭給付によることとなっているが、授産施設の利用という現物給付の方法がとられる場合もある。

8 葬祭扶助

❶内容【法第18条】

葬祭扶助は、死亡者に対してその遺族または扶養義務者が困窮のため葬祭を行うことができない場合に適用されるほか、被保護者であった者が死亡してその葬祭を行う扶養義務者がいないとき、または遺留金品の所持の乏しい死者に対してその葬祭を行う扶養義務者がいないときにおいて、それらの者の葬祭を行う第三者がある場合にその第三者に対して適用される。

後者の場合、当該第三者に対してその者の資力にかかわりなく葬祭扶助が適用される。ただし、市町村長が身元不明の自殺者などについて葬祭を行った場合は、当該葬祭は、「墓地、埋葬等に関する法律」に基づき行うこととなり、保護の補足性の原理により葬祭扶助は適用されない。

❷方法【法第37条】

葬祭扶助は、死体の運搬や火葬または埋葬、その他いわゆる葬祭に最低限必要なものの範囲にかかる金銭を基準で定める額の範囲内で給付することによって行われるのが原則であるが、必要があるときは現物給付によって行う。

4 保護施設

1 保護施設の概要

保護施設を経営する事業は第一種社会福祉事業のなかでも重要なものであり、被保護者の全生活を管理するものが多く、国民の生存権に影響を及ぼすことが大きいことなどの理由から、その設置主体については都道府県、市町村、地方独立行政法人、社会福祉法人および日本赤十字社

に限られている。そしてその設備、運営などについては、都道府県は、条例で基準を定めなければならない。以下の❶～❸については厚生労働省令で定める基準に従い定めるものとし、❹については厚生労働省令で定める基準を標準として定めるものとし、その他の事項については厚生労働省令で定める基準を参酌するものとされている。

❶ 保護施設に配置する職員およびその員数
❷ 保護施設に係る居室の床面積
❸ 保護施設の運営に関する事項であって、利用者の適切な処遇および安全の確保ならびに秘密の保持に密接に関連するものとして厚生労働省令で定めるもの
❹ 保護施設の利用定員

また、保護施設は、被保護者に対する適正な保護を確保することを目的とした重要な施設であることから、都道府県知事は保護施設の運営について、必要な指導をしなければならない。

保護施設の義務としては、実施機関から保護の委託を受けたときは、正当な理由なくしてこれを拒んではならないこと、要保護者の援助にあたり、人種、信条、社会的身分などにより、差別的または優先的な取り扱いをしてはならないこと、利用者に対し宗教上の行為、祝典、儀式または行事に参加することを強制してはならないことなどが定められている。

2 救護施設

救護施設は、身体上または精神上著しい障害があるために、日常生活を営むことが困難な要保護者を入所させ、生活扶助を行うことを目的とする施設である（法第38条第2項）。設置数が保護施設のうち最も多くなっている。

また、原則として保護施設退所者を対象として、施設に通所して、生活指導・生活訓練などに参加することによって、自立促進を図る通所事業も行っている。

3 更生施設

更生施設は、身体上または精神上の理由により、養護および生活指導を必要とする要保護者を入所させ、生活扶助を行うことを目的とする施設である（法第38条第3項）。

また、原則として保護施設退所者を対象として、施設に通所して、就

表4-1 保護施設数の推移

年　　次	救護施設	更生施設	医療保護施設	授産施設	宿所提供施設
昭和40年	108	40	88	184	84
50	145	16	72	81	35
51	147	17	69	79	32
52	151	17	68	76	31
53	153	16	68	77	28
54	155	16	68	77	28
55	160	16	68	76	27
56	161	17	68	76	26
57	163	18	68	76	23
58	164	19	68	75	21
59	164	19	69	75	20
60	169	18	69	76	21
61	169	18	69	75	19
62	169	18	69	76	18
63	171	18	69	76	18
平成元年	171	18	69	76	17
2	173	18	68	76	16
3	173	17	67	75	16
4	175	18	67	73	16
5	176	17	66	72	16
6	176	17	65	70	16
7	174	18	65	68	15
8	177	17	65	67	14
9	177	17	65	67	13
10	177	17	65	65	12
11	177	19	65	62	12
12	178	19	64	24	11
13	177	19	64	24	11
14	180	17	63	22	10
15	180	18	63	22	11
16	181	20	63	21	12
17	183	20	62	21	12
18	183	19	63	21	12
19	188	19	64	21	10
20	187	20	60	21	12
21	186	20	60	21	12
22	188	19	60	20	10
23	184	21	58	20	11
24	181	20	60	20	10
25	184	19	60	18	11
26	183	19	60	18	11
27	185	19	59	18	11
28	186	21	59	17	10
29	186	21	59	15	10
30	182	20	58	16	10

資料：厚生労働省「社会福祉施設等調査報告」

労指導・職業訓練などに参加することによって、自立促進を図る通所事業も行っている。

４ 医療保護施設

医療保護施設は、医療を必要とする要保護者に対して医療の給付を行うことを目的とする施設である（法第38条第4項）。しかし、医療保険制度の充実、指定医療機関の充実などによって、近年ではその存在意義は必ずしも大きいものではなくなっている。

５ 授産施設

授産施設は、身体上もしくは精神上の理由または世帯の事情により就業能力の限られている要保護者に対して、就労または技能の修得のために必要な機会および便宜を与えて、その自立を助長することを目的とする施設である（法第38条第5項）。

この施設は、生業扶助を主たる目的とする施設であり、施設授産と家庭授産の2種類がある。

授産事業は、就労能力が十分でない要保護者に、就労と技能修得の機会を与え、自立の助長を図ることを目的としている。施設授産とは、授産の場として施設を作業場として利用する形態を指す。また家庭授産とは、授産の場として、要保護者の家庭を作業場として利用する形態を指す。家庭に材料を搬送し、家庭でそれを加工し回収する方法をとる。通常、施設授産が適当でない場合（育児、介護等）は家庭授産となる。

６ 宿所提供施設

宿所提供施設は、住居のない要保護者の世帯に対して住宅扶助を行うことを目的とする施設である（法第38条第6項）。

5 被保護者の権利および義務

１ 被保護者の権利
❶不利益変更の禁止【法第56条】

被保護者は、正当な理由がなければ、すでに決定された保護を保護の実施機関の裁量によって不利益に変更されることがないというものである。

　これは、一度保護の実施機関が保護の決定をしたならば、保護の実施機関が法令の定める要件に該当する場合において変更の手続きを正規に行わない限り、その決定された内容において保護を受けることは被保護者の権利となり、被保護者は、これに基づいてその実施を請求する権利を有し、また、保護の実施機関は保護を決定どおりに実施しなければならないとしたものである。

❷公課禁止【法第 57 条】

　被保護者は、保護金品および進学準備給付金を標準として租税その他の公課を課せられることがないというものである。

　これは、保護金品が、最低限度の生活の需要を満たすに十分なものであって、かつこれを超えないという基準に基づいて給付されるものであることから当然のことである。

❸差押禁止【法第 58 条】

　被保護者は、すでに給付を受けた保護金品および進学準備給付金またはこれらを受ける権利を差し押さえられることがないというものである。

２ 被保護者の義務

❶譲渡禁止【法第 59 条】

　被保護者は、保護または就労自立給付金もしくは進学準備給付金の支給を受ける権利を譲り渡すことができないというものである。

　これは、保護を受ける権利は一身専属の権利であることを明確にし、被保護者に対する譲渡禁止の義務を課すと同時に、仮に権利が第三者に譲渡されたとしても、その譲渡は無効であることを明らかにしたものである。就労自立給付金および進学準備給付金についても同様である。

❷生活上の義務【法第 60 条】

　被保護者は、常に能力に応じて勤労に励み、自ら、健康の保持および増進に努め、収入、支出その他生計の状況を適切に把握するとともに、支出の節約を図り、その他生活の維持、向上に努めなければならないというものである。

❸届出の義務【法第 61 条】

　被保護者は、収入、支出その他生計の状況について変動があったとき、

ⅵ　生活保護法第 6 条第 3 項においては、「保護金品」とは保護として給与し、または貸与される金銭および物品をいうと定められている。

または居住地もしくは世帯の構成に異動があったときは、速やかに保護の実施機関または福祉事務所長にその旨を届け出なければならないというものである。

これは、保護の適正かつ円滑な実施を確保するため、被保護者に所要事項の届出を義務づけたものである。

❹指示等に従う義務【法第62条】

保護の実施機関は、被保護者に対して、生活の維持、向上その他保護の目的達成に必要な指導または指示をすることができるが、被保護者は、保護の実施機関からこれらの指導または指示を受けたときは、これに従う義務があるというものである。

保護の実施機関からこれらの指導または指示があったにもかかわらず、被保護者がこれに従わない場合には、保護の変更、停止または廃止が行われる場合がある。

❺費用返還義務【法第63条】

急迫した事情などのため、本来資力があるにもかかわらず保護を受けた者は、その受けた保護金品に相当する金額の範囲内において、保護の実施機関の定める額を返還する義務が課せられている。

なお、資力等がある要保護者が自己破産した場合、返還金債権が破産管財人の否認権行使の対象となり、保護の実施機関が回収することができないことがあった。そのため2018（平成30）年10月から返還金を国税徴収の例により徴収することができるとともに、被保護者の申し出に基づき、保護の実施機関が認めた場合に支給される保護金品からの徴収を可能とすることとした（法第77条の2、第78条の2）。

6 不正・不適正受給対策

■1 不正受給の費用徴収と罰則

不実の申請その他不正な手段により保護を受けた場合には、都道府県または市町村の長は、保護のために要した費用の全部または一部を、その者から徴収することができる。その徴収する額に100分の40を乗じた額以下の金額を上乗せすることができ、この徴収金については、本人からの申し出により、保護費との相殺も可能である。不正受給に関しては、費用徴収だけでなく、生活保護法の規定に基づき3年以下の懲役または100万円以下の罰金が科される。また、刑法の規定に基づき処

罰を受けることもある。

　医療機関等の不正受給の場合には、同様の費用徴収が行われる。また、就労自立給付金や進学準備給付金の不正受給の場合には、同様の費用徴収のほか、罰則の適用がされることもある。

2 行政調査にかかわる罰則

　現行では、以下の❶〜❻等の違反をした場合、30 万円以下の罰金が科せられる。また、法人の代表者や法人などが、その法人または人の業務に関し、この違反行為をしたときは、行為者だけでなく、その法人または人も罰せられる。

❶　保護の決定または実施のため必要があるときに、要保護者の資産および収入の状況、健康状態その他の事項を調査するために、保護の実施機関が行う当該職員による立ち入り調査に対して、拒み、妨げ、忌避した場合（要保護者が違反した場合を除く）

❷　都道府県知事が保護施設の管理者に対して命じた、その業務または会計の状況その他必要と認める事項の報告に対し、報告を怠るか虚偽の報告をした場合

❸　都道府県知事が、当該職員に、保護施設に立ち入り、その管理者からその設備および会計書類、診療録その他の帳簿書類の閲覧および説明を求めさせ、もしくはそれらを検査させるときに、拒み、妨げ、忌避した場合

❹　診療内容および診療報酬請求の適否を調査するため必要があるときに、厚生労働大臣または都道府県知事が指定医療機関等の管理者に対して命じた、必要と認める事項の報告に対し、報告を怠るか虚偽の報告をした場合

❺　厚生労働大臣または都道府県知事が、当該職員に、医療機関等について実地に、その設備もしくは診療録その他の帳簿書類を検査させるときに、拒み、妨げ、忌避した場合

❻　就労自立給付金または進学準備給付金の支給機関が、被保護者、被保護者であった者、それらの雇主、特定教育訓練施設の長、その他関係人に求めた報告を怠り、もしくは虚偽の報告をした場合

3 その他の対策

　生活保護の不正・不適正受給の把握に対しては厳正に対処をする必要があり、真に支援が必要な者の保護が損われることのないよう十分に留

意しつつ、不正・不適正受給対策の強化が検討され、2014（平成26）年7月から、以下の規定が追加された。

❶福祉事務所の調査権限の拡大

保護の実施機関および福祉事務所長は、保護の決定等に必要があると認めるときは、資産および収入の状況、健康状態等について、官公署等に対し必要な書類の閲覧、資料の提供等を求めることができる。資料等は、要保護者、扶養義務者のものだけではなく、不正を行っていた疑いが保護廃止後に判明する場合もあるため、過去に保護を受給していた者についても求めることができ、また、官公署等においても回答する義務があるとされた。

❷扶養義務者に対する報告の求め

福祉事務所が必要と求めた場合には、その必要な限度で扶養義務者に対して報告するよう求めることとされた。要保護者がDV被害を受けている場合など、真に保護が必要な者に対する保護の妨げとなるおそれがある場合は除かれる。この規定の基本的な考え方は、明らかに生活保護受給者を十分扶養することができると思われる扶養義務者については、その責任を果たしてもらいたいとするものである。一方で、行政が家庭の問題に立ち入ることに慎重を期すべきことは当然であり、本当に保護が必要な人が保護を受ける妨げとならないよう、慎重に対応していく必要があるとされる。

❸第三者行為求償権の創設

保護の補足性の原則に照らせば、交通事故等を原因として生活保護受給者が損害賠償請求権を取得した場合、損害保険会社等に対して損害賠償を請求し、受領した賠償金を医療費を含む最低生活費に充当すべきだが、いったん医療扶助が行われれば、生活保護受給者が、損害保険会社等への損害賠償を請求しない事案が存在した。このため、医療扶助等の事由が第三者行為によって生じた場合は、地方自治体は、支弁した医療扶助等の限度で、受給者が当該第三者に対して有する損害賠償請求権を取得する規定が創設された。

7 不服申立てと訴訟

1 都道府県知事への不服申立て（審査請求）

生活保護法の規定に基づいて福祉事務所長あるいは市町村長が行った

図4-7　生活保護制度における不服申立ての手順

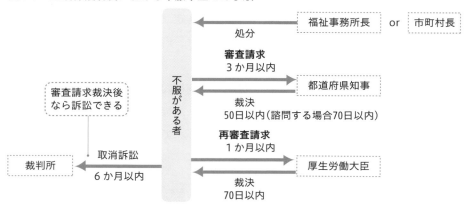

保護の開始、却下、停廃止などの処分ならびに就労自立給付金もしくは進学準備給付金の支給に関する処分に不服がある者は、生活保護法および行政不服審査法の規定に基づき、当該処分があったことを知った日の翌日から起算して３か月以内に、都道府県知事に対し**審査請求**を行うことができる。

　審査請求を受理すると、都道府県知事は、行政不服審査法に定める所定の手続きに従い、当該処分に違法または不当な点がないかについて審理したうえで、50日（諮問する場合70日）以内に裁決を行う。この期間内に裁決がない場合は、請求が棄却されたものとみなされる。

2 厚生労働大臣への不服申立て（再審査請求）

　審査請求を経ても、当該裁決になお不服がある者は、さらに生活保護法および行政不服審査法の規定に基づき、当該裁決があったことを知った日の翌日から起算して１か月以内に、厚生労働大臣に対し**再審査請求**を行うことができる。

　再審査請求を受理すると、厚生労働大臣は、行政不服審査法に定める所定の手続きに従い、当該処分に違法または不当な点がないかについて審理したうえで、70日以内に裁決を行う。

　なお、再審査請求の取り扱いについては、基本的に行政不服審査法に定める審査請求の手続きに関する規定が準用されるが、すでに審査請求を経て争点も絞られていることから、再審査請求期間が短縮されるなどの差異がある。

3 行政事件訴訟

　生活保護法および行政事件訴訟法の規定に基づき、生活保護法の規定に基づく処分に係る処分の取消し訴訟は、当該処分について審査請求の裁決を経た後でなければ提起できない。

　生活保護法の規定に基づき保護の実施機関が行った処分の取消訴訟の提起については、裁決により行政の統一的な運営を図る観点から、このようないわゆる審査請求前置主義が採られているものである。

8 　生活保護の財源・予算

1 生活保護費の基本的性格

　生活保護制度は、日本国憲法第 25 条に規定する理念に基づき、生活に困窮する国民の保護を国家責任において実施するという建前をとっていることから、国は地方公共団体（都道府県、指定都市、中核市、市そして福祉事務所を設置している町村）が支弁した扶助の費用については 4 分の 3 の負担を行っている。一方、法定受託事務という形で生活保護を実施する地方公共団体も、その費用の 4 分の 1 の負担を行っている。

　また、国は保護施設の整備費の 2 分の 1 を補助することになっている。社会福祉法人または日本赤十字社が保護施設を設置する場合、設置費用は国が 2 分の 1、都道府県が 4 分の 1、市町村または事業者が 4 分の 1 を負担することとされ、管理費等運営費用は国が 4 分の 3、福祉事務所を設置する地方公共団体が 4 分の 1 を補助することになっている（表4-2）。

　生活保護の施行に伴う人件費、行政事務費は、国の負担が法定化されておらず、これらの経費は地方交付税交付金により財政措置される。

　地方公共団体の財政については、地方交付税交付金によって財源の均衡化が図られており、生活保護に要する費用も、他の財政需要とあわせて一定の基準に従って算入されている。

　なお、地方交付税制度では、普通交付税のほかに特別交付税があり、生活保護費の負担が大きい県、市などがその交付の対象となっている。

　国の財政においては、生活保護費として国が負担すべき額は厚生労働省所管予算として計上される。国の予算の作成にあたっては、通常厚生労働大臣による概算要求、財務大臣による調整、閣議による決定という手続きがとられ、国会の議決を経て予算が成立することになる。生活保

表4-2　生活保護制度の費用負担区分

経　　費	居　住　地　区　分	国	都道府県または指定都市・中核市	市町村または事業者
保　護　費 〔施設事務費および委託事務費を含む〕	市または福祉事務所を設置している町村内居住者	$\frac{3}{4}$	–	$\frac{1}{4}$
	福祉事務所を設置していない町村内居住者	$\frac{3}{4}$	$\frac{1}{4}$	–
	指定都市・中核市内居住者	$\frac{3}{4}$	$\frac{1}{4}$	–
	居住地の明らかでない者	$\frac{3}{4}$	$\frac{1}{4}$	–
保護施設設備費	社会福祉法人立または日本赤十字社立	$\frac{1}{2}$	$\frac{1}{4}$	$\frac{1}{4}$
就労自立給付金・進学準備給付金	福祉事務所の所管区域内に居住地を有する被保護者	$\frac{3}{4}$	$\frac{1}{4}$ または $\frac{1}{4}$	
被保護者就労支援事業	都道府県支弁費用	$\frac{3}{4}$	$\frac{1}{4}$	–
	市町村支弁費用	$\frac{3}{4}$	–	$\frac{1}{4}$

注：なお、生活保護費予算のうち保護費については、その事業の本質にかんがみ予算執行上、財政法第35
　　条第３項ただし書による予備費使用の特例が認められている。

護費についてもこの国家予算に織り込まれるのであるが、生活保護費と
他の国の予算とでは、次のような点でその性格に違いがある。
　通常、国または地方公共団体の一般事業は、予算によって事業の規模
または運営が拘束されることが多い。しかし生活保護費に関しては、厚
生労働大臣が定める保護の基準によって保護を要すると認められた、生
活困窮者に対する正当な保護に要する経費である限り、国がその負担を
逃れ、あるいは地方公共団体が支弁を回避することはできないという基
本的性格をもっている。要保護者に保護の請求権が法律上の権利として
保障されている以上、予算の不足などを理由に、必要な保護を実施しな
いということは認められないのである。
　もちろん、生活保護費の予算を計上するにあたっては、対象人員、扶
助費単価などを綿密に予測して妥当な予算額を計上すべきであることは
いうまでもないが、生活保護の性質から、社会経済状態の変動によって
その経費が予測し難い動向を示すこともあり得る。
　このような性格の経費であることから、生活保護費は財政法の規定の
うえでも「法律上国の義務に属する経費」として、これに不足が生じた

ときは、補正予算を計上することとなっており、予備費の使用についても手続き上の特例が講じられている。

　なお、生活保護費についての国の負担は、地方公共団体が支弁した費用の額の一定の割合を負担するという形で行われるが、生活保護費の執行が適正を欠く場合、特に保護の基準や保護の実施要領の規定を守らずに扶助費の支出が行われたような場合には、それらの支弁額は国の負担の対象とはならず、すでに交付された国の負担金がある場合は返還の措置がとられることになる。

■2 生活保護に関する費用

　生活保護に関する費用は、大きく分けると次のようになっている。

❶保護費（保護の実施に要する費用）

　被保護者に対する給付に必要な費用で、生活、教育、住宅、医療、介護、出産、生業、葬祭の各扶助費として支給される額をいう。

❷保護施設事務費

　被保護者が保護施設に入所した場合に、当該施設に対して支出される経費であり、当該施設運営に必要な事務費として支払われている。この保護施設事務費は、被保護者本人に支給される保護金品とは異なり、主として施設従事職員の人件費や運営管理費などを賄うものとなっており、入所している被保護者の処遇に係る間接的な保護の内容となっている。

❸委託事務費

　生活扶助の方法として、被保護者を保護施設以外の施設や私人の家庭に委託して保護した場合に支払われる事務費である。

❹保護施設の施設整備費、設備整備費

　保護施設を新設する場合に必要な経費のほか、施設の改築や拡張、修繕費、器具などの施設および設備の整備に必要な費用である。

❺就労自立給付金・進学準備給付金の支給に要する費用

　就労自立給付金は、被保護者の自立の助長を図るため、安定した職業に就いたことその他事由により保護を必要としなくなった者に対して支給される。進学準備給付金は、大学等に進学した場合の新生活立ち上げのための費用として一時金が給付される。

❻被保護者就労支援事業の実施に要する費用

　保護の実施機関は、就労の支援に関する問題につき、被保護者からの相談に応じ、必要な情報の提供および助言を行う事業を実施するが、そ

の際の費用である。

❼法の施行に伴い必要な地方公共団体の人件費

　生活保護の決定実施にあたる都道府県、指定都市、中核市本庁の関係職員および福祉事務所の職員の給与やその他の手当のことをいう。保護の実施機関に対して協力義務を果たす町村長のもとで関係事務に従事する職員の人件費も、ここに含まれる。

❽法の施行に伴い必要なその他の行政事務費

　生活保護の決定実施にあたる実施機関の職員の活動旅費、事務に必要な消耗品、通信運搬費および福祉事務所嘱託医手当などが中心となるが、都道府県、指定都市本庁職員による指導監督に伴う経費も含まれる。

③ 国家予算と生活保護費

　国家予算に占める生活保護費の割合をみてみると、2020（令和2）年度予算では、対一般会計予算比で2.8%、対一般歳出予算比で4.5%、対社会保障関係予算比で8.0%、対厚生労働省予算比で8.7%となっている。対社会保障関係予算比では、1965（昭和40）年度の20.4%から2020（令和2）年度では8.0%となっているが、これは近年のめざましい社会保障制度の整備拡充によるものである（**表4-3**）。

　1965（昭和40）年度の生活保護費の予算額は約1059億円であったが、1975（昭和50）年度には約5347億円、1985（昭和60）年度には約1兆815億円、2020（令和2）年度には約2兆8640億円となり、1965（昭和40）年度に比べ約27倍に達している。

　また、2020（令和2）年度の保護費予算額（監査および施設に要する経費等を除く）は、生活扶助が全体の28.5%、医療扶助が51.4%を占めており、両者でその全体の8割を占めている（**図4-8**）。したがって国家予算（財政面）からみると、生活扶助と医療扶助の二つが、生活保護制度の重要な役割を果たしていることがわかる。

　このように財政的見地からみても、生活保護制度が、国民生活の動向に合わせた最低生活保障としての機能と役割を果たしていることがいえる。今後とも、制度の適切な運営を維持していくためには、これらに見合った予算額を確保するということが必要である。

表4-3 国の予算と生活保護費（当初予算）の年次推移

(単位：億円)

	年度	昭40	50	60	平7	17	27	28	29	30	令元	2
予算額	一般会計予算(A)	36,581	212,888	524,996	709,871	821,829	963,420	967,218	974,547	977,128	1,014,571	1,026,580
	一般歳出予算(B)	29,199	158,408	325,854	421,417	472,829	573,555	578,286	583,591	588,958	619,639	634,972
	社会保障関係費(C)	5,184	39,282	95,740	139,244	203,808	315,297	319,738	324,735	329,732	340,593	358,121
	厚生労働省予算(D)	4,787	39,067	95,028	140,115	208,178	299,146	303,110	306,873	311,262	320,358	330,366
	生活保護費(E)	1,059	5,347	10,815	10,532	19,230	29,042	29,117	29,211	29,046	28,917	28,640
予算保に占める割合活護費	対一般会計予算比 (E/A)	% 2.9	% 2.5	% 2.1	% 1.5	% 2.3	% 3.0	% 3.0	% 3.0	% 3.0	% 2.9	% 2.8
	対一般歳出予算比 (E/B)	3.6	3.4	3.3	2.5	4.1	5.1	5.0	5.0	5.0	4.7	4.5
	対社会保障関係予算比 (E/C)	20.4	13.6	11.3	7.6	9.4	9.2	9.1	9.0	8.8	8.5	8.0
	対厚生労働省予算比 (E/D)	22.1	13.7	11.4	7.5	9.2	9.7	9.6	9.5	9.3	9.0	8.7

出典：生活保護制度研究会編『生活保護のてびき 令和２年度版』第一法規, p.50, 2020. を一部改変

図4-8 2020（令和２）年度保護費予算額（監査および施設に要する経費等を除く）

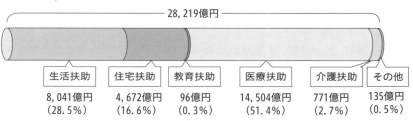

28,219億円

生活扶助	住宅扶助	教育扶助	医療扶助	介護扶助	その他
8,041億円 (28.5%)	4,672億円 (16.6%)	96億円 (0.3%)	14,504億円 (51.4%)	771億円 (2.7%)	135億円 (0.5%)

出典：生活保護制度研究会編『生活保護のてびき 令和２年度版』第一法規, p.51, 2020.

9 最低生活保障水準と生活保護基準

1 最低生活保障水準の考え方

　生活保護制度は、困窮の状態にある国民に対し、日本国憲法第25条で規定する「健康で文化的な最低限度の生活」を保障しようとするものである。よってその基準は、生活保護制度の水準を示すもののみならず、我が国の社会保障制度全体が、その基底においていかなる生活を国民に保障しようと考えているかを最もよく表現しているものといえる。

　生活保護法においては、第３条でその保障すべき最低生活について、これを「健康で文化的な生活水準を維持することができるものでなければならない」という抽象的な概念によって規定するにとどまっているが、現実に、この法律を運用するにあたっては、これを可測的に確定してい

く必要がある。

　つまり、生活に困窮する国民に対して、具体的にその生活に困窮する事実、言い換えれば、実際に最低限度の生活需要が充足されているか否かを判断する一定の尺度をもたなければならないわけであるから、第3条の規定そのものは抽象的であるにしても、現実には「健康で文化的な生活水準」を、第8条の規定に基づいて具体的水準として決定することが要請されるのである。

　もともと貧困というものは、個別的であると同時に主観的な性格ももっており、個人個人の貧困感と切り離すことはできないものである。

　たとえば、高齢者の場合、何とか食べていけて多少の身の回りの物に不自由しなければそれで十分であると考える人も少なくないが、若年層でそのように考える人は少ないであろう。また、同じ年齢層、同じような生活環境にあって同水準の生活を営んでいても、ある人は非常に貧しい生活であると考え、ある人はまずまずの生活であると考える場合もある。

　生活保護制度が、国の行う公的な最低生活保障の制度である以上、単に個人的な貧困感の差によってその取り扱いを変えていくことはできず、何らかの統一的な貧困の水準をもとに制度の運営がなされなければならない。その水準の設定についてはさまざまな考え方があるが、これを大別すると、最低生活水準を絶対的にとらえる考え方（絶対的水準論）と、相対的にとらえる考え方（相対的水準論）がある。

　今日においては、相対的水準論の立場が広く容認されており、このことは、1962（昭和37）年8月に社会保障制度審議会から出された「社会保障制度の総合調査に関する基本方策についての答申及び社会保障制度の推進に関する勧告」のなかでも、「最低生活水準は、一般国民の生活の向上に比例して向上するようにしなければならない」とされていることからも明らかである。また、1983（昭和58）年12月の中央社会福祉審議会の意見具申においても、「生活保護において保障すべき最低生活の水準は、一般国民生活における消費水準との比較における相対的なものとして設定すべき」であると述べられている。

2 生活保護基準の考え方

　生活保護法では、前述のとおり、保障すべき生活水準の内容や程度について、単に「健康で文化的な最低限度の生活水準」という抽象的な概念を示すにとどまっている。

Active Learning
現在の生活保護基準額を調べてみましょう。

そこで、生活保護制度を実際に運用するにあたっては、この抽象的概念を可測的に確定し、要保護者が最低限度の生活需要が充足されているか否かを判断する具体的な尺度を設定することが必要となる。この具体的尺度を示したものが、第8条に基づいて厚生労働大臣が定める生活保護基準である（「生活保護法による保護の基準」（昭和38年厚生省告示第158号））。

　生活保護基準は、生活保護制度によって保障される生活の水準を表しているだけでなく、国民にどの程度の生活レベルを国家が保障していくのかというナショナル・ミニマム、いわば社会保障制度の根幹にかかわる機能を有している。この水準は、日本国憲法第25条で規定されている「健康で文化的な最低限度の生活水準」であり、単に生理的生存が可能な水準ということではなく、人間としての尊厳と体裁が維持できる社会的・文化的生活が充足される水準でなければならない。

　つまり生活保護基準は、生活保護の要否を決定する基準であるのみならず、我が国の社会保障の水準を示す一つの尺度ともなっており、生活困窮（貧困）であるかどうかを判断する貧困線の役割を果たしているのである。

　生活保護制度においては、要保護者の生活需要をその需要の態様、性質などに応じて、生活、教育、住宅、医療、介護、出産、生業および葬祭の8種類の扶助に分けて基準が定められている。さらに、これらの基準は、要保護者の年齢別、世帯人員別、所在地域別など、各扶助におけるさまざまな事情を考慮して設定されている。

❶生活扶助基準の設定方法の変遷

　八つの扶助のなかで最も基本的な扶助である「生活扶助」の基準は、1946（昭和21）年4月の「生活困窮者緊急生活援護要綱」（昭和20年12月15日閣議決定）実施当時から旧・生活保護法（同年10月1日施行）を経て現在に至るまで、さまざまな改定が行われてきた。その間、生活扶助基準に対する基本的な考え方をはじめ、基準額、算定方法などについても顕著な変化を遂げ今日に至っており、また、生活扶助基準の設定方法についても、常に一般世帯の生活水準に適応させるため、次のような変遷をたどってきている。

① 　マーケット・バスケット方式：1948（昭和23）年8月〜1960（昭和35）年度

　最低生活を維持するのに必要な飲食物費や被服費、光熱水費、家具什器費、理髪代などの個々の品目を一つひとつ積み上げて最低生活費を算

出する方法である。ラウントリー方式や全物量方式、理論生計費方式などとも呼ばれている。マーケット・バスケットとは、マーケットで買い物かごに必要な品物を入れていくところから由来している。

② **エンゲル方式：1961（昭和36）～1964（昭和39）年度**

生活費総額に占める飲食物費の割合をエンゲル係数というが、飲食物費については必要額を比較的正確に理論計算することができる。そこで、栄養審議会で算定している日本人の標準的栄養所要量を満たすことができる飲食物費を理論的に計算し、それと同額の飲食物費を現実に支出している低所得世帯を家計調査から引き出し、その世帯のエンゲル係数で割り戻して総生活費を計算する方式である。

③ **格差縮小方式：1965（昭和40）～1983（昭和58）年度**

この方式は、1964（昭和39）年12月、中央社会福祉審議会生活保護専門分科会の中間報告に基づき、一般国民の平均消費水準に比較して低所得階層の消費水準の上昇率が大きく、消費水準の階層別格差縮小の傾向がみられることに対応して、一般世帯と被保護世帯の生活水準の格差を縮小する観点から生活扶助基準の改定率を決定するものである。

具体的には、予算編成直前に公表される政府経済見通しの当該年度の国民消費支出の伸び（民間最終消費支出の伸び）を基礎にし、これに格差縮小分を加味して生活扶助基準の改定率を決定する。

④ **水準均衡方式：1984（昭和59）年度～現在**

この方式は、1983（昭和58）年12月の中央社会福祉審議会の意見具申において、現在の生活扶助基準について、「総理府家計調査を所得階層別に詳細に分析した結果、現在の生活扶助基準は、一般国民の消費実態との均衡上ほぼ妥当な水準に達している」と評価されたこと、および今後における生活扶助基準改定方式について、「生活保護において保障すべき最低生活の水準は、一般国民生活における消費水準との比較における相対的なものとして設定すべきであり、生活扶助基準の改定に当たっては、当該年度に想定される一般国民の消費動向を踏まえると同時に、前年度までの一般国民の消費水準との調整がはかられるよう適切な措置をとることが必要である」との意見が出されたことを踏まえて導入されたものである。

すなわち、現在の格差の水準を維持するために、一般国民の生活水準の変動に即した改定を行うことを趣旨とした方式である。生活扶助基準改定率を決定するにあたっては、一般国民の消費動向に対応する見地から、格差縮小方式の場合と同様、政府経済見通しによる当該年度（公表

時点に対しては翌年度）の民間最終消費支出の伸び率を基礎とし、さらに前年度までの一般国民の消費水準等の実績との調整を行う。

❷生活保護基準見直しの経緯

こうして1984（昭和59）年度以降、水準均衡方式により毎年改定を行ってきたが、2003（平成15）～2004（平成16）年に開催された社会保障審議会福祉部会「生活保護制度の在り方に関する専門委員会」では、生活扶助の基準は基本的に妥当であると評価するとともに、今後は、生活扶助基準と一般低所得世帯の消費実態との均衡が適切に図られているか否かを、5年に一度の頻度で検証を行う必要があると提言された。それを受けて、2007（平成19）年には、「生活扶助基準に関する検討会」が開催され、生活扶助基準に関するさまざまな課題について指摘している。

そして2011（平成23）年、生活保護基準について学識経験者による専門的かつ客観的な検証を行うために、常設部会として社会保障審議会生活保護基準部会が設置された。同部会では、2009（平成21）年全国消費実態調査の結果等を用いて、国民の消費動向、特に一般低所得世帯の生活実態を勘案しながら、年齢階級別、世帯人員別、級地別に基準額と消費実態の乖離等について分析が行われ、2013（平成25）年1月にはその検証結果を踏まえた報告書がとりまとめられた。また、その後、住宅扶助と冬季加算の分析が行われ、2015（平成27）年1月にその結果がまとめられた。

2017（平成29）年は上記の定期的な検証の年にあたり、基準の水準の妥当性、年齢・世帯人員・居住地域別にみた消費実態を中心に検討が実施された。

❸ 2018（平成30）年10月以降における生活保護基準の見直し

上記検証を踏まえて、一般低所得世帯の消費実態（年齢、世帯人員、居住地域別）との均衡を図って、生活扶助基準の見直し（増減額）が行われた。見直しは2018（平成30）年10月、2019（令和元）年10月、2020（令和2）年10月の3段階で実施された。

児童養育加算および母子加算等については、子どもの健全育成に必要な費用等を検証し、必要な見直しを行ったうえで支給されることとなった（見直しは生活扶助と同様に段階的に実施）。

児童養育加算は現行3歳から中学生まで月1万円を、見直し後高等学校等修了前までに支給対象が拡大された。母子加算は現行母子（子ども1人）の場合平均月額約2.1万円を、見直し後平均月額約1.7万円を加

算額とする改定が行われた。また、教育扶助・高等学校等就学費はクラブ活動費の実費支給化や入学準備金の増額などの見直しが行われた。

図4-9 標準世帯の生活扶助基準額等の年次推移 （1級地）

実施年月日	基準額（円）	改定率（%）	備　　考
昭和21.3.13	199.80		
21.4.1	252		
21.7.1	303		
21.11.1	456		
22.3.1	630		
22.7.1	912		
22.8.1	1,326		
22.11.1	1,500		
23.8.1	4,100		
23.11.1	4,535		
24.5.1	5,200		
26.5.1	5,826		
27.5.1	7,200		
28.7.1	8,000		
32.4.1	8,850		
34.4.1	9,346		
35.4.1	9,621		
36.4.1	10,344	116.0	
37.4.1	12,213	118.0	
38.4.1	14,289	117.0	
39.4.1	16,147	113.0	
40.4.1	18,204	112.0	
41.4.1	20,662	113.5	
42.4.1	23,451	113.5	
43.4.1	26,500	113.0	
44.4.1	29,945	113.0	
45.4.1	34,137	114.0	
46.4.1	38,916	114.0	
47.4.1	44,364	114.0	
48.4.1	50,575	114.0	
49.4.1	60,690	120.0	
50.4.1	74,952	123.5	
51.4.1	84,321	112.5	
52.4.1	95,114	112.8	
53.4.1	105,577	111.0	
54.4.1	114,340	108.3	
55.4.1	124,173	108.6	
56.4.1	134,976	108.7	
57.4.1	143,345	106.2	
58.4.1	148,649	103.7	
59.4.1	152,960	102.9	
60.4.1	157,396 (124,487)	102.9	
61.4.1	126,977	102.0	
62.4.1	129,136	101.7	
63.4.1	130,944	101.4	
平成元.4.1	136,444	104.2	
2.4.1	140,674	103.1	
3.4.1	145,457	103.4	
4.4.1	149,966	103.1	
5.4.1	153,265	102.2	
6.4.1	155,717	101.6	
7.4.1	157,274	101.0	
8.4.1	158,375	100.7	
9.4.1	161,859	102.2	
10.4.1	163,316	100.9	
11.4.1	163,806	100.3	
12.4.1	163,970	100.1	
13.4.1	163,970	100.0	
14.4.1	163,970	100.0	
15.4.1	162,490	99.1	
16.4.1	162,170	99.8	
17.4.1	162,170	100.0	
18.4.1	162,170	100.0	
19.4.1	162,170	100.0	
20.4.1	162,170	100.0	
21.4.1	162,170	100.0	

備考欄注記：

5人世帯／標準5人世帯（64歳男・5歳女・1歳男・35歳女・9歳男）→〔23.8.1〕→標準4人世帯（35歳男・30歳女・9歳男・4歳女）→〔61.4.1〕→標準3人世帯（33歳男・29歳女・4歳子）

標準生計費方式 →〔23.8.1〕→ バスケット方式・マーケット・バスケット方式 →〔36.4.1〕→ エンゲル方式 →〔40.4.1〕→ 格差縮小方式 →〔59.4.1〕→ 水準均衡方式

世帯人員別基準額 →〔23.11.1〕→ 性別・年齢別・世帯人員別基準額組合せ方式 →〔60.4.1〕→ 年齢別・世帯人員別基準額組合せ方式

6地域区分別 →〔21.7.1〕→ 3地域区分別 →〔26.5.1〕→ 5級地制（28〜31年度特級地プラス） →〔32.4.1〕→ 4級地制 →〔53.4.1〕→ 3級地制 →〔62.4.1（各級地を2区分）〕

107

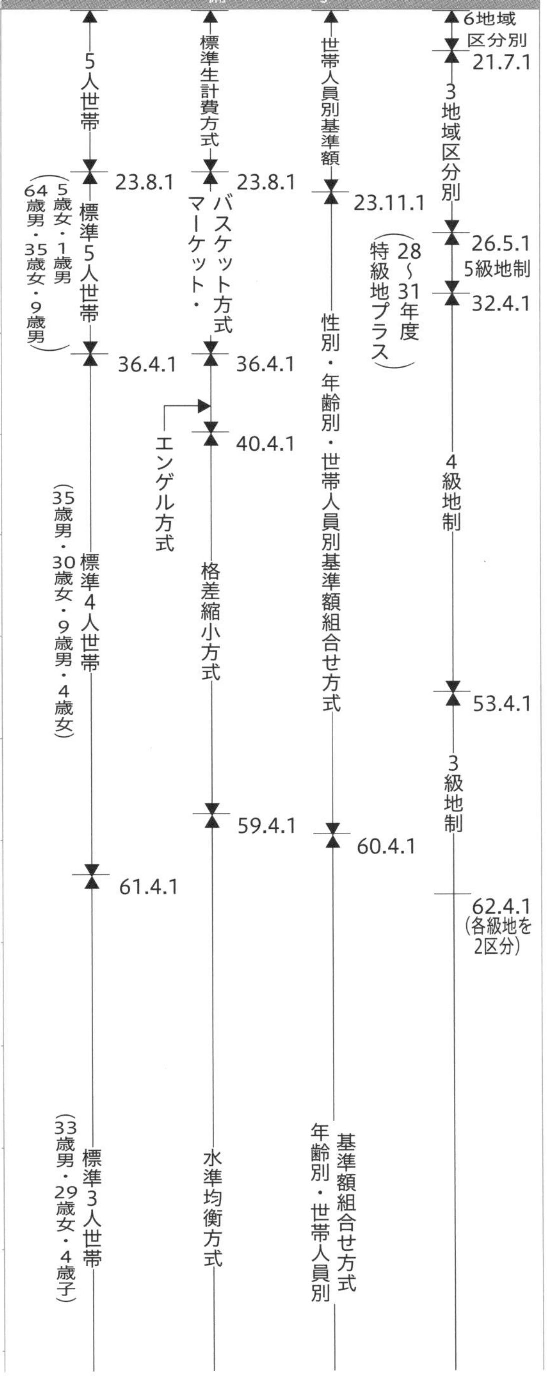

実施年月日	基準額（円）	改定率（%）	備　　考			
平成22.4.1	162,170	100.0				
23.4.1	162,170	100.0				
24.4.1	162,170	100.0				
25.8.1	162,170	100.0				
26.4.1	165,840	102.3				
27.4.1	160,110	96.5				
28.4.1	160,110	100.0				
29.4.1	160,110	100.0				
30.4.1	156,000	97.7				
31.4.1	158,000	100.8				

注1：昭和60.4.1の（　）は昭和61.4.1と比較のため標準3人世帯基準額を表示してある。
　2：昭和62.4.1以降は1級地―1の額を表示してある。
出典：生活保護制度研究会編『保護のてびき 平成24年度版』第一法規，pp.64-65，2012.　を一部改変

3 最低生活保障水準の実際

　被保護世帯に実際に支給される最低生活保障の水準額は、被保護世帯の年齢や人員構成、所在地域などによって異なってくる。

　いくつかの世帯構成を想定して、最低生活保障水準（月額）を試算したものが**表4-4**である。いずれも2020（令和2）年10月、1級地―1の場合で、3人世帯（夫婦子1人）では17万1760円、高齢者単身世帯では9万980円、母子3人世帯では20万3550円となっている。このほか実態に応じて、住宅扶助の特別基準、学校給食費の実費支給、通学のための交通費の実費支給などが行われ、また就労収入のある場合には、収入に応じて額が控除される勤労控除が適用される。

表4-4　2020（令和2）年10月における最低生活保障水準(月額)の具体的事例

1．3人世帯【33歳、29歳、4歳】　　　　　　　　　　　　　　　　　　　　（単位：円）

	1級地―1	1級地―2	2級地―1	2級地―2	3級地―1	3級地―2
世帯当たり最低生活費	171,760	166,890	162,130	162,130	150,760	147,630
生活扶助	148,570	143,700	138,940	138,940	132,570	129,440
児童養育加算	10,190	10,190	10,190	10,190	10,190	10,190
住宅扶助	13,000	13,000	13,000	13,000	8,000	8,000

注1：第2類は、冬季加算（Ⅵ区×5/12）を含む。以下同じ。
　2：住宅扶助は、住宅費が上記の額を超える場合、地域別に定められた上限額の範囲内でその実費が支給される。
　　　　例：1級地―1（東京都区部　69,800円）、1級地―2（福山市　44,000円）、
　　　　　　2級地―1（熊谷市　56,000円）、2級地―2（荒尾市　46,000円）、
　　　　　　3級地―1（柳川市　42,000円）、3級地―2（さぬき市　42,000円）
　3：上記の額に加えて、医療費等の実費相当が必要に応じて給付される。以下同じ。
　4：勤労収入のある場合には、収入に応じた額が勤労控除として控除されるため、現実に消費しうる水準としては、生活保
　　　護の基準額に控除額を加えた水準となる（就労収入が10万円の場合：23,600円）。

2．高齢者単身世帯【68歳】　　　　　　　　　　　　　　　　　　　　　　　（単位：円）

	1級地―1	1級地―2	2級地―1	2級地―2	3級地―1	3級地―2
世帯当たり最低生活費	90,980	87,690	83,630	83,630	75,740	74,300
生活扶助	77,980	74,690	70,630	70,630	67,740	66,300
住宅扶助	13,000	13,000	13,000	13,000	8,000	8,000

注：住宅扶助は、住宅費が上記の額を超える場合、地域別に定められた上限額の範囲内でその実費が支給される。
　　　例：1級地―1（東京都区部　53,700円）、1級地―2（福山市　34,000円）、
　　　　　2級地―1（熊谷市　43,000円）、2級地―2（荒尾市　35,000円）、
　　　　　3級地―1（柳川市　32,000円）、3級地―2（さぬき市　32,000円）

3．母子3人世帯【30歳、4歳、2歳】　　　　　　　　　　　　　　　　　　（単位：円）

	1級地―1	1級地―2	2級地―1	2級地―2	3級地―1	3級地―2
世帯当たり最低生活費	203,550	198,750	192,270	192,270	179,430	176,360
生活扶助	146,570	141,770	137,090	137,090	130,850	127,780
児童養育加算	20,380	20,380	20,380	20,380	20,380	20,380
母子加算	23,600	23,600	21,800	21,800	20,200	20,200
住宅扶助	13,000	13,000	13,000	13,000	8,000	8,000

注1：住宅扶助は、住宅費が上記の額を超える場合、地域別に定められた上限額の範囲内でその実費が支給される。
　　　　例：1級地―1（東京都区部　64,000円）、1級地―2（福山市　41,000円）、
　　　　　　2級地―1（熊谷市　52,000円）、2級地―2（荒尾市　42,000円）、
　　　　　　3級地―1（柳川市　38,000円）、3級地―2（さぬき市　38,000円）
　2：勤労収入のある場合には、収入に応じた額が勤労控除として控除されるため、現実に消費しうる水準としては、生活保
　　　護の基準額に控除額を加えた水準となる（就労収入が10万円の場合：23,600円）。
出典：生活保護制度研究会編『生活保護のてびき　令和2年度版』第一法規，p. 47，p. 70，2020. を一部改変

第4章
生活保護制度

学習のポイント

● 被保護人員および被保護世帯の動向と現状を理解する
● 被保護人員および被保護世帯の置かれている状況・状態を理解する
● 扶助人員および扶助率の動向と現状を理解する

　本節では、被保護人員および被保護世帯に関連する統計を整理し、その動向を概観する。ここでいう「被保護人員」は生活保護受給者のことを、「被保護世帯」は生活保護を受給する世帯のことを示している。また、「保護率」は、被保護人員または被保護世帯が全人口に占める比率を示すものである。なお、保護率は、多くの公的統計において百分率（％）を単位として示されている。

1　被保護人員の動向

1　被保護人員・保護率

　被保護人員および保護率をみると、図 4-10 のとおり推移している。被保護人員と保護率の上下動は、全体として経済状況（景気、失業率等）と連動する傾向にある。

　終戦直後の 1952（昭和 27）年度の被保護人員（1 か月平均）は 204 万 2550 人、保護率は 2.38％と高水準であった。しかし、1954（昭和 29）年からの「神武景気」（好況）により、1957（昭和 32）年度には、被保護人員が 162 万 3744 人まで減少し、保護率も 1.78％まで低下した。

　1962（昭和 37）年頃のエネルギー革命（石炭から石油への移行）により、石炭産業の合理化が本格化した。これに伴い産炭地域において大量の失業者が生まれ、その相当部分が生活保護受給者となり、1963（昭和 38）年度には、被保護人員が 174 万 4639 人まで増加し、保護率も 1.81％まで上昇した。

　その後、1964（昭和 39）年以降、被保護人員および保護率は、一時的に増加および上昇したものの、経済状況の好転などにより一貫して減

図4-10　被保護人員・保護率の年次推移（1か月平均）

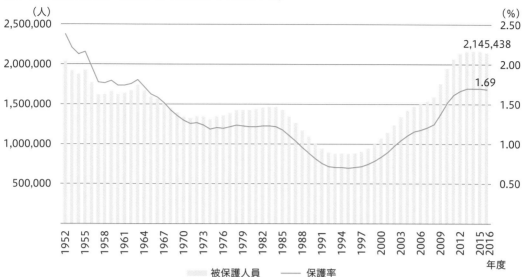

注：保護率の算出は、1か月平均の被保護実人員を総務省統計局発表による「各年10月1日現在の推計人口（1955、1960、1965、1970、1975、1980、1985、1990、1995、2000、2005、2010、2015年度は国勢調査人口）」で除したものである。
資料：厚生労働省「被保護者調査」（月次調査）、1954年度以前は生活保護の動向編集委員会編集『生活保護の動向（平成20年版）』。
　　　総務省統計局『我が国の推計人口　大正9年〜平成12年』
出典：国立社会保障・人口問題研究所「『生活保護』に関する公的統計データ一覧」より作成

少・低下傾向となった。しかし、1973（昭和48）年の石油危機の影響などにより、被保護人員は再び増加に転じ、1984（昭和59）年度には146万9457人まで増加した。ただし、1984（昭和59）年度の保護率は1.22%と、日本全体での人口増加により大きくは変化していない。

　1990年代前半には、被保護人員および保護率は減少・低下傾向に転じ、1995（平成7）年度には、被保護人員88万2229人、保護率0.70%と戦後最低水準を記録している。しかしながら、1996（平成8）年度には増加に転じ、以降は増加傾向で推移している。

　さらに、世界金融危機のあった2008（平成20）年度を境に、被保護人員および保護率は急激に増加・上昇した。2011（平成23）年度には、被保護人員が200万人を超え、2014（平成26）年度には、被保護人員が216万5895人となり、保護率は1.70%まで上昇した。2014（平成26）年度以降、被保護人員は減少傾向にあるが、保護率は1.70%前後で推移している。2016（平成28）年度には、被保護人員数214万5438人、保護率1.69%となっている。

2 地域別被保護人員

　被保護人員の市部と郡部の構成比をみると、**表4-5**のとおり、一貫し

表4-5　市部・郡部別被保護人員数・構成比（1か月平均）

年度	被保護人員			構成比（％）	
	総数	市部	郡部	市部	郡部
1965	1,598,821	983,091	615,730	61.5	38.5
1970	1,344,307	887,076	457,231	66.0	34.0
1975	1,349,230	954,142	395,088	70.7	29.3
1980	1,426,984	1,073,635	353,349	75.2	24.8
1985	1,431,117	1,123,050	308,067	78.5	21.5
1990	1,014,842	824,582	190,260	81.3	18.7
1995	882,229	740,365	141,864	83.9	16.1
2000	1,072,241	926,434	145,806	86.4	13.6
2005	1,475,838	1,344,391	131,447	91.1	8.9
2010	1,952,063	1,831,371	120,692	93.8	6.2
2015	2,163,685	2,044,321	119,364	94.5	5.5
2017	2,124,631	2,009,265	115,366	94.6	5.4
2018	2,096,838	1,983,830	113,009	94.6	5.4

資料：厚生労働省「福祉行政報告例」、2012年度以降は厚生労働省「被保護者調査」
出典：厚生労働統計協会『国民の福祉と介護の動向 2020/2021』p.277, 2020.
　　　より作成

て市部の割合が上昇している。1965（昭和40）年度の被保護人員は市部98万3091人、郡部61万5730人であった。しかし、その後、市部の被保護人員の増加傾向が続き、2018（平成30）年度は市部198万3830人、郡部11万3009人となっている。

　また、地域別保護率をみると、**図4-11**のとおり地域差の大きいことがわかる。2016（平成28）年度現在、保護率が最も高いのは「北海道」3.11％で、「近畿Ⅰ」、「沖縄」がこれに続く。反対に保護率が最も低いのは「北陸」0.69％で、「関東Ⅱ」、「東海」がこれに続く。

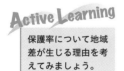

Active Learning

保護率について地域差が生じる理由を考えてみましょう。

3　年齢階級別被保護人員

　年齢階級別被保護人員の構成比を、「幼少年齢層（0～14歳）」、「稼働年齢層（15～59歳）」、「高年齢層（60歳以上）」に大別すると、**図4-12**のとおりである。全体として高年齢層の割合が上昇し、反対に幼少年齢層と稼働年齢層の割合が低下していることがわかる。

　1975（昭和50）年には、幼少年齢層と稼働年齢層で合わせて7割弱を占めていた一方、高年齢層は3割程度を占めるにすぎなかった。しかし、その後、幼少年齢層は一貫して、稼働年齢層は経済状況による上下動を含みながら低下しており、高年齢層は一貫して上昇している。

図4-11　地域別保護率

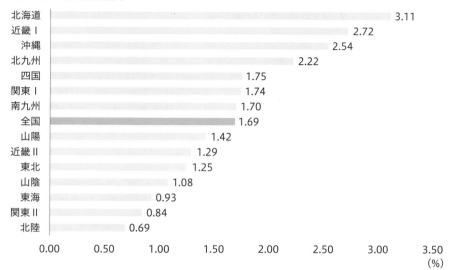

注1：保護率の算出は、「1か月平均の被保護実人員」を「各年10月1日現在推計人口」で除した。
　　2：(1) 北海道、(2) 東北（青森・岩手・宮城・秋田・山形・福島）、(3) 関東Ⅰ（埼玉・千葉・東京・神奈川）、(4) 関東Ⅱ（茨城・栃木・群馬・山梨・長野）、(5) 北陸（新潟・富山・石川・福井）、(6) 東海（岐阜・静岡・愛知・三重）、(7) 近畿Ⅰ（京都・大阪・兵庫）、(8) 近畿Ⅱ（滋賀・奈良・和歌山）、(9) 山陽（岡山・広島・山口）、(10) 山陰（鳥取・島根）、(11) 四国（徳島・香川・愛媛・高知）、(12) 北九州（福岡・佐賀・長崎・大分）、(13) 南九州（熊本・宮崎・鹿児島）、(14) 沖縄
資料：厚生労働省「平成28年度 被保護者調査」（月次調査）。総務省統計局「各年10月1日現在人口」都道府県
出典：国立社会保障・人口問題研究所「『生活保護』に関する公的統計データ一覧」より作成

図4-12　年齢階級別被保護人員構成割合の推移

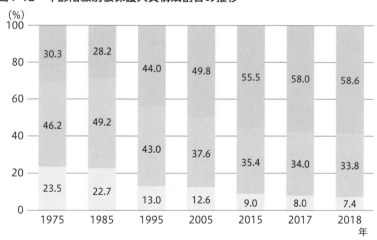

資料：厚生労働省「被保護者全国一斉調査」（各年7月1日現在）、2015年以降は、厚生労働省「被保護者調査（年次調査）」（個別調査）（各年7月末日現在）、総務省「年齢別推計人口」（各年10月1日現在）
出典：厚生労働統計協会『国民の福祉と介護の動向 2020／2021』p.200, 2020. より作成

1 被保護世帯・保護率

被保護世帯および保護率をみると、**図4-13**のとおり、被保護人員とは異なる推移をしていることがわかる。終戦直後の期間、被保護世帯は70万世帯前後、保護率は3.00%を超えて推移している。その後、被保護世帯数は、1957（昭和32）年度までは減少傾向にあったが、1958（昭和33）年度から1980年代前半にかけて全体として増加に転じた。なお、同時期の被保護世帯数の推移（増加傾向）と被保護人員数の推移（減少傾向）とに相違があるのは、被保護世帯の世帯規模が縮小していることによると考えられる。

1985（昭和60）年度から被保護世帯は減少傾向にあり、1993（平成5）年度には58万6106世帯（保護率1.40%）まで減少した。しかしながら、2000年代以降は増加傾向となり、2005（平成17）年度には104万1508世帯、保護率2.21%となった。その後も増加傾向は続き、2016（平成28）年度の被保護世帯数は163万7045世帯、保護率

図4-13 被保護世帯数・保護率の年次推移（1か月平均）

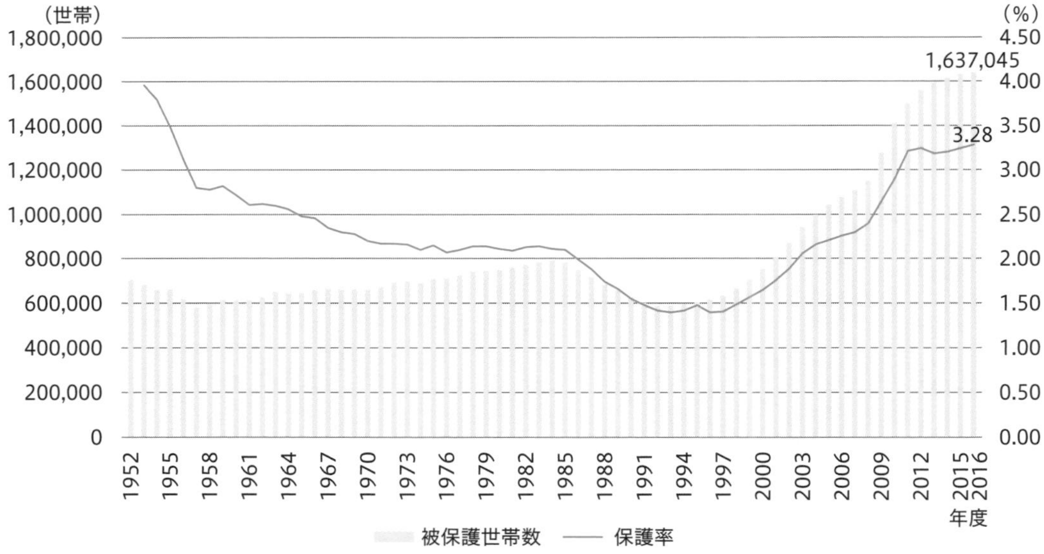

注：保護率の算出は、被保護世帯数（1か月平均）を「国民生活基礎調査」の総世帯数で除したものであり、国立社会保障・人口問題研究所にて算出。
　　2011年の総世帯数には、岩手県、宮城県及び福島県は含まれていない。
　　2012年の総世帯数には、福島県は含まれていない。
資料：1954年度以前は生活保護の動向編集委員会編集『生活保護の動向（平成20年版）』、2011年度以前は厚生労働省「福祉行政報告例」、2012年度以降は厚生労働省「被保護者調査」（月次調査）
出典：国立社会保障・人口問題研究所「『生活保護』に関する公的統計データ一覧」より作成

3.28％となっている。

2 世帯類型別被保護世帯

　生活保護では、被保護世帯を高齢者世帯＊、母子世帯＊、障害者世帯＊、傷病者世帯＊、その他の世帯＊の五つに分類し、把握している。

　世帯類型別構成比の推移をみると、**図4-14** のとおり高齢者世帯の割合が上昇していることがわかる。1965（昭和40）年度には、高齢者世帯22.9％、母子世帯13.7％、障害者世帯・傷病者世帯29.4％、その他の世帯34.0％となっており、その他の世帯の占める割合が最も高かった。しかしながら、その後は、母子世帯、その他の世帯の割合が低下傾向にあり、反対に高齢者世帯の割合が上昇傾向にある。

　2016（平成28）年度は、高齢者世帯51.4％、母子世帯6.1％、障害者世帯11.8％、傷病者世帯14.6％、その他の世帯16.1％となっている。就労が困難と考えられる世帯類型（高齢者世帯・障害者世帯・傷病者世帯）が8割弱を占めており、就労可能と考えられる世帯類型は2割程度にとどまる。ただし、2009（平成21）年度以降、その他の世帯が10％を超えて推移していることに留意が必要である。

★**高齢者世帯**
65歳以上の者のみで構成されている世帯か、これらに18歳未満の者が加わった世帯。

★**母子世帯**
配偶者がいない（死別、離別、生死不明、未婚等による）65歳未満の女子と18歳未満のその子（養子を含む）のみで構成されている世帯。

★**障害者世帯**
世帯主が障害者加算を受けているか、身体障害・知的障害等の心身上の障害のため働けない者である世帯。

図4-14　世帯類型別構成比および世帯保護率の年次推移（1か月平均）

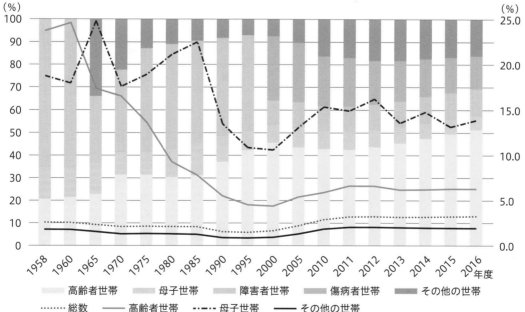

資料：2006年度以前は生活保護の動向編集委員会編『生活保護の動向（平成20年版）』、1970年度以前は厚生省「被保護者全国一斉調査結果報告書（個別調査）」、1975〜2011年度は厚生労働省「福祉行政報告例」、2012年度以降は厚生労働省「被保護者調査」（月次調査）
出典：国立社会保障・人口問題研究所「『生活保護』に関する公的統計データ一覧」より作成

★傷病者世帯
世帯主が入院している
か、在宅患者加算を受
けている世帯、または
世帯主が傷病のため働
けない者である世帯。

★その他の世帯
上記のいずれにも該当
しない世帯。

また、2016（平成28）年度における世帯類型別の保護率をみると、世帯総数で3.26％である一方、高齢者世帯6.31％、母子世帯13.89％、その他の世帯1.93％となっており、とりわけ母子世帯の保護率が高いことがわかる。

3 世帯人員別被保護世帯

世帯人員別被保護世帯の構成比の推移をみると、**表4-6** のとおり被保護世帯の小規模化、単身化の進んでいることがわかる。1975（昭和50）年は、1人世帯が55.8％、2人世帯が20.7％と合わせて76.5％を占めていた。その後、とりわけ1人世帯が一貫して増加し、2018（平成30）年には80.8％となり、2人世帯の13.7％と合わせて94.5％を占めている。他方で、3人以上の世帯は、一貫して減少傾向にあり、2018（平成30）年は、合計して5.6％である。

一般世帯（**表4-6**下段）と比較すると、被保護世帯における世帯の小規模化・単身化が顕著であることがわかる。

4 世帯の労働力類型別被保護世帯

被保護世帯を労働力類型別の構成比でみると、**図4-15** のとおりであ

表4-6　被保護世帯及び一般世帯の世帯人員別構成比の年次推移

（単位　％）

	総　数	1人	2人	3人	4人	5人	6人以上	平均世帯人員
	被　保　護　世　帯							（人）
昭50年（'75）	100.0	55.8	20.7	10.2	7.0	3.6	2.6	1.91
60　（'85）	100.0	57.4	20.2	11.5	6.7	2.7	1.7	1.83
平7　（'95）	100.0	71.8	17.3	6.3	2.9	1.1	0.6	1.46
17　（'05）	100.0	73.7	16.9	5.6	2.4	0.9	0.5	1.42
27　（'15）	100.0	78.1	15.0	4.3	1.6	0.6	0.3	1.33
29　（'17）	100.0	79.9	14.2	3.7	1.4	0.5	0.3	1.30
30　（'18）	100.0	80.8	13.7	3.5	1.3	0.5	0.3	…
	一　般　世　帯							
昭50年（'75）	100.0	18.2	15.4	18.2	24.9	12.8	10.5	3.35
60　（'85）	100.0	18.4	18.5	17.6	25.2	12.1	8.1	3.22
平7　（'95）	100.0	22.6	23.5	18.6	19.6	9.3	6.4	2.91
17　（'05）	100.0	24.6	28.2	19.7	15.9	6.9	4.7	2.68
27　（'15）	100.0	26.8	31.3	19.7	14.4	5.2	2.6	2.49
29　（'17）	100.0	27.0	32.0	19.0	15.0	5.0	2.0	2.47
30　（'18）	100.0	27.7	31.8	19.5	14.1	4.9	2.1	2.44

資料：厚生労働省「被保護者全国一斉調査」（各年7月1日現在）、平成27年以降は同「被
　　　保護者調査（年次調査）」（個別調査）（各年7月末日現在）、「厚生行政基礎調査」
　　　（昭和60年以前）、「国民生活基礎調査」（平成7年以降）
出典：厚生労働統計協会『国民の福祉と介護の動向 2020／2021』p. 201，2020.

図4-15 労働力類型別被保護世帯の構成比の推移（1か月平均）

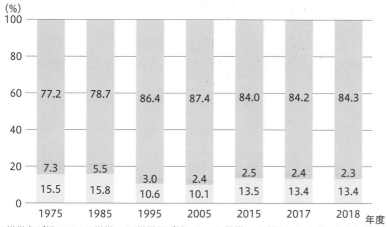

資料：厚生労働省「福祉行政報告例」、2015年度以降は厚生労働省「被保護者調査」
注：現に保護を受けた世帯である。
出典：厚生労働統計協会編『国民の福祉と介護の動向 2020／2021』p. 202, 2020. より作成

る。

　全体として、働いている者のいない世帯の割合が上昇してきている。1975（昭和50）年度には、世帯主が働いている世帯が全体の15.5％、世帯員が働いている世帯7.3％、働いている者のいない世帯が77.2％を占めていた。その後、2018（平成30）年度には、世帯主が働いている世帯が13.4％、世帯員が働いている世帯が2.3％まで低下し、反対に働いている者のいない世帯は84.3％まで上昇している。

5 受給期間別被保護世帯

　被保護世帯の保護受給期間別の構成比は、**図4-16**のとおり推移している。受給期間が5年を超える世帯の割合が上昇しており、受給期間は長期化する傾向にある。2018（平成30）年は、5〜10年未満31.7％、10年以上30.7％と合わせて6割を占めている。

3 保護の開始・廃止の動向

1 保護の開始・廃止世帯数の推移

　保護開始は好況時に減少し、不況時に増加する一方、保護廃止は好況時に増加し、不況時に減少する。

　1951（昭和26）年度から1984（昭和59）年度にかけては、上下動

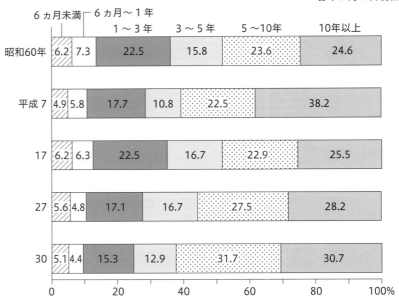

図4-16　保護受給期間別被保護世帯の構成比の推移

各年7月1日現在

年	6ヵ月未満	6ヵ月～1年	1～3年	3～5年	5～10年	10年以上
昭和60年	6.2	7.3	22.5	15.8	23.6	24.6
平成7	4.9	5.8	17.7	10.8	22.5	38.2
17	6.2	6.3	22.5	16.7	22.9	25.5
27	5.6	4.8	17.1	16.7	27.5	28.2
30	5.1	4.4	15.3	12.9	31.7	30.7

資料：厚生労働省「被保護者全国一斉調査」（個別調査）、平成27年以降は厚生労働省「被保護者調査
　　　（年次調査）」（個別調査）
注：平成27年以降は7月末日現在である。
出典：厚生労働統計協会編『国民の福祉と介護の動向 2020／2021』p. 202, 2020.

はあるものの、保護開始世帯数が保護廃止世帯数を上回っていた。しか
し、1985（昭和60）年度からは反転して、保護廃止世帯数が保護開始世
帯数を上回って推移していた（**図4-17**）。

　石油危機の生じた1993（平成5）年度以降は、再び保護開始世帯数が
保護廃止世帯数を大きく上回る状況が続いてきた。また、2008（平成
20）年度の世界金融危機以降も同様の状況が続いていたが、近年では保
護開始世帯数と保護廃止世帯数の差は縮小傾向にある。2016（平成28）
年度は保護開始世帯数が保護廃止世帯数を上回るに至っている。

2 保護の開始理由別被保護世帯の状況

　保護の開始理由別に被保護世帯の構成比をみると、「世帯主・世帯員の
傷病」が高い割合を占めてきたことがわかる（**図4-18**）。このことから、
「傷病」が貧困に陥る大きな要因であると考えられる。

　しかしながら、近年では「働きによる収入の減少・喪失」「貯金等の減
少・喪失」が上昇傾向にある。2016（平成28）年度は、「世帯主・世帯
員の傷病」が25.1％、「働きによる収入の減少・喪失」が21.2％、「貯金
等の減少・喪失」が35.5％となっている。

図4-17　保護の開始・廃止世帯の推移

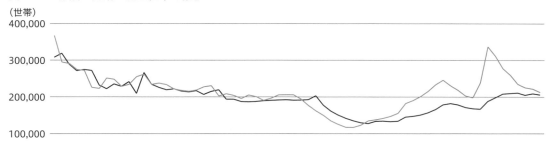

注：年度の累計である。
資料：2011年度以前は、厚生労働省大臣官房統計情報部「社会福祉行政業務報告」（福祉行政報告例）
　　　2012年度以降は、厚生労働省社会・援護局保護課「被保護者調査」月次調査
出典：国立社会保障・人口問題研究所『『生活保護』に関する公的統計データ一覧』より作成

図4-18　保護開始理由別の被保護世帯構成比の推移

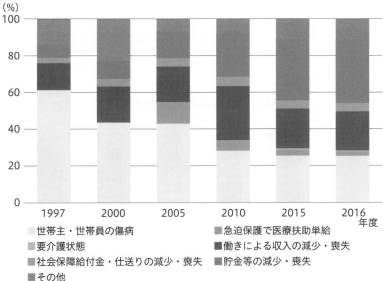

凡例：世帯主・世帯員の傷病／急迫保護で医療扶助単給／要介護状態／働きによる収入の減少・喪失／社会保障給付金・仕送りの減少・喪失／貯金等の減少・喪失／その他

注1：2011年以前は9月調査分、2012年以降は1か月平均の数値である。
　2：「働きによる収入の減少・喪失」には、「働いていた者の死亡」「働いていた者の離別等」「働きによる収入の減少・喪失」「定年・失業」「老齢による収入の減」「事業不振・倒産」「その他の働きによる収入の減少」を含む。
資料：1997〜2011年は厚生労働省「福祉行政報告例」、2012年度以降は厚生労働省「被保護者調査」（月次調査）
出典：国立社会保障・人口問題研究所『『生活保護』に関する公的統計データ一覧』より作成

第4章　生活保護制度

119

■3 保護の廃止理由別被保護世帯の状況

次に保護廃止の理由別に被保護世帯の構成比をみると、**図4-19**のとおり、「死亡」の割合が上昇傾向にあることがわかる。2016（平成28）年度に「死亡」は38.0％を占めており、「失そう」7.2％と合わせると45.2％に至る。一方で、「働きによる収入の増加・取得・働き手の転入」の割合は、近年上昇傾向にあるものの20％を下回って推移している。

4 扶助の動向

■1 保護の種類別扶助人員

生活保護には、**生活扶助、住宅扶助、教育扶助、介護扶助、医療扶助、出産扶助、生業扶助、葬祭扶助**の8種類がある。扶助別の被保護人員数と扶助率を整理すると、**表4-7**のとおりである。

生活扶助は、日常生活を営むにあたって必要となる飲食物費、被服費、光熱水費等の経費を賄う基本的な扶助である。そのため、生活扶助人員は被保護人員の大部分を占めており、被保護人員数の上下動と同様の推

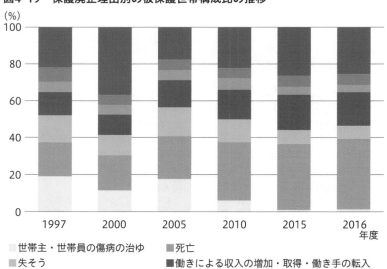

図4-19　保護廃止理由別の被保護世帯構成比の推移

注：2011年以前は9月調査分、2012年以降は1か月平均の数値である。
資料：1997～2011年は厚生労働省「福祉行政報告例」、2012年度以降は厚生労働省「被保護者調査」（月次調査）
出典：国立社会保障・人口問題研究所『『生活保護』に関する公的統計データ一覧』より作成

表4-7　保護の種類別扶助人員・扶助率の推移（1か月平均）

	扶助別の被保護人員（扶助人員）							
年度	生活扶助	住宅扶助	教育扶助	介護扶助	医療扶助	出産扶助	生業扶助	葬祭扶助
1975	1,159,900	704,626	228,686	—	785,084	207	2,960	1,780
1985	1,268,766	967,691	252,437	—	909,581	191	2,524	1,353
1995	760,162	639,129	88,176	—	679,826	62	1,141	1,211
2005	1,320,413	1,194,020	135,734	164,093	1,207,814	112	29,253	2,165
2010	1,767,315	1,634,773	155,450	228,235	1,553,662	186	52,855	2,999
2015	1,927,267	1,842,105	142,067	329,999	1,775,997	162	53,078	3,329
2016	1,907,334	1,830,131	134,135	348,064	1,769,543	149	50,378	3,432
2017	1,885,587	1,815,615	125,246	366,287	1,765,043	138	47,796	3,586
	扶助率（%）							
1975	86.0	52.2	16.9	—	58.2	0.0	0.2	0.1
1985	88.7	67.6	17.6	—	63.6	0.0	0.2	0.1
1995	86.2	72.4	10.0	—	77.1	0.0	0.1	0.1
2005	89.5	80.9	9.2	11.1	81.8	0.0	2.0	0.1
2015	89.1	85.1	6.6	15.3	82.1	0.0	2.5	0.2
2016	88.9	85.3	6.3	16.2	82.5	0.0	2.3	0.2
2017	88.7	85.5	5.9	17.2	83.1	0.0	2.2	0.2

資料：厚生労働省社会・援護局福祉課「被保護者調査」（月次調査）
出典：国立社会保障・人口問題研究所「『生活保護』に関する公的統計データ一覧」より作成

第4章　生活保護制度

移をしている。2017（平成29）年度の生活扶助人員は188万5587人で、扶助率は88.7%を占めている。

　次いで、住宅扶助人員は、上下動を含みながら全体としては増加傾向にある。2017（平成29）年度の住宅扶助人員は181万5615人、扶助率は85.5%を占めている。なお、住宅扶助人員の増加傾向は、都市部で生活する被保護人員の増加に伴い、借家等の居住者が増加したことによると考えられる。

　1955（昭和30）年度の教育扶助人員は58万4765人で、被保護人員の30.3%を占めていた。しかし、その後は、多少の上下動を含みながらも、全体として減少傾向で推移している。2017（平成29）年度は、12万5246人まで減少し、扶助率も5.9%まで低下している。

　介護扶助は、2000（平成12）年度に施行された公的介護保険に対応する形で創設された。介護扶助人員は、2000（平成12）年度の6万6832人から一貫して増加傾向にあり、2017（平成29）年度は36万6287人まで増加し、扶助率は17.2%を占める。

　最後に、出産扶助、生業扶助、葬祭扶助の被保護人員をみてみると、扶助率は低く、大きな上下動はみられない。ただし、生業扶助人員に限

ると、2005（平成 17）年度に人員数が急増している。これは、生業扶助の技能修得費に高等学校等就学費が創設されたことによると考えられる。

2 医療扶助

　医療扶助人員は、1955（昭和 30）年度時点で 38 万 6054 人と被保護人員の 20.0％を占めるにすぎなかった。しかし、その後は上下動をしながら増加傾向で推移している。2017（平成 29）年度には 176 万 5043 人まで増加し、被保護人員の 83.1％を占めるに至っている。以上のように医療扶助人員が多いことは、国民皆保険体制下においても「傷病」が貧困に陥る重要な要因であることを示している。

◇参考文献
・厚生省社会局保護課編『生活保護三十年史』社会福祉調査会，1981.
・厚生労働統計協会編『国民の福祉と介護の動向 2020／2021』2020.
・社会福祉の動向編集委員会編『社会福祉の動向 2020』中央法規出版，2020.

第5章

低所得者に対する法制度

　低所得者対策は、生活保護基準と同等か、あるいはそれに近い所得水準にあり、場合によっては生活保護基準以下に陥るリスクをもっている、いわゆる生活保護受給層に隣接するボーダーライン層を対象とする諸施策を指している。そこで本章では、低所得者対策の主要施策である生活困窮者自立支援制度、生活福祉資金貸付制度、低所得者対策（無料低額宿泊所、無料低額診療制度、公営住宅制度、総合法律支援法、災害救助法など）やホームレス対策などの各種制度を取り上げ概説する。

第1節　生活困窮者自立支援制度

学習のポイント

● 生活困窮者自立支援法の理念と概要について理解する
● 生活困窮者自立支援法に基づく事業等の概要を理解する
● 生活困窮者自立支援制度における組織と実施体制、相談支援の流れを理解する

1 ▶ 生活困窮者自立支援法の理念と概要

■1 生活困窮者自立支援制度の創設に至る背景と経緯

❶「貧困」と「生活困窮」の問題の顕在化

　生活保護受給者数・世帯数は、1990年代後半より増加傾向を示してきたが、2008（平成20）年の世界金融危機をきっかけに急増し、今日における「貧困」の問題が顕在化した。とりわけ、職業と住居の喪失、「子どもの貧困」問題（「貧困の連鎖」、すなわち貧困の世代間継承）、経済的困窮とともに生じる社会的孤立などが、解決すべき課題としてクローズアップされた。

　世界金融危機を背景として職業や住居を失い生活に困窮する人が多数発生したことをうけて、「第二のセーフティネット」と呼ばれる制度・施策が整備された。「第二のセーフティネット」とは、雇用の安定を図る雇用保険と、最低限度の生活を保障する生活保護という二つのセーフティネットの間を補完する仕組みとして整備された一連の施策の総称である[1]。

　また、2010（平成22）年には「パーソナル・サポート・サービス」のモデル事業が開始された。この事業は、住居を喪失した求職者等の生活困窮者に対して、「個別的」（利用者一人ひとりのニーズや状態に応じたきめ細かな支援）・「継続的」（年間を通じて、また、利用者それぞれのステージに応じた一貫した対応）・「制度横断的」（ワンストップ・サービスの趣旨を踏まえ、縦割り支援体制の克服）な支援を行うという趣旨のも

---

i 「ワンストップサービス」とは、求職者や生活困窮者などの相談者が、一か所で関係するさまざまな制度や施策の利用手続ができる総合的な相談窓口のことである。

と、「パーソナル・サポーター」が専門家の立場から個別的・継続的な支援（「寄添い型・伴走型支援」）を行い、就業を支援するとともに、自立後も含めた継続的なフォローを行うものであった。これらは、後の生活困窮者自立支援制度において制度化されることになる。

❷新たな生活困窮者自立支援制度の創設

上記の背景のもと、政府において、社会保障制度改革と併せて新たな生活困窮者自立支援制度の創設に向けての検討が行われた。

2012（平成24）年7月、厚生労働省は「生活支援戦略（中間まとめ）」をとりまとめた。この報告書では、経済的困窮と社会的孤立からの脱却、親から子への「貧困の連鎖」の防止の促進、国民一人ひとりの「参加と自立」を基本としつつ、社会的に包摂される社会の実現などを目標とし、新たな生活困窮者支援体系の確立と生活保護制度の見直し、重層的なセーフティネットの構築が提言された。

また、2012（平成24）年4月、社会保障審議会に生活困窮者の生活支援の在り方に関する特別部会が設置され、2013（平成25）年1月に「社会保障審議会生活困窮者の生活支援の在り方に関する特別部会報告書」（以下、報告書）が提出された。この報告書では、「自立と尊厳」「つながりの再構築」「子ども・若者の未来」「信頼による支え合い」という四つの基本的視点を踏まえ、「包括的・個別的な支援」（いわゆる縦割り行政を超えて、地域において多様なサービスが連携し、一括してサービスを提供する）、「早期的・継続的な支援」（訪問型も含めた早期対応を図るとともに、個々人の段階に応じた最適なサービスが提供されるような継続的な支援を行う）、「分権的・創造的な支援」（民間の柔軟で多様な取り組みが活かされ、国や自治体がこれを支える）を「生活支援の具体的なかたち」として提示した。そのうえで、「新たな生活困窮者支援制度の構築」と「生活保護制度の見直し」について具体的な方向性を示した。このうち、「新たな生活困窮者支援制度の構築」では、基本的考え方について、「生活困窮者に対し、生活保護受給に至る前の段階で早期に支援を行うとともに、必要に応じて生活保護受給者も活用できるようにすることにより、困窮状態からの早期脱却を図る[2)]」と述べている。

---

ii 2012（平成24）年に制定・施行された社会保障制度改革推進法では、附則第2条第2号において「生活困窮者対策及び生活保護制度の見直しに総合的に取り組み、保護を受けている世帯に属する子どもが成人になった後に再び保護を受けることを余儀なくされることを防止するための支援の拡充を図るとともに、就労が困難でない者に関し、就労が困難な者とは別途の支援策の構築、正当な理由なく就労しない場合に厳格に対処する措置等を検討すること」と規定されている。

図5-1　生活保護制度の見直しと新たな生活困窮者対策の全体像

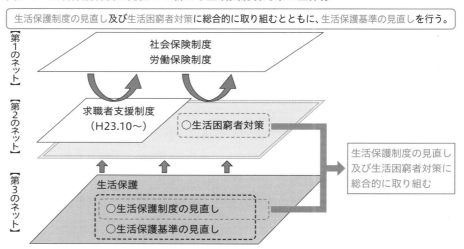

出典：厚生労働省社会・援護局地域福祉課生活困窮者自立支援室「生活困窮者自立支援制度について」（平成27年7月），p.5

　　上記の報告書とその後の検討を経て、2013（平成25）年12月に**生活困窮者自立支援法**が成立し、2015（平成27）年4月より施行された。その後、施行後3年を目途とした見直しが行われ、2018（平成30）年6月に改正法が成立し、同年10月以降順次施行されている。

▌2 生活困窮者自立支援制度の全体像

❶新たな生活困窮者対策の全体像

　　先に述べたように、「生活支援戦略（中間まとめ）」および報告書では、生活保護制度の見直しと併せて新たな生活困窮者対策の方向性が提示された。

　　そこで示された新たな生活困窮者対策の全体像は、**図5-1**のとおりである。この図では、社会保障のなかでの三層にわたるセーフティネットの構造が表されている。これらのセーフティネットは、生活困窮に陥るリスクに対応する制度・施策によって構成される。「第1のネット」には、社会保険制度・労働保険制度が位置づけられる。社会保険制度（労働保険制度を含む）は、最低生活以下に陥ることを防ぐという意味で「防貧」の機能をもっている。「第2のネット」には、求職者支援制度などの「第二のセーフティネット」の制度、生活困窮者対策（生活困窮者自立支援法）が位置づけられる。「第1のネット」では十分に対応できなかったリスクに対応し、要保護者以外の生活困窮者に対して生活保護に至る手前で支援を行うことにより、最低生活以下に陥ることを防ぐ機能をもって

図5-2 生活困窮の要因の複合化のイメージ

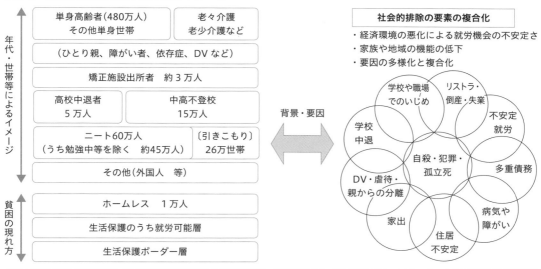

出典：北海道総合研究調査会『生活困窮者自立相談支援機関の設置・運営の手引き（平成25年度セーフティネット支援対策等事業費補助金 社会福祉推進事業）』p. 22, 2014.

いる。「第3のネット」は生活保護制度である。最低生活以下に陥った者に対して、最低生活を保障するとともに自立の助長を図る。「最後のセーフティネット」と位置づけられ、「救貧」の機能をもっている。

❷ 「生活困窮者」の生活課題

　生活困窮者自立支援制度が必要とされるようになった背景として、「生活困窮者」と呼ばれる人々がどのような状況に置かれているのか、その生活課題の特徴を理解することが不可欠である。ここでは、経済的困窮と並行して現れる、「複合的な課題」「制度の狭間」「社会的孤立」という三つの特徴的な傾向に焦点を当てる。

① 複合的な課題

　第一の特徴として、「複合的な課題」を抱えていることが多いことが挙げられる。報告書においても、「生活困窮者は複合的な課題を抱えている者が多い」としたうえで、「分野ごとの相談支援体制だけではなく、複数の者がチームを組み、複合的な課題に包括的・一元的に対応できる体制が必要である」と述べている。[3]

　図5-2は、「生活困窮者」のイメージを示したものである。一口に「生活困窮者」といっても、そのイメージは多様である。図5-2によると、対象者の特性は、年代・世帯等によって、あるいは貧困の現れ方によって、さまざまな形態をとる。生活困窮に陥る背景・要因として、「経済環境の悪化による就労機会の不安定さ」「家族や地域の機能の低下」「要因

Active Learning
生活困窮者の抱える複合的な課題について、具体的な状況を想定してみましょう。

の多様化と複合化」があり、これらの結果「社会的排除の要素の複合化」が引き起こされる。図では○で囲まれた諸要素（「リストラ・倒産・失業」「不安定就労」など）が部分的に重なりあっており、生活困窮につながる諸課題が重なりあって発生することを表している。

②　制度の狭間

第二の特徴として、「制度の狭間」に陥りやすいことが挙げられる。「制度の狭間」とは、既存の制度・施策の対象要件に当てはまらず、制度的支援の対象から外れてしまうことを意味する。生活困窮者の生活課題は、「長期に渡る生活の積み重ねの上に形成される場合が多く、その抱える支援ニーズは時間とともに多様化、深刻化しがち」であり、「単一あるいは短期間の支援やサービスでは解決しないことが想定され、多様な制度や機関にまたがる、より長期的、専門的な支援を要することが少なくない[4]」といわれている。そうしたことから、既存の公的制度の対象から漏れて課題が潜在化しやすい傾向がある。

③　社会的孤立

第三の特徴として、「社会的孤立」が挙げられる。報告書においても、「生活困窮者は、地域から孤立している者も多く[5]」と述べられている。その結果、生活課題が潜在化しやすく、家族・親族や近隣住民からの支援を受けることが難しくなる。さらには、生活困窮者の自立への意欲低下、自尊感情の低下にもつながる[6]。自立相談支援機関には、相談に来るのを待つのではなく、出向いていく「アウトリーチ」が求められる。

3 生活困窮者自立支援法の理念と概要

❶生活困窮者自立支援法の理念

生活困窮者自立支援法の理念に関する規定は、第2条で、次のように規定されている。

（基本理念）

第2条　生活困窮者に対する自立の支援は、生活困窮者の尊厳の保持を図りつつ、生活困窮者の就労の状況、心身の状況、地域社会からの孤立の状況その他の状況に応じて、包括的かつ早期に行われなければならない。

2　生活困窮者に対する自立の支援は、地域における福祉、就労、教育、住宅その他の生活困窮者に対する支援に関する業務を行う関係機関（中略）及び民間団体との緊密な連携その他必要な支援体制の整備に配慮して行われなければならない。

---

① 生活困窮者の尊厳の保持

　生活困窮者への支援にあたって重要な目標の一つは、「生活困窮者の自立と尊厳の保持」である。「自立」においては、自分の生活について自ら決定し、選択できることが不可欠である。そして、「自立」に向かって自らの意思で行動できるように支援していくことが重要である。また、「尊厳の保持」に関しては、支援のプロセスにおいて、利用者が個人として尊重されることはもとより、支援者との間での信頼関係が形成されることが必要である。[7]

② 就労の状況に応じた包括的・早期の支援

　生活困窮者に対する就労支援には、経済的自立（経済状況をよりよく安定させること）と同時に、社会生活自立（社会的なつながりを回復・維持すること）につながるという意義がある。就労に対する意欲の喚起、能力の向上とともに、地域において働く場をつくることも必要である。生活困窮者の就労に対するニーズは多様であり、なかには直ちに一般就労が困難な生活困窮者もいる。そうした就労に対する多様なニーズに対して、社会的企業などが中心となって多様な就労機会を提供することが求められる。[8]

③ 心身の状況に応じた包括的・早期の支援

　経済的自立や社会生活自立と並行して日常生活自立（健康や日常生活をよりよく保持すること）も、「自立」の支援において必要である。生活困窮者のなかには心身の不調を抱える者が少なくなく、それが就労および自立に対する阻害要因となっているケースもある。そこで、健康支援として生活の基礎となる健康の保持・増進、疾病の予防および早期発見等を図ることも必要である。[9]

④ 地域社会からの孤立の状況に応じた包括的・早期の支援

　地域社会との関係性において、生活困窮者は孤立しやすい状況に置かれていることは、先に述べたとおりである。生活困窮者個人へのアプローチにとどまらず、地域に対する働きかけも必要である。地域の居場所づくりや働く場の確保が求められる。また、地域住民が生活困窮者の支援に主体的に関与するとともに生活困窮者自身も地域住民の一員としての役割を果たすことが期待される。[10]

⑤ 関係機関および民間団体との緊密な連携

　生活困窮者への支援のもう一つの目標として、「生活困窮者支援を通じた地域づくり」がある。

　生活困窮者に対する支援にあたっては、関係機関や民間団体との間で

図5-3　新たな相談支援事業と関係機関のネットワーク（イメージ）

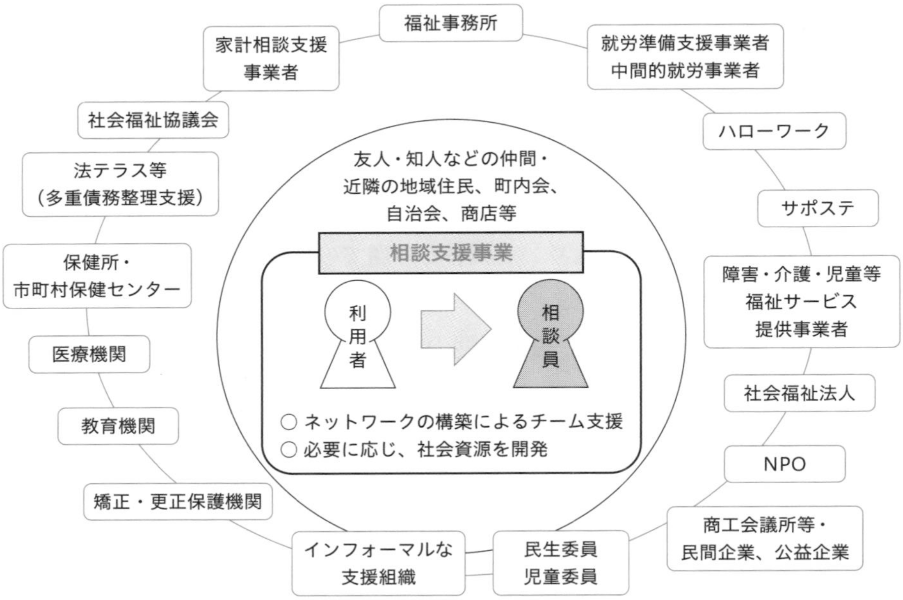

出典：社会保障審議会「社会保障審議会生活困窮者の生活支援の在り方に関する特別部会報告書」（平成25年1月25日）p. 11

　のネットワークを通じた支援が有効である。**図5-3** のように、支援は、「利用者」と「相談員」だけで完結するのではなく、周囲を取り巻く地域の関係機関や団体が支援に関与すること（ネットワークの構築によるチーム支援）、また既存の社会資源では解決できない場合には新たな社会資源を開発することが重要である。

　加えて、多様で複合的な課題を抱える生活困窮者の早期の発見と包括的な支援につなげるため、関連する制度・施策との連携が求められている。厚生労働省の通知「生活困窮者自立支援制度と関係制度等との連携について」（平成31年3月29日事務連絡）により、ひとり親家庭等福祉対策および児童福祉施策、障害保健福祉施策、子ども・若者育成支援施策、農林水産分野、教育施策、居住支援協議会等、住宅施策等、水道事業などとの連携が図られている。また、後述するように2018（平成30）年の法改正により、所掌事務の遂行にあたって生活困窮者を発見した際の利用勧奨が都道府県、市および福祉事務所を設置する町村の努力義務とされた（生活困窮者自立支援法第8条）。

❷「生活困窮者」の定義

　法の対象とする「生活困窮者」の定義については、法第3条に規定されている。

（定義）

第3条 この法律において「生活困窮者」とは、就労の状況、心身の状況、地域社会との関係性その他の事情により、現に経済的に困窮し、最低限度の生活を維持することができなくなるおそれのある者をいう。

ここでも「就労の状況」「心身の状況」「地域社会との関係性」という文言があるが、その意味内容は先に述べたとおりである。「現に経済的に困窮し、最低限度の生活を維持することができなくなるおそれのある者」とあるが、これは要保護者（生活保護法による保護を必要とする状態にある者）ではないが生活に困窮し、生活保護受給に至るリスクを抱える者を対象に、生活保護に至る前で自立を支援するという意味である。このことは、「断らない相談支援」、すなわち縦割りの制度で対応できなかった複合的な課題を抱える人を広く対象としていくことを意図している[11]。ただし、法に基づく事業の利用者のうち、生活保護が必要であると判断される者については、確実に福祉事務所につなぐことが必要である。

2 生活困窮者自立支援法に基づく各事業の概要

1 生活困窮者自立支援制度の概要

生活困窮者自立支援制度の概要は**図5-4**のとおりである。**図5-4**にあるように、この制度は生活困窮者に対して包括的な支援を行うことを趣旨としており、その特徴は、❶「包括的な支援」、❷「個別的な支援」、❸「早期的な支援」、❹「継続的な支援」、❺「分権的・創造的な支援」である[12]。包括的な相談支援を行う生活困窮者自立相談支援事業においては、生活困窮者のあらゆる相談に対して包括的に対応し、一人ひとりのニーズを把握し、状況に応じた支援計画（プラン）が策定され、本人の状況に応じた支援（事業の利用）に結びつける仕組みとなっている。

2 各事業の概要

生活困窮者自立支援法に基づく事業には、必須事業と任意事業がある。必須事業は福祉事務所設置自治体において必ず実施しなければならない事業であり、任意事業は各自治体において各地域の実情に応じて実施することができる事業である。

図5-4　生活困窮者自立支援制度の概要

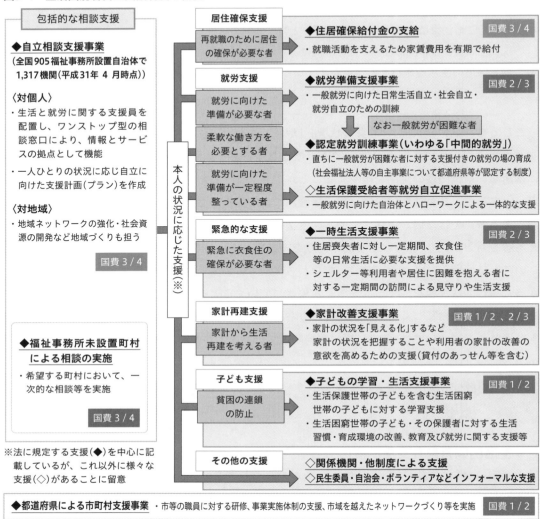

出典：厚生労働省「生活困窮者自立支援制度に係る自治体事務マニュアル」（令和2年7月3日第7版）p.5

　　生活困窮者自立支援法に基づく各事業等の概要は、**表5-1**のとおりである。

❶自立相談支援事業

　　自立相談支援事業（生活困窮者自立相談支援事業）は、生活困窮者自立支援法第3条第2項によると、次の三つの事業を行うものと規定されている。

❶　就労の支援その他の自立に関する問題につき、生活困窮者および生活困窮者の家族その他の関係者からの相談に応じ、必要な情報の提供および助言をし、ならびに関係機関との連絡調整を行う事業

表5-1 各事業の概要

事業等名	概要
自立相談支援事業	・生活困窮者及び生活困窮者の家族その他の関係者からの相談に応じ、アセスメントを実施して個々人の状態にあったプランを作成し、必要なサービスの提供につなげる ・関係機関への同行訪問や就労支援員による就労支援などを行う ・認定就労訓練事業の利用のあっせんを行う ・関係機関とのネットワークづくりと地域に不足する社会資源の開発等に取り組む
住居確保給付金	・離職により住居を失った又はそのおそれが高い生活困窮者であって、収入等が一定水準以下の者に対して、有期で家賃相当額を支給
就労準備支援事業	・直ちに一般就労への移行が困難な生活困窮者に対して、一般就労に従事する準備としての基礎能力の形成を、計画的かつ一貫して支援 ・1年間を基本とした計画的・集中的な支援を想定 ・生活習慣形成のための指導・訓練（日常生活に関する支援）、就労の前段階として必要な社会的能力の習得（社会自立に関する支援）、事業所での就労体験の場の提供や、一般雇用への就職活動に向けた技法や知識の取得等の支援（就労自立に関する支援）の3段階。事業の形式は、通所によるものや合宿によるもの等を想定
就労訓練事業（いわゆる「中間的就労」を行う事業）	・社会福祉法人、消費生活協同組合、NPO法人、株式会社等の自主事業として実施。就労支援プログラムに基づき利用者の状況に応じた就労の機会（清掃、リサイクル、農作業等）の提供と併せ、就労支援担当者による一般就労に向けた支援を実施 ・対象者は、就労準備支援事業を利用しても一般就労への移行ができない者等を想定 ・事業実施に際し、都道府県知事等による認定を受ける仕組 ・（自治体によるその他事業として）立上げ時の初期経費の助成や税制優遇等が実施される ・国及び地方公共団体に対し本事業を行う事業所の受注機会の増大を図る努力義務を規定
家計改善支援事業	・家計に問題を抱える生活困窮者からの相談に応じ、家計に関するアセスメントを行い、家計の状況を「見える化」し、家計再生の計画・家計に関する個別のプランを作成し、利用者の家計管理の意欲を引き出す取組 ① 家計管理に関する支援 ② 滞納の解消や各種給付制度等の利用に向けた支援 ③ 債務整理に関する支援 ④ 貸付けのあっせん　など
一時生活支援事業	・住居のない生活困窮者であって、収入等が一定水準以下の者に対して、一定期間（原則3月）内に限り、宿泊場所の供与や衣食の供与等を実施 ・本事業を利用中に、できるだけ一般就労に結びつくよう自立相談支援事業と適切に連携する ・自立支援センターやシェルターの退所者、居住に困難を抱える者であって地域社会から孤立した状態にある者や、終夜営業の飲食店や知人宅など、屋根のある場所と路上を行き来する不安定な居住状態にある者に対し、訪問による見守り・生活支援など、日常生活を営むために必要な支援を実施

子どもの学習・生活支援事業	・「貧困の連鎖」を防止するため、生活保護受給世帯を含む生活困窮世帯の子どもを対象に学習・生活支援事業を実施 ・日々の学習習慣の習慣づけ、授業等のフォローアップ、高校進学支援や高校中退防止の取組を含む学習支援 ・居場所での相談支援、日常生活習慣の形成や社会性の育成に関する助言、体験活動及び保護者に対する養育支援等を通じた子どもの生活習慣・育成環境の改善 ・子ども及び保護者に対する進路選択に関する相談、進学に必要な公的支援の情報提供等 ・各自治体が地域の実情に応じ、創意工夫をこらし実施（地域資源の活用、地域の学習支援ボランティアや教員OB等の活用等）。
その他生活困窮者の自立の促進に必要な事業	・地域の実情に応じた柔軟かつ多様な取組を支援 ・例えば、就労訓練事業の立ち上げ支援や育成支援等生活困窮者の自立の促進のために必要な事業を実施
福祉事務所未設置町村による相談の実施	・希望する福祉事務所未設置町村において、町村が都道府県と連携しながら生活困窮者からの相談に応じるなど一次的な相談支援を実施
都道府県による市町村支援事業	・都道府県が市町村に対して必要な助言、情報提供等の援助を行う取組を支援 ・例えば、生活困窮者自立支援事業に従事する者等に対する人材養成研修や、関係者機関等を対象としたシンポジウム・勉強会の実施、単独で任意事業を実施するのが困難な市町村への共同実施の働きかけ、支援が困難な事例等について市域を越えて経験豊富な相談員へ支援手法の相談の実施やケース検討する場の構築などの取組を実施

出典：「生活困窮者自立支援制度に関する手引き策定について」（平成27年3月6日社援地発0306第1号）別添1「自立相談支援事業の手引き」pp. 10-11

❷ 生活困窮者に対し、認定生活困窮者就労訓練事業の利用についてのあっせんを行う事業
❸ 生活困窮者に対し、生活困窮者に対する支援の種類及び内容等を記載した計画の作成その他の生活困窮者の自立の促進を図るための支援が包括的かつ計画的に行われるための援助等を行う事業

　自立相談支援事業は必須事業である。実施主体は福祉事務所設置自治体とされているが、自治体直営のほか、社会福祉法人や特定非営利活動法人等への委託も可能とされている（就労準備支援事業その他の任意事業についても同様である）。事業実施に要する費用に対して4分の3の国庫負担がある。

❷住居確保給付金
　住居確保給付金（生活困窮者住居確保給付金）とは、「生活困窮者のうち離職又はこれに準ずるものとして厚生労働省令で定める事由により経済的に困窮し、居住する住宅の所有権若しくは使用及び収益を目的とす

る権利を失い、又は現に賃借して居住する住宅の家賃を支払うことが困難となったものであって、就職を容易にするため住居を確保する必要があると認められるものに対し支給する給付金」（法第3条第3項）である。支給期間は3か月であるが、一定の要件を満たす場合には、申請により、3か月ごとに9か月までの範囲内で支給期間を延長することができる。

住居確保給付金は必須事業である。事業実施に要する費用に対して4分の3の国庫負担がある。

❸就労準備支援事業

就労準備支援事業（生活困窮者就労準備支援事業）とは、「雇用による就業が著しく困難な生活困窮者（中略）に対し、厚生労働省令で定める期間にわたり、就労に必要な知識及び能力の向上のために必要な訓練を行う事業」（法第3条第4項）である。事業の実施期間は1年以内とされている。

就労準備支援事業は任意事業である。事業実施に要する費用に対して3分の2の国庫補助が行われる。

❹認定就労訓練事業（いわゆる「中間的就労」）

認定就労訓練事業（認定生活困窮者就労訓練事業）とは、生活困窮者に対して就労の機会の提供を行うとともに、就労に必要な知識および能力の向上のために必要な訓練等を行う事業（就労訓練事業）を実施する場合、事業者の申請に基づき一定の基準に該当する事業であることが都道府県知事に認定された事業である（法第16条）。いわゆる「中間的就労★」として実施されるものである。

❺家計改善支援事業

家計改善支援事業（生活困窮者家計改善支援事業）とは、「生活困窮者に対し、収入、支出その他家計の状況を適切に把握すること及び家計の改善の意欲を高めることを支援するとともに、生活に必要な資金の貸付けのあっせんを行う事業」（法第3条第5項）である。

家計改善支援事業は任意事業である。事業実施に要する費用に対して2分の1の国庫補助が行われる。なお、2018（平成30）年の法改正によって、就労準備支援事業・家計改善支援事業（以下、両事業）について自立相談支援事業との一体的実施を促進するため、以下の措置が講じられている。❶両事業について、その実施を努力義務とする。❷国は、両事業の適切な推進を図るために必要な指針を策定し、事業実施上の工夫等を図る。❸両事業が効果的かつ効率的に行われている一定の場合には、家計改善支援事業の補助率を2分の1から3分の2へ引き上げる。

★中間的就労
主として直ちに一般就労が困難な者に対する、いわば一般就労に向けた支援つき訓練の場として位置づけられるが、就労のみならず社会参加の場として活用されることもあり得るとされている。

第5章 低所得者に対する法制度

❻一時生活支援事業

　一時生活支援事業（生活困窮者一時生活支援事業）とは、「一定の住居を持たない生活困窮者（中略）に対し、厚生労働省令で定める期間にわたり、宿泊場所の供与、食事の提供その他当該宿泊場所において日常生活を営むのに必要な便宜として厚生労働省令で定める便宜を供与する事業」（法第3条第6項第1号）である。利用期間は、原則として3か月を超えない期間とするが、個々人の状況により6か月を超えない期間まで延長することができる。

　加えて、2018（平成30）年の法改正により、一時生活支援事業として地域居住支援事業が新たに設けられた。この事業は、事業を以前利用していた者などで現在の住居を失うおそれのある生活困窮者であって、地域社会から孤立した状態にある者や、不安定居住者（終夜営業の飲食店や知人宅など屋根のある場所と路上を行き来する不安定な居住状態にある者）に対して、訪問による必要な情報の提供および助言その他、現在の住居において日常生活を営むのに必要な便宜を供与するものである（法第3条第6項第2号）。利用期間は1年を超えない期間を原則とする。

　一時生活支援事業は任意事業である。事業実施に要する費用に対して3分の2の国庫補助が行われる。

❼子どもの学習・生活支援事業

　子どもの学習・生活支援事業は、生活困窮家庭の子どもへの学習援助や居場所づくりなどを行うものである（法第3条第7項）。従来、「子どもの学習支援事業」として、学習援助を中心としながら居場所づくり、地域の実情に応じた取り組みが行われてきた。2018（平成30）年の法改正により、学習援助だけでなく自立に向けた相談支援を強化するため、「子どもの学習・生活支援事業」に名称を改め、拡充が図られた。子どもの学習・生活支援事業では、従来の学習支援に加えて、子どもの生活習慣・育成環境の改善に向けた子どもやその保護者への支援、高校中退の子どもや、高校へ行っていない子どもなどの「高校生世代」の進路選択にあたっての相談支援も行うこととされている[13]。

　子どもの学習・生活支援事業は任意事業である。事業実施に要する費用に対して2分の1の国庫補助が行われる。

❽その他生活困窮者の自立の促進を図るために必要な事業

　その他の生活困窮者の自立の促進を図るために必要な事業は、生活困窮者の自立促進のため地域の実情に応じた柔軟かつ多様な取り組みを行

うものである。¹⁴⁾任意事業であり、事業実施に要する費用に対して２分の
１の国庫補助が行われる。

 **3 生活困窮者自立支援制度における組織と
実施体制**

1 自治体の役割

　生活困窮者自立支援制度における自治体の主な役割として、次のもの
がある。

❶都道府県の役割

① 都道府県の責務

　都道府県には、生活困窮者自立支援制度の実施において次の二つの責
務がある（法第４条第２項）。❶市・福祉事務所設置町村（以下、市等）
が行う各事業が適正かつ円滑に行われるよう、市等に対する必要な助言、
情報の提供その他の援助を行う。❷関係機関との緊密な連携を図りつ
つ、適切に生活困窮者自立相談支援事業および生活困窮者住居確保給付
金の支給を行う。

② 市等の職員に対する研修等事業

　都道府県の市等の職員に対する研修等事業は、この法の実施に関する
事務に従事する市等の職員の資質を向上させるための研修の事業、この
制度に基づく事業または給付金の支給を効果的かつ効率的に行うための
体制の整備、支援手法に関する市等に対する情報提供、助言その他の事
業がある¹⁵⁾（法第 10 条）。

③ 就労訓練事業の認定

　認定就労訓練事業において、都道府県知事は、就労訓練事業を行う事
業所に対して、生活困窮者の就労に必要な知識および能力の向上のため
の基準として厚生労働省令で定める基準（認定基準）に適合しているこ
とを認定する¹⁶⁾（法第 16 条）。

❷福祉事務所設置自治体の役割

① 法に基づく事業の実施

　必須事業および任意事業の実施主体として、自ら事業を実施する。事
業を委託して実施する場合、委託事業者の選定、委託契約の締結などの
委託に関する事務を行う。ただし、住居確保給付金については委託する
ことはできず、支給に係る審査、決定および支給を行う。¹⁷⁾

② 支援のプロセスにおける役割

　生活困窮者に対する相談支援のプロセスにおいて、対象者の把握・アウトリーチ、支援決定、関係部局との連携体制の構築、支援調整会議への調整・参画、支援会議の実施、支援に必要な関係機関・制度など地域ネットワークの構築、就労訓練の場などの社会資源の開発などに関与する[18]。

③ 利用勧奨

　福祉、就労、教育、税務、住宅その他のその所掌事務に関する業務の遂行にあたって、生活困窮者を把握したときは、当該生活困窮者に対して、この法律に基づく事業の利用および給付金の受給の勧奨その他適切な措置を講ずること（利用勧奨）が、都道府県および市等の努力義務である（法第8条）。

④ 事業の運営における役割

　事業の質的担保、改善を図るため、相談支援員等の人材養成、自立相談支援機関等の評価・検証、事業のPDCAサイクルの実施、統計データの収集、分析などを行う。国から別途示される事業効果を検証するための指標や目標の目安（相談受付件数、プラン作成件数、就労・増収者数等）を参考としつつ、自ら目標値を設定するとともに、これを達成するための計画を策定し、支援の実施状況や達成状況を評価しながら、事業運営について不断の見直しを行うこと（PDCAサイクルの実施）が求められている[19]。

❸福祉事務所未設置町村の役割

一次的な相談窓口の事業（任意）

　福祉事務所未設置町村（福祉事務所を設置していない町村）において、生活困窮者に対する自立の支援につき、生活困窮者および生活困窮者の家族その他の関係者からの相談に応じ、必要な情報の提供および助言、都道府県との連絡調整、生活困窮者自立相談支援事業の利用の勧奨その他必要な援助を行う事業を行うことができる（法第11条）。すなわち、一次的な相談窓口として生活困窮者の相談に応じ、具体的支援が必要な場合は、都道府県の自立相談支援機関へつなぐことになる[20]。

2 自立相談支援機関

●自立相談支援機関の概要

　自立相談支援事業を実施する機関を自立相談支援機関という。生活困窮者に対して包括的な支援を提供することを目的とする相談機関であ

る。福祉事務所設置自治体は、自立相談支援機関を設置することが義務づけられている[21]。

4 相談支援の流れ

1 自立相談支援機関における相談支援

自立相談支援機関における相談支援の内容は、**図5-5**に示されている。以下、**図5-5**の流れに沿って、相談支援のプロセスをみていく。

❶相談機関へのつなぎ（早期把握／包括的対応）

生活困窮者が自立相談支援機関につながる入口として、本人が電話もしくは直接来所する場合と、他機関からの紹介等により把握する場合、機関の側から出向いて行ってニーズを把握する場合が想定される。生活困窮者自ら相談に来ないケースも少なくなく、相談に来るのを待つのではなく自立相談支援機関の側からアプローチしていくことが求められる。自立相談支援機関では、包括的に相談を受け付け、生活困窮者の抱える課題を把握する。そのうえで、自立相談支援機関による支援を継続するか、他制度の相談窓口等へつなげるべきかを判断し、振り分けを行う[22]。

自立相談支援機関による相談支援を継続的に行うことが適当と判断される場合、本人から自立相談支援事業の利用申込みを受け付ける。本人の訴えや状況から、この時点で生活上の緊急的な支援の必要性を判断し、必要である場合には適切な支援につなげる（たとえば、住居確保給付金や一時生活支援事業の利用など）。一方、生活保護の適用が必要と判断される場合は、速やかに福祉事務所につなぐことが必要である[23]。

❷アセスメントとニーズの把握

アセスメントとは、生活困窮に陥っている状況を包括的に把握し、そのなかで対応すべき課題をとらえ、それらの背景・要因等を分析し、解決の方向を見定めることである。その際、本人の主体性と多様性を重視し、課題や問題点ばかりでなく本人のもつ強み（ストレングス）にも着目する。そのうえで、本人の抱えるニーズ（どのような支援を必要としているか）を把握する[24]。

❸自立支援計画（自立生活のためのプラン）の作成

把握されたニーズに基づき、**自立支援計画**（自立生活のための**プラン**）案が作成される。本人の主体性を尊重し、本人と相談支援員の協働によ

図5-5　自立相談支援事業における支援

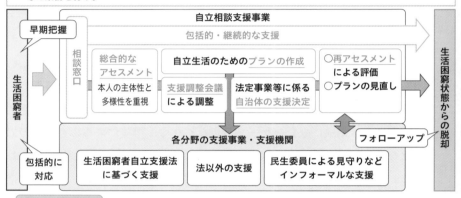

出典：厚生労働省社会・援護局地域福祉課生活困窮者自立支援室「生活困窮者自立支援制度について」（平成27年7月）p.11.

りプランを作成することが重要である。

❹支援調整会議による調整

　自立相談支援機関が主催する支援調整会議において、作成されたプラン案の目標や支援内容を検討し共有する。[25]

　支援調整会議は、プランにかかわる関係者の出席のもと、本人の状況に対する情報やアセスメントの結果を共有するとともに、プラン案が本人の設定した目標や抱える課題に対して適切なものであるかを検討するための会議である。支援調整会議は、プラン策定時、再プラン策定時、自立相談支援機関としての支援の終結時、支援の中断時に開催される。支援調整会議の役割は、❶プランの適切性の協議、❷支援提供者によるプランの共有、❸プラン終結時等の評価、❹社会資源の充足状況の把握と開発に向けた検討である。[26]

❺自治体の支援決定、支援の提供

　支援調整会議においてプラン（案）の内容について了承が得られたら、法に基づく事業を利用する場合には、自治体による支援決定が行われる。支援決定を経て、プランに基づく支援が開始される[27]。ただし、プランに法に基づく事業の利用が含まれていない場合は、自治体による支援決定は行われない[28]。

　支援の提供においては、法に基づく支援のほか、法以外の支援（他の法律や施策）、民生委員による見守りなどインフォーマルな支援といった各分野の支援事業や支援機関が活用される。

❻再アセスメントによる評価とプランの見直し

　プランに基づく支援が実施されて一定期間経過した後、支援の提供状況を確認し、本人が目標達成に向かっているか、支援は適切に提供されているか等を確認する。これをモニタリングという[29]。

　モニタリングを経て、プランにおいて設定した目標の達成度や、支援の実施状況、支援の成果等を確認する（プランの評価）。これにより、支援を終結させるか、再度プランを策定して支援を継続すべきかの判断が行われる。プランを見直し、再度作成が必要と判断された場合には、あらためてアセスメントを行い、プランが作成される[30]。

❼終結とフォローアップ

　支援を終結する場合としては、❶困窮状態が解決し、目標としていた自立達成のめどがたった場合、❷困窮状態の脱却にまでは至っていないが、大きな問題が解消され、自立相談支援機関によるかかわりから離れてよいと判断できる場合、❸連絡が途絶した場合などが想定される。プランに対する評価をもとに、支援調整会議において検討し、終結についての判断が行われる[31]。

　終結し、生活困窮状態から脱却した後においても、必要に応じてフォローアップしていくことが求められる。地域の支援者を増やすなど地域全体で継続的に支援する体制を構築することや、本人が安定した生活を継続できるように助言し、必要に応じて再度相談に来ることができる関係性を維持することが重要である[32]。

■2 支援会議

　2018（平成30）年の法改正により、従来の支援調整会議とは別に、支援会議の規定が新たに設けられた（法第9条）。支援会議は、福祉事務所設置自治体によって組織することができるもので、関係機関、生活困窮

者に対する支援に関する団体、支援に関係する職務に従事する者その他の関係者により構成される。具体的には、自治体職員、自立相談支援事業の相談支援員、サービス提供事業者、地域において生活困窮者に関する業務を行っている福祉、就労、教育、住宅その他の関係機関の職員、社会福祉協議会職員、民生委員、地域住民などが想定される[33]。

支援会議では、生活困窮者に対する自立の支援を図るために必要な情報の交換を行うとともに、生活困窮者が地域において日常生活および社会生活を営むのに必要な支援体制に関する検討を行う。支援会議は、情報の交換および検討を行うために必要があると認めるときは、関係機関等に対し、生活困窮者に関する資料または情報の提供、意見を述べることやその他必要な協力を求めることができる。

支援会議の事務に従事する者または従事していた者には守秘義務が課せられる。正当な理由がなく、支援会議の事務に関して知り得た秘密を漏らしてはならない。

5　生活困窮者自立支援制度の動向

■ 生活困窮者自立支援制度における支援状況調査の結果

厚生労働省は生活困窮者自立支援制度における支援状況調査の結果を公表している。支援状況に関する指標として、「新規相談受付件数[iii]」「プラン作成件数[iv]」「就労支援対象者数[v]」「就労者数」「増収者数」「就労・増収率[vi]」が集計されている。その結果は、**表 5-2** のとおりである。2015（平成 27）年の生活困窮者自立支援法の施行後、一定の件数で推移している。法施行前は潜在していた生活困窮者のニーズが、法施行後において一定程度掘り起こされてきていると考えられる。

---

iii　自立相談支援機関において新規に相談を受け付けた件数。
iv　新規相談のうち自立生活のためのプランを作成した件数。
v　自立生活のためのプランに就労支援が盛り込まれた対象者数。
vi　就労・増収率＝（就労者数のうちプラン作成者分＋増収者数のうちプラン作成者分）
　　／就労支援対象者数

表5-2 生活困窮者自立支援制度における支援状況調査結果

（件数、人）

	新規相談受付件数	人口10万人あたり	プラン作成件数	人口10万人あたり	就労支援対象者数	人口10万人あたり	就労者数	うち就労支援対象プラン作成者分	増収者数	うち就労支援対象プラン作成者分	就労・増収率
2015（平成27）年度	226,411	14.7	55,570	3.6	28,207	1.8	21,465	—	6,946	—	—
2016（平成28）年度	222,426	14.5	66,892	4.3	31,970	2.1	25,588	17,836	7,199	4,878	71%
2017（平成29）年度	229,685	14.9	71,293	4.6	31,912	2.1	25,332	17,958	6,390	4,414	70%
2018（平成30）年度	237,665	15.5	77,265	5.0	33,969	2.2	25,001	16,333	9,031	5,079	63%

資料：厚生労働省「生活困窮者自立支援制度における支援状況調査」より作成

◇引用文献
1）厚生労働省編『厚生労働白書 平成23年版』p. 192，2011.
2）社会保障審議会「社会保障審議会生活困窮者の生活支援の在り方に関する特別部会報告書」（平成25年1月25日）p. 9
3）同上，p. 10
4）日本学術会議社会学委員会社会福祉学分科会「提言 社会的つながりが弱い人への支援のあり方について—社会福祉学の視点から—」（平成30年9月13日）p. 5
5）前出2），p. 10
6）同上，p. 3
7）「生活困窮者自立支援制度に関する手引き策定について」（平成27年3月6日社援地発0306第1号）別添1「自立相談支援事業の手引き」pp. 3-4
8）前出2），p. 7
9）同上
10）前出2），p. 10，前出7），p. 4
11）前出7），p. 15
12）厚生労働省「生活困窮者自立支援制度に係る自治体事務マニュアル」（令和2年7月3日第7版）p. 1
13）同上，p. 4
14）厚生労働統計協会編『国民の福祉と介護の動向 2020／2021』p. 209，2020.
15）前出12），p. 9，p. 32
16）同上，p. 9，pp. 70-71
17）同上，p. 9
18）同上
19）同上，p. 9，p. 88
20）同上，p. 5
21）同上，p. 18
22）前出7），pp. 22-23
23）同上，pp. 23-24
24）同上，p. 24
25）同上，p. 24，p. 38
26）同上，p. 24，pp. 39-40，p. 42
27）同上，p. 24，p. 43
28）前出12），p. 39
29）前出7），p. 25
30）同上
31）同上，pp. 53-54
32）同上，p. 7，岡部卓編著『生活困窮者自立支援——支援の考え方・制度解説・支援方法』中央法規出版，p. 132，2018.
33）前出12），p. 36

◇参考文献
・内閣府「パーソナル・サポート（個別支援）・サービスについて」緊急雇用対策本部セーフティ・ネットワーク実現チーム（第1回）配布資料3—1，2010.
・厚生労働省編『厚生労働白書 平成23年版』2011.
・厚生労働省「生活支援戦略（中間まとめ）」（平成24年7月5日）
・社会保障審議会「社会保障審議会生活困窮者の生活支援の在り方に関する特別部会報告書」（平成25年1月25日）
・北海道総合研究調査会『生活困窮者自立相談支援機関の設置・運営の手引き（平成25年度セーフティネット支援対策等事業費補助金 社会福祉推進事業）』2014.
・厚生労働省社会・援護局地域福祉課生活困窮者自立支援室「生活困窮者自立支援制度について」（平成27年7月）
・日本学術会議社会学委員会社会福祉学分科会「提言 社会的つながりが弱い人への支援のあり方について—社会福祉学の視点から—」（平成30年9月13日）
・岡部卓編著『生活困窮者自立支援——支援の考え方・制度解説・支援方法』中央法規出版，2018.
・厚生労働省社会・援護局地域福祉課生活困窮者自立支援室「生活困窮者自立支援制度等の推進について ①改正生活困窮者自立支援法について」2018.
・「生活困窮者自立支援制度に関する手引き策定について」（平成27年3月6日社援地発0306第1号）別添1「自立相談支援事業の手引き」
・「生活困窮者自立支援制度と生活保護制度の連携について」（平成27年3月27日社援保発0327第1号・社援地発0327第1号）
・厚生労働省「生活困窮者自立支援制度に係る自治体事務マニュアル」（令和2年7月3日第7版）
・厚生労働統計協会編『国民の福祉と介護の動向 2020／2021』2020.

第2節 生活福祉資金貸付制度

学習のポイント

● 制度の位置づけと制度の変遷の理解を図る
● 制度改正の要点と現行制度の概要の理解を図る
● 民生委員や社会福祉協議会が行う相談支援活動の理解を図る

1 生活福祉資金貸付制度とは

　生活福祉資金貸付は、社会福祉法第2条第2項第7号により、第一種社会福祉事業として位置づけられる「生計困難者に対して無利子又は低利で資金を融通する事業」であり、「生活福祉資金の貸付けについて」(「生活福祉資金貸付制度要綱」(平成21年7月28日厚生労働省発社援0728第9号))に基づき、都道府県社会福祉協議会(都道府県社協)が貸付けと必要な相談支援を行う制度である。

　生活福祉資金の貸付対象は、貸付種類によるが、低所得世帯、障害者世帯(身体障害者・知的障害者・精神障害者)、高齢者世帯である(表5-3)。また、実施主体は、都道府県社協であるが、業務の一部は市町村社会福祉協議会(市町村社協)に委託されている。

　民生委員は、民生委員法第14条の職務内容に関する規定に基づき、都道府県社協および市町村社協と緊密に連携し、貸付事業の運営に積極的に協力するものとされており、借受世帯の生活実態の把握や自立に向けた相談支援をはじめ、事業展開に必要な広報・情報提供や相談援助な

★民生委員
民生委員法により、各市区町村の地域において住民が抱えるさまざまな問題の相談に応じ、必要な支援を行う一方、関係する行政機関に協力する活動を行っている。

表5-3　貸付対象世帯

低所得世帯	資金貸付にあわせて必要な支援を受けることにより独立して自活でき、必要な資金を他から受けることが困難な世帯
身体障害者世帯	「身体障害者手帳」の交付を受けた人の属する世帯
知的障害者世帯	「療育手帳」(名称は自治体によって異なる)の交付を受けている人の属する世帯
精神障害者世帯	「精神障害者保健福祉手帳」の交付を受けている人の属する世帯
高齢者世帯	65歳以上の高齢者の属する世帯

注：これらの対象世帯については、「生活福祉資金貸付制度要綱」第三に規定されている。

どを行っている。

2 制度の変遷

　生活福祉資金貸付制度は、戦後、我が国において激増した低所得層に対して、その生活基盤を支え、安定した生活を送れるよう民生委員による適切な生活指導・援助を行う「世帯更生運動」にその端を発しており、1955（昭和30）年に「世帯更生資金貸付制度」として創設された。

　その後、社会情勢の変化に伴い、貸付対象を、低所得層から高齢者や障害のある人などにも拡大していくなか、1990（平成2）年に、現在の「生活福祉資金貸付制度」に改称された。その後も時代時代に応じた見直しを重ね、リーマンショックを契機とする2009（平成21）年10月の見直し等を経て現在に至っている。

1 世帯更生資金貸付制度

　制度の創設当初（1955（昭和30）年）は、生活保護法の生業扶助と同範囲の生業費、支度費、技能習得費について貸付けが行われていたが、1957（昭和32）年には、生活資金（生活費、家屋補修費、助産費、葬祭費）の貸付けも行われるようになった。また、この際、従来の2分の1であった国庫補助率が3分の2までに引き上げられた（1986（昭和61）年に2分の1に変更、1989（平成元）年に3分の2に変更）。

　なお、1957（昭和32）年には同種の制度として、医療費の支払いが困難な低所得者に対する医療費貸付制度が創設された。また、1958（昭和33）年には、事務費の国庫補助（補助率2分の1）を開始した。

　1961（昭和36）年には大幅な改正が行われた。医療費貸付制度が世帯更生資金貸付制度に統合され、資金の種類も、更生資金（生業費、支度費、技能習得費）、生活資金に、身体障害者更生資金、住宅資金、修学資金、療養資金を加えた6種になった。そして、1962（昭和37）年には災害援護資金が、1972（昭和47）年には福祉資金がそれぞれ加わって、資金の種類は8種類に拡大した。

　さらにその後も、身体障害者福祉資金の創設等障害者にかかわる改正など、いくつかの資金において貸付対象の拡大や貸付限度額の改善等が図られている。

　なお、この間、自然災害の被災世帯に対する特例措置として、1959（昭

和 34）年に伊勢湾台風の被災世帯、1964（昭和 39）年に新潟地震の被災世帯、1968（昭和 43）年に十勝沖地震の被災世帯への貸付けが行われた。さらに、公害や薬害等人災の被害者世帯に対する特例措置として、1970（昭和 45）年にカネミ油症患者世帯、1978（昭和 53）年にスモン患者世帯への貸付けが行われた。また、1979（昭和 54）年には、国民年金特例納付に係る特例の貸付け等がなされた。

2 世帯更生資金貸付制度から生活福祉資金貸付制度へ

1990（平成 2）年には、在宅福祉推進の観点から、知的障害者世帯の所得制限の撤廃や要介護高齢者世帯への所得制限の緩和が行われるとともに、「世帯更生資金貸付制度」から「生活福祉資金貸付制度」へと改称された。

2000（平成 12）年には、その年にスタートした介護保険制度に合わせ、貸付費目を拡大し、介護保険のサービスを受けるために必要な資金の貸付けを実施した。

2001（平成 13）年には、急激な失業者の増加に対する総合雇用対策の一環として、失業により生計の維持が困難となった世帯に対し、再就職までの生活資金を貸し付ける「離職者支援資金」を創設した。2002（平成 14）年には、低所得高齢者世帯に対して一定の居住用不動産を担保として生活費を貸し付ける「長期生活支援資金」（現・「不動産担保型生活資金」）、2003（平成 15）年には、緊急かつ一時的に生計の維持が困難となった場合に少額の費用を貸し付ける「緊急小口資金」が創設された。また 2005（平成 17）年には、障害者自立支援法（現・障害者の日常生活及び社会生活を総合的に支援する法律）の成立に伴い、貸付対象費目が拡大された。さらに 2007（平成 19）年には、要保護高齢者世帯に対して一定の居住用不動産を担保として生活資金を貸し付ける「要保護世帯向け長期生活支援資金」（現・「要保護世帯向け不動産担保型生活資金」）を創設した。

2008（平成 20）年には、生活保護には至らないが、さまざまな事由により生活に困窮しているいわゆるボーダーライン層に対して自立支援プランを策定して支援する自立生活サポート事業（モデル事業）に必要な資金を貸し付ける「自立支援対応資金」が創設された。そして、2008（平成 20）年に起きたリーマンショックを契機とする厳しい雇用経済情勢に対応するため、重層的なセーフティネットの一つとして生活福祉資金貸付制度が再構成された。

この間にも大規模災害（いくつかの大規模地震）への対応や貸付けの特例措置が講じられた。1995（平成7）年には、阪神・淡路大震災の被災世帯に対し、「小口資金貸付」を実施した。2011（平成23）年に発生した東日本大震災への対応策として、「緊急小口資金」について所得に関係なく被災世帯を貸付対象に含める等の特例措置を講じた。また、2020（令和2）年には新型コロナウイルス感染症（COVID-19）に伴う特例として、休業や失業による収入の減少により生活が困窮する世帯向けの緊急小口資金や総合支援資金の特例措置が講じられている。

3 2009（平成21）年10月の制度見直しのポイント

2009（平成21）年10月の制度見直しは、2008（平成20）年のリーマンショック以降の経済・雇用情勢の悪化を受けた経済危機緊急対策の一環として、「新たなセーフティネット」の構築を図る観点から行われた。その見直しのポイントは、以下のとおりである。

❶総合支援資金の創設

失業等により日常生活全般に困難を抱えている者について、継続的な相談支援（就労支援、家計指導等）と併せて、以下の費用の貸付けを行うことにより、生活の立て直しを支援する「総合支援資金*」が創設された。

❶ 生活支援費

　生活再建までの間に必要な生活費（最長1年間）

❷ 住宅入居費

　敷金・礼金等住宅の賃貸契約を結ぶのに必要な費用

❸ 一時生活再建費

　生活を再建するために一時的に必要かつ日常生活費で賄うことが困難な費用（就職活動費、技能習得費、公共料金等の滞納一時立て替え）

❷資金種類等の整理・統合

利用者にとってわかりやすく、かつ利用者の資金ニーズに応じた柔軟な貸付けを実施できるよう、10種類あった資金種類を「総合支援資金」「福祉資金」「教育支援資金」「不動産担保型生活資金」の4種類に統合した。

❸連帯保証人要件の緩和

これまで一部の資金を除き、連帯保証人がいなければ貸付けを受けら

★**総合支援資金**
失業や減収等により生活に困窮している世帯について、継続的な相談支援（就労支援、家計指導等）と併せて、生活費および一時的な資金の貸付けを行うことにより、生活立て直しを支援するための資金として創設された。

れなかったが、原則として連帯保証人を必要としつつも、さまざまな事情により連帯保証人を確保できない者にも貸付けが可能となった。

❹貸付利子の引き下げ

借入に伴う負担軽減のため、従来年3％とされていた貸付利子について、❶連帯保証人を立てた場合は無利子、❷連帯保証人を立てない場合は年1.5％へと引き下げた。

4 ▶ 貸付け手続きの流れ

1 借入申し込みから借入金償還まで

総合支援資金、緊急小口資金（福祉資金）については、すでに就職が内定している場合や病気等により一時的に生活費が不足する場合等を除いて、生活困窮者自立支援制度における自立相談支援事業の利用が貸付要件となる。市町村社協が当該資金の借入について相談を受けた場合、自立相談支援機関につなぎ、自立相談支援機関において相談者の自立に向けた支援プランの検討と併せて、当該資金の利用の可能性が考えられる場合に借入を申し込むことになる。

福祉費（福祉資金）、教育支援資金、不動産担保型生活資金については、市町村社協に相談し、申し込む。市町村社協および都道府県社協において申し込み内容を確認し、都道府県社協が貸付審査を行う。

2 貸付金の償還

借受人は、償還計画に従い、所定の支払期日までに、元金と利子を都道府県社協に償還する。借受人が貸付元利金を償還期限までに償還しなかったときは、延滞元金について年3％の延滞利子を徴収する。災害その他のやむを得ない事由で償還が著しく困難と認められるときは、償還の猶予を受けることができる。貸付金を目的外流用したり不正な行為があったと判断される場合は、都道府県社協は貸付けの停止および解約、および一括償還を請求することができる。

5 ▶ 生活福祉資金に求められる役割と課題

前述のとおり生活福祉資金貸付制度は、社会的状況の変化に伴う時代

表5-4　生活福祉資金貸付条件等一覧

資金の種類		貸付条件				
		貸付限度額	据置期間	償還期限	貸付利子	保証人
総合支援資金	生活支援費	・生活再建までの間に必要な生活費用	（2人以上）月20万円以内 （単身）　月15万円以内 ・貸付期間：原則3月（最長12月）	最終貸付日から6月以内	据置期間経過後10年以内	保証人あり 無利子 保証人なし 年1.5%	原則必要 ただし、保証人なしでも貸付可
	住宅入居費	・敷金、礼金等住宅の賃貸契約を結ぶために必要な費用	40万円以内	貸付けの日（生活支援費とあわせて貸し付けている場合は、生活支援費の最終貸付日）から6月以内			
	一時生活再建費	・生活を再建するために一時的に必要かつ日常生活費で賄うことが困難である費用 　就職・転職を前提とした技能習得に要する経費 　滞納している公共料金等の立て替え費用 　債務整理をするために必要な経費　　等	60万円以内				
福祉資金	福祉費	・生業を営むために必要な経費 ・技能習得に必要な経費とその期間中の生計を維持するために必要な経費 ・住宅の増改築、補修等と公営住宅の譲り受けに必要な経費 ・福祉用具等の購入に必要な経費 ・障害者用の自動車の購入に必要な経費 ・中国残留邦人等にかかる国民年金保険料の追納に必要な経費 ・負傷または疾病の療養に必要な経費とその療養期間中の生計を維持するために必要な経費 ・介護サービス、障害者サービス等を受けるのに必要な経費とその期間中の生計を維持するために必要な経費 ・災害を受けたことにより臨時に必要となる経費 ・冠婚葬祭に必要な経費 ・住居の移転等、給排水設備等の設置に必要な経費 ・就職、技能習得等の支度に必要な経費 ・その他日常生活上一時的に必要な経費	580万円以内 ※資金の用途に応じて上限目安額を設定	貸付けの日（分割による交付の場合には最終貸付日）から6月以内	据置期間経過後20年以内	保証人あり 無利子 保証人なし 年1.5%	原則必要 ただし、保証人なしでも貸付可
	緊急小口資金	・緊急かつ一時的に生計の維持が困難となった場合に貸し付ける少額の費用	10万円以内	貸付けの日から2月以内	据置期間経過後12月以内	無利子	不要
教育支援資金	教育支援費	・低所得世帯に属する者が高等学校、大学または高等専門学校に就学するために必要な経費	（高校）月3.5万円以内 （高専）月6万円以内 （短大）月6万円以内 （大学）月6.5万円以内 ※特に必要と認める場合は、上記各上限額の1.5倍まで貸付可能	卒業後6月以内	据置期間経過後20年以内	無利子	不要 ※世帯内で連帯借受人が必要
	就学支度費	・低所得世帯に属する者が高等学校、大学または高等専門学校への入学に際し必要な経費	50万円以内				

150

資金の種類		貸付条件				
		貸付限度額	据置期間	償還期限	貸付利子	保証人
不動産担保型生活資金	不動産担保型生活資金	・低所得の高齢者世帯に対し、一定の居住用不動産を担保として生活資金を貸し付ける資金	・土地の評価額の70%程度 ・月30万円以内 ・貸付期間 　借受人の死亡時までの期間または貸付元利金が貸付限度額に達するまでの期間	契約終了後3月以内	据置期間終了時	年3%、または長期プライムレートのいずれか低い利率	要 ※推定相続人の中から選任
	要保護世帯向け不動産担保型生活資金	・要保護の高齢者世帯に対し、一定の居住用不動産を担保として生活資金を貸し付ける資金	・土地と建物の評価額の70%程度（集合住宅の場合は50%） ・生活扶助額の1.5倍以内 ・貸付期間 　借受人の死亡時までの期間または貸付元利金が貸付限度額に達するまでの期間				不要

出典：厚生労働統計協会編『国民の福祉と介護の動向 2020/2021』pp. 215-216, 2020.

の要請に対応し、必要に応じて制度の変更や特例措置の実施、新たな制度の創設などが行われてきた。

　近年では、2008（平成20）年のリーマンショック以降の経済・雇用状況の悪化を受け、経済危機対策の一環として住居の確保の支援、継続的な生活相談・支援と併せた生活費の貸付け等を行う「新たなセーフティネット」の構築が図られるなか、雇用施策（緊急人材育成事業等）や住宅施策（住宅支援給付（旧：住宅手当）等）とともに、失業等により日常生活全般に困難を抱える低所得者等の生活を支える第二のセーフティネットの一翼を担う制度として位置づけられている。一時的な資金が不足する世帯への貸付けに加え、恒常的に生活費が不足したり住居を喪失した状態に陥るなど生活基盤が相当に不安定な世帯に対して総合支援資金の貸付けが行えるようになるなど、低所得者対策としての役割が拡大してきている。なお、社会問題にもなった多重債務問題に際して、政府の「多重債務問題改善プログラム」（平成19年4月20日多重債務者対策本部決定）において、消費者向けセーフティネット貸付けの一つとして本制度の活用が盛り込まれるなど、貸金業法の改正による影響を補う受け皿としての役割も期待された。

　また、本制度の運用にあたっては、借受世帯の個別の資金ニーズに対し、資金の貸付けとともに、貸付けが必要となった状況の背後にある生活上の課題を把握し、自立に向けたきめ細かな相談支援を行うことが必要である。加えて、総合支援資金の貸付けには公共職業安定所（ハローワーク）や自治体等との連携・調整が必要となる。このことから、本制度の相談支援体制の充実強化を図るべく、2009（平成21）年度から市町村社協および都道府県社協に相談員を配置し、民生委員とともに借受

Active Learning

経済的に困難な状況に置かれている学生が利用可能な就学支援費以外の制度について調べてみましょう。

世帯への相談支援その他の業務にあたることができるようになった。

　2015（平成27）年4月の生活困窮者自立支援法の施行に際しては、生活困窮者自立支援制度に基づく各事業と連携し、生活困窮者の自立促進を図ることが生活福祉資金貸付制度要綱に明記された。

　生活に困窮する低所得世帯等に対する自立支援を進めるうえで、貸付けは一つの手段であり、貸付けにより自立が見込まれる世帯に対して、世帯のニーズに柔軟に対応した貸付けが行われることが重要である。そのためにも、支援が必要な世帯に対し、貸付け以外のほかの制度の活用を含め、最適で効果的な支援方法が選択され、諸機関における連携が適切に行われるような相談支援の機能および体制の構築が求められる。

◇参考文献
　・生活福祉資金貸付制度研究会編『令和2年度版　生活福祉資金の手引』全国社会福祉協議会, 2020.
　・全国社会福祉協議会・全国民生委員児童委員連合会編『民生委員制度百年通史』全国社会福祉協議会, 2019.

第3節 低所得者対策

学習のポイント

● 主な低所得者支援関連施策について捕捉する
● 低所得者支援関連諸施策の対象者について整理する

1 無料低額宿泊所

無料低額宿泊所は、社会福祉法第2条第3項第8号において、第二種社会福祉事業として規定される「生計困難者のために、無料又は低額な料金で、簡易住宅を貸し付け、又は宿泊所その他の施設を利用させる事業」に係る施設をいう。設置にあたっては、市町村または社会福祉法人は事業開始1か月以内に、国、都道府県、市町村および社会福祉法人以外の者は事業開始前に都道府県に対しての届け出が必要である。運営主体の多くは、特定非営利活動法人（NPO法人）であるが、社会福祉法人や財団法人などによる設置もある。無料低額宿泊所の提供するサービスには、❶宿所の提供のみ、❷宿所と食事を提供するもの、❸宿所と食事のほか入所者への相談援助や就労支援等を行うもの、などがある。

無料低額宿泊所については、近年、ホームレスの人などを宿泊所に入所させたうえで生活保護の申請をさせてその保護費を搾取したり、劣悪な環境に置くなど、いわゆる「貧困ビジネス」が問題になってきた。

こうした状況に対して、2017（平成29）年5月に社会保障審議会「生活困窮者自立支援及び生活保護部会」が設置されて検討を進めた。同年12月の報告書を踏まえて、厚生労働省は「生活困窮者等の自立を促進するための生活困窮者自立支援法等の一部を改正する法律案」を国会に提出し、同法は2018（平成30）年6月公布となった。この改正法によって、無料低額宿泊所および日常生活支援住居施設の上記のような状況に関して、社会福祉法および生活保護法が一部改正され、以下の対策が講じられた。施行期日は2020（令和2）年4月1日である。

★貧困ビジネス
設備が十分でない劣悪な施設に住まわせ、居室やサービスに見合わない宿泊料やサービス利用料を生活保護費のなかから徴収する社会的弱者をターゲットにしたビジネスのこと。

① 無料低額宿泊所について、事前の届出、最低基準の整備、改善命令の創設等の規制強化を図る。

② 単独での居住が困難な者への日常生活支援を、良質なサービスの基準を満たす無料低額宿泊所等において実施する仕組み（日常生活支援居住施設）を創設する。

2 ▶ 無料低額診療事業

　無料低額診療事業は、生活に困窮する者が経済的な理由により必要な医療を受ける機会を制限されることのないよう、生活困窮者に対し無料または低額な料金によって診療を行う事業である。社会福祉法第2条第3項第9号に基づく第二種社会福祉事業として位置づけられる。

　無料低額診療事業を実施する医療機関には一定の要件が課せられる一方で、固定資産税や不動産取得税の非課税など、税制上の優遇措置がとられる。

3 ▶ 職業訓練受講給付金（求職者支援制度）

　雇用保険制度による給付を受給することができない求職者が、公共職業安定所（ハローワーク）の支援指示によって職業訓練を受講する場合に、職業訓練受講期間中の生活を支援するため、職業訓練受講給付金の給付を行い、就職の促進を図る制度である。

　いわゆる「第二のセーフティネット[★]」の一つに位置づけられ、2011（平成23）年に施行された「職業訓練の実施等による特定求職者の就職の支援に関する法律」（求職者支援法）に基づき実施されている。職業訓練受講給付金については、月額10万円と通所手当および寄宿手当が支給される。また、職業訓練受講給付金のみでは、訓練受講期間中の生活費が不足する場合には、当該費用にかかる資金の融資を受けることができる。

★ 第二のセーフティネット
社会保険や労働保険など、雇用を通じた第一のセーフティネットと、第三（最後）のセーフティネットとも呼ばれる生活保護制度の中間の役割を担う制度の総称である（p. 12参照）。

4 ▶ 臨時特例つなぎ資金貸付

　離職などに伴い、住居を喪失し、その後の生活維持が困難である離職者に対し、10万円を上限とした当座の生活費の貸付けを行う制度であ

る。離職者を支援する公的給付制度（失業等給付、住宅手当（現・生活困窮者自立支援法住居確保給付金）等）または公的貸付制度（就職安定資金融資等）の申請が受理されていること、また、生活困窮者自立支援制度の自立相談支援事業を利用することが求められる。生活福祉資金の貸付けと同じく、厚生労働省が定める通知に基づき、都道府県社会福祉協議会が貸付けを実施している。

5　公営住宅制度等

　公営住宅制度は、第二次世界大戦後の混乱期における住宅事情を背景として、主として低所得層など、住宅に困窮する人々を対象に発足した制度である。1951（昭和 26）年に制定された公営住宅法に基づき、地方公共団体による建設、買い取り、借り上げなどが行われ、一定の要件に合致する人々に低廉な家賃により住居を提供してきた。

　同法第 1 条では、「国及び地方公共団体が協力して、健康で文化的な生活を営むに足りる住宅を整備し、これを住宅に困窮する低額所得者に対して低廉な家賃で賃貸し、又は転貸することにより、国民生活の安定と社会福祉の増進に寄与することを目的とする」としており、日本国憲法第 25 条を住宅において具体化する施策の一環と位置づけることができる。

　同制度は、1996（平成 8）年に、高齢者等に配慮した入居者資格の設定、入居者の収入と住宅の立地条件・規模等に応じた家賃制度、民間事業者が保有する住宅の借り上げまたは買い取り方式の導入などの大改正が行われた。

　また、2007（平成 19）年 7 月には「住宅確保要配慮者に対する賃貸住宅の供給の促進に関する法律」（住宅セーフティネット法）が公布された。これは、自力では適切な住宅の確保が困難な低所得者、被災者、高齢者、障害者、有子家庭、その他住宅の確保に特に配慮を要する者など「住宅確保要配慮者」が、適切な住居を得られるよう配慮を求める基本法である。住宅確保要配慮者に対する賃貸住宅の供給の促進に関する施策の基本となる事項等を定めることにより、住宅確保要配慮者に対する賃貸住

---

i　「臨時特例つなぎ資金の貸付けについて」（平成 21 年 7 月 28 日厚生労働省発社援0728 第 10 号）

宅の供給の促進を図り、もって国民生活の安定向上と社会福祉の増進に寄与する（第1条）ことを目的とし、また、国および地方公共団体の責務として「住宅確保要配慮者に対する賃貸住宅の供給の促進を図るため、必要な施策を講ずるよう努めなければならない」（第3条）と定めている。

なお、住宅確保要配慮者の増加が見込まれるなか、空き家等を活用した住宅セーフティネット機能の強化を図る見直しが、2017（平成29）年10月に行われている。これにより、次の三つを柱として構成される新たな住宅セーフティネット制度の仕組みが整えられた。

---

① 住宅確保要配慮者の入居を拒まない賃貸住宅の登録制度
② 登録住宅の改修・入居者への経済的支援
③ 住宅確保要配慮者のマッチング・入居支援

---

6 ▶ 総合法律支援法における法律扶助制度

現在の法律扶助はもっぱら、2004（平成16）年6月に公布された総合法律支援法に基づき行われる事業を指している。同法は、民事、刑事を問わず、法による解決に必要な情報やサービスの提供が、日本のどこにいても受けられる社会の実現を目指し制定されており、その中核機関として「日本司法支援センター」（通称：法テラス）が創設された。

法テラスでは、同法の規定に基づき、裁判その他の法による紛争の解決のための制度の利用をより容易にするとともに、弁護士および弁護士法人ならびに司法書士その他の隣接法律専門職者（弁護士および弁護士法人以外の者であって、法律により他人の法律事務を取り扱うことを業とすることができる者をいう）のサービスをより身近に受けられるようにするための総合的な支援の実施および体制の整備を行っている。

その具体的な業務は、情報提供、民事法律扶助、司法過疎対策、犯罪被害者支援、国選弁護等関連業務や受託業務などである。

そのうち、民事法律扶助とは、経済的に困窮する者が法的トラブルにあったときに、無料で法律相談を行い、弁護士・司法書士等を紹介するとともにその費用の立替えを行うものである。従来、財団法人法律扶助協会によって実施されてきた民事法律扶助業務を2006（平成18）年10月より、法テラスが引き継いだ。

7 災害救助法による応急的な救助

　災害救助法（1947（昭和 22）年制定）は、地震、津波、台風など自然災害で被災した個人・世帯に対し、「国が地方公共団体、日本赤十字社その他の団体及び国民の協力の下に、応急的に、必要な救助を行い、被災者の保護と社会の秩序の保全を図ること」を目的としている（第 1 条）。

　日本の災害対策法制は、災害の予防から復旧・復興までの各ステージを網羅的にカバーする災害対策基本法を中心に、各ステージにおいて災害類型に応じた個別法によって対応する仕組みとなっている。災害救助法は、発災後の応急期における応急救助に対応することを目的とした法律である。

　同法による救助は、国の責任のもと、法定受託事務により都道府県知事が行うほか、都道府県知事の委任を受けた市町村長が実施する。同法の適用基準は、災害により市町村人口に応じた一定数以上の住家の減失がある場合等である。また適用基準以下の被害のある場合、同法は適用されないが、災害対策基本法の規定により市町村長が応急的に措置をとることになっている。救助の種類は、避難所および応急仮設住宅の供与、炊き出しその他による食品の給与および飲料水の供給、被服、寝具その他生活必需品の給与または貸与、医療および助産、被災者の救出、被災住宅の応急修理、学用品の給与、埋葬、障害物の除去などで、救助の程度や方法、期間は災害救助法施行令で定められており、原則として現物で給付される。

　また、復興・復旧のステージにおいては、一定の要件を満たす場合に、被災者生活再建支援法に基づく支援金の支給や災害弔慰金の支給等に関する法律に基づく弔慰金や見舞金の支給が行われる。

8 その他

　生活保護世帯や低所得世帯に対して、法律上の給付・手当以外にも、国民年金保険料の免除、日本放送協会放送受信料の免除（生活保護世帯）、JR 運賃の割引など、さまざまな減額・免除の適用が行われている。また、保育所や養護老人ホーム等の扶養義務者の徴収金等については、生活保護世帯は無料、低所得者世帯の場合は負担額を一般世帯より低く設定す

Active Learning

あなたの住む地域独自の減免措置について調べてみましょう。

るといった措置が講じられている。そのほか、各自治体において、独自の減免措置等を講じている場合もある。

第4節　ホームレス対策

学習のポイント

- ホームレスとは何か（ホームレスの定義、社会的排除と社会的包摂）を理解する
- ホームレスの実態を理解する
- ホームレス問題へどのような取り組みが行われているのか理解する

1　ホームレス自立支援法の制定

　経済・雇用環境を反映し、失業等の原因により生活困窮者が増加している。そのなかでもとりわけ、住居を喪失し路上生活を余儀なくされた人たち（ホームレス）の問題が都市問題の一つとして可視化されるようになった。

　ホームレス状態にある人たちは健康で文化的な生活を送ることができず、また公共の場等で生活することから地域社会でコンフリクトが起こるなどの問題が生じている。ホームレス状態にある人たちが社会から孤立し、地域から排除される状況にあるといってよいであろう。

　「ホームレス問題」は、バブル経済の崩壊以降の1990年代、地域社会において特定の住居をもたず、公園や駅、道路、河川敷などの公共空間にテントや小屋を建て、あるいは段ボール等を敷いて寝起きする野宿生活者、という新しい貧困問題として出現し社会問題化した。

　野宿者、路上生活者等さまざまな用語の下に、さまざまな民間団体や行政機関等がかかわりをもってきたが、1999（平成11）年に政府は「ホームレス問題連絡会議」を設置し、同会議で初めてこのような状態にある人々について「ホームレス」という用語を採用し、本格的に対策に乗り出した。

　その後、「ホームレスの自立支援方策に関する研究会」での議論等を踏まえ、2002（平成14）年に「ホームレスの自立の支援等に関する特別措置法」（以下、ホームレス自立支援法）が制定された。

★ホームレス自立支援法
ホームレスに関する問題の解決に資することを目的として2002（平成14）年に制定された。当初、2012（平成24）年に失効する予定であったが、2度の期限延長を経て、現在は2027（令和9）年まで効力を有する時限法として施行されている。

2 法的定義と実際の範囲

　ホームレス自立支援法では、同法による支援の対象となるホームレスについて「都市公園、河川、道路、駅舎その他の施設を故なく起居の場所とし、日常生活を営んでいる者をいう」（第2条）と定義している。

　それに比して欧米においては、居住の場所がなく路上や公園、河川敷などの公共空間に野宿せざるを得ないホームレス状態にある人とともに、不安定な居住形態にある人、すなわち、自宅に住むことができず友人の家に同居する人や、シェルターなどで寝起きし生活する人など、ホームレスになるおそれのある人をも含め広義に定義している。

　ホームレス自立支援法における定義は、欧米で主流となっている定義と比べて、より狭義に規定されているといえよう。

　こうしたホームレス自立支援法上の定義とホームレスの実態について比較してみる。近年ではネットカフェ難民のように特定の住所をもたずに市場の提供する宿泊サービスを利用する人や、2008（平成20）年の「派遣村」に代表されるように、一定の期間のみ路上で生活する人など、不安定な居住形態や、収入の喪失、そして家族・地域・労働から切り離され社会的諸関係（社会的つながり）を喪失した状態にある人たちの社会的排除の問題として捉えられる状況も出現している。

　このように、ホームレス自立支援法が対象とするホームレスの範疇とは必ずしも一致しない状況が出現している。

3 社会的排除・社会的包摂の観点からみるホームレス状態

　近年、「社会的排除（social exclusion）」と「社会的包摂（social inclusion）」という概念がよく使用されるようになっている。この「社会的排除」は従来のような経済的な問題を中心とした「貧困」という考え方に対して、社会的・文化的・政治的な意味においても社会の周縁に置かれている人の問題を捉える概念として提唱されている。一方、「社会的包摂」は社会的つながりを回復させ、社会のなかで包み込んでいくという文脈で使用される概念である。こうした概念は福祉国家の変容やグローバル化の進展といった社会的な変化を加味した概念といえる。

　ホームレス問題はこの社会的排除の典型として捉えることもできる。

ホームレス状態にある人は、雇用の喪失あるいは不安定な雇用関係、住居の喪失や一時寄宿など不安定な居住、稼働収入の喪失や低位性などによって家族、地域、労働から切り離され、社会的諸関係（社会的つながり）がもてない状況にある人として捉えることができる。またこうした状況にあるホームレスに対し、社会の構成員の一員として容認せず社会の周縁に排除・排斥しているという側面もみられる。

　そのため、このようなホームレス状態にある人を社会に包摂していくという視点からの支援が必要になってくる。すなわち、社会の側からホームレス状態にある人に対して、積極的に社会への参加・参画を促すとともに、地域社会への帰属意識を高め、ホームレスを我々と同じ社会の一員と位置づけ、社会的共生を図っていかなければならない。

　こうした観点から、立案された政策が生活困窮者自立支援制度である。同制度では、単に経済的に困窮している者のみではなく、経済的困窮や社会的孤立などさまざまな社会的排除状態を含む「生活困窮」の状態にある者の支援を行うことを目的としており、ホームレスやホームレスとなることを余儀なくされるおそれのある者も含めて、生活保護受給者以外に対して包括的かつ早期の支援（自立相談支援事業や一時生活支援事業の実施、住居確保給付金の支給等）を行う体制整備が図られることとなった。

　このため同法の施行後は、従来、福祉の観点からホームレス自立支援施策として実施されていた各事業は、基本的には生活困窮者自立支援法に基づく自立相談支援事業および生活困窮者一時生活支援事業等として実施されている。

4　ホームレスの実態調査の目的・内容

　ホームレス自立支援法の制定以降、ホームレス問題への対応では、雇用、住宅、保健医療、福祉等の各分野にわたる総合的な取り組みの必要性が強調され、2003（平成15）年7月に「ホームレスの自立の支援等に関する基本方針」（以下、基本方針）が策定された。そこでは、全国調査を通してホームレスの現状の把握を行うとともに、ホームレス自立支援法第8条第2項に関連した内容として、具体的なホームレス対策の推進方策が提示された。その後も、5年ごとに直近の動向を踏まえた新たな基本方針が定められてきた。

第**5**章　低所得者に対する法制度

★一時生活支援事業
生活困窮者自立支援法に基づき、住居のない生活困窮者に対して一定期間宿泊場所や衣食の提供を行う事業をいう（p.136参照）。

★住居確保給付金
生活困窮者自立支援法に基づき、離職等により住宅を失った生活困窮者等に対し支給される家賃相当の給付金をいう（p.134参照）。

表5-5　ホームレス対策の流れ

2002（平成14）年8月	「ホームレスの自立の支援等に関する特別措置法」公布施行
2003（平成15）年1月～2月	「ホームレスの実態に関する全国調査」 　全国のホームレス数　581市区町村　25,296人
7月 8月～	「ホームレスの自立の支援等に関する基本方針」告示 基本方針に基づき各地方公共団体において実施計画を策定
2007（平成19）年1月	「ホームレスの実態に関する全国調査」 　全国のホームレス数18,564人（15年調査に比べ6,732人減少）
2008（平成20）年1月	「ホームレスの実態に関する全国調査（概数調査）」（特別措置法および基本方針に基づく施策効果を把握する調査） 　全国のホームレス数16,018人（19年調査に比べ2,546人減少）
7月	「ホームレスの自立の支援等に関する基本方針」告示
2009（平成21）年1月	「ホームレスの実態に関する全国調査（概数調査）」 　全国のホームレス数15,759人（20年調査に比べ259人減少）
2010（平成22）年1月	「ホームレスの実態に関する全国調査（概数調査）」 　全国のホームレス数13,124人（21年調査に比べ2,635人減少）
2011（平成23）年1月	「ホームレスの実態に関する全国調査（概数調査）」 　全国のホームレス数10,890人（22年調査に比べ2,234人減少）
2012（平成24）年1月	「ホームレスの実態に関する全国調査（生活実態調査）」（特別措置法および基本方針の見直しを検討するにあたり政策評価等の実施に必要なデータを得る調査） 「ホームレスの実態に関する全国調査（概数調査）」 　全国のホームレス数9,576人（23年調査に比べ1,314人減少）
6月	「ホームレスの自立の支援等に関する特別措置法」改正 　10年間の限時法であった法の期限がさらに5年間延長
2013（平成25）年1月	「ホームレスの実態に関する全国調査（概数調査）」 　全国のホームレス数8,265人（24年調査に比べ1,311人減少）
7月	「ホームレスの自立の支援等に関する基本方針」告示
2014（平成26）年1月	「ホームレスの実態に関する全国調査（概数調査）」 　全国のホームレス数7,508人（25年調査に比べ757人減少）
2015（平成27）年1月	「ホームレスの実態に関する全国調査（概数調査）」 　全国のホームレス数6,541人（26年調査に比べ967人減少）
2016（平成28）年1月	「ホームレスの実態に関する全国調査（概数調査）」 　全国のホームレス数6,235人（27年調査に比べ306人減少）
10月	「ホームレスの実態に関する全国調査（生活実態調査）」（特別措置法および基本方針の見直しを検討するにあたり政策評価等の実施に必要なデータを得る調査）
2017（平成29）年1月	「ホームレスの実態に関する全国調査（概数調査）」 　全国のホームレス数5,534人（28年調査に比べ701人減少）
6月	「ホームレスの自立の支援等に関する特別措置法」改正 　法の期限がさらに10年間延長
2018（平成30）年1月	「ホームレスの実態に関する全国調査（概数調査）」 　全国のホームレス数4,977人（29年調査に比べ557人減少）
7月	「ホームレスの自立の支援等に関する基本方針」告示
2019（平成31）年1月	「ホームレスの実態に関する全国調査（概数調査）」 全国のホームレス数4,555人（30年調査に比べ422人減少）
2020（令和2）年1月	「ホームレスの実態に関する全国調査（概数調査）」 全国のホームレス数3,992人（31年調査に比べ563人減少）

　ホームレス状態にある人を支援していくうえで、ホームレスがどのような背景から生み出されるのか、またどのような様態にあるのか、さらに生活していくうえでどのような課題があるのか、など、その原因・様態・生活課題等を理解することは重要である。

　そこで、以下ではホームレスの実態調査からホームレス状態にある人の全国的な動向と近年の傾向について述べる。

　これまで厚生労働省により大規模な「ホームレスの実態に関する全国調査（生活実態調査）」が、2003（平成 15）年、2007（平成 19）年、2012（平成 24）年、2016（平成 28）年と実施されている。また、同調査の概数調査が毎年（2003（平成 15）年、2007（平成 19）年～2020（令和 2）年）実施されている。

　生活実態調査の目的は、ホームレス自立支援法および基本方針の見直しを検討するにあたり、政策評価等の実施に必要なデータを収集することとされている。また、概数調査の目的は、ホームレス自立支援法および基本方針に基づき実施される施策の効果を継続的に把握することとされている。

　ホームレスの自立支援施策については、ホームレス自立支援法に基づき、具体的な施策の目標を明示し、国および地方公共団体の責務として地域の実情に応じた施策が行われてきた。また、この間、先に述べたように、全国的な生活実態調査を踏まえた基本方針が策定されてきた。

　以下では、2016（平成 28）年の生活実態調査と 2020（令和 2）年の概数調査について概観していく。

　まず、2016（平成 28）年 10 月に実施された生活実態調査である。平均年齢は 61.5 歳と前回の 2012（平成 24）年の調査より 2.2 歳上昇し、ホームレスの高齢化が明らかになった。また、路上生活期間 10 年以上は 34.6％と前回調査より 8.6 ポイント上昇し、路上（野宿）生活期間の長期化が顕著となった（**表 5-6**）。

　2016（平成 28）年の生活実態調査で明らかとなった最近のホームレスの動向やそれを取り巻く環境の変化等を踏まえ、2017（平成 29）年 6 月には、15 年間の時限法であった法の期限がさらに 10 年間延長され

第 5 章　低所得者に対する法制度

---

i　同調査はおおむね 5 年ごとに実施されており、2016（平成 28）年の調査は 4 回目にあたる。調査対象自治体は、東京都 23 区・政令指定都市（熊本市を除く）および 2016（平成 28）年 1 月の概数調査で 30 人以上のホームレス数の報告があった市で、ホームレス数のおおむね 4 分の 1、計約 1300 人を目標に個別面接が実施され、1435 人からの回答を得た。

表5-6　ホームレスの生活実態調査の概要　　　　　　　　　　　　　　　　　　　（平成28年10月実施）

1　性別・年齢の状況		
○　男女構成		
・男性	96.2%	
・女性	3.8%	
○　年齢階層		
・　〜39歳	3.4%	
・40〜49歳	8.9%	
・50〜54歳	9.0%	
・55〜59歳	13.0%	平均年齢61.5歳
・60〜64歳	22.9%	
・65〜69歳	23.1%	
・70歳〜	19.7%	

2　路上での生活
(1) 路上生活の形態
○　生活している場所が定まっている者は 77.5%
○　生活場所
・河　川　33.0%
・公　園　26.3%
・道　路　15.3%
(2) 路上生活の期間
○　今回の路上生活の期間
・「10年以上」　34.6%
・「5年以上10年未満」　20.5%
・「3年以上5年未満」　10.5%
・「1年以上3年未満」　12.2%
・「1年未満」　22.2%
(3) 仕事と収入の状況
○　仕事をしている者は55.6%
→主な内訳は「廃品回収」が70.8%と最も多い
○　仕事による収入月額
・「1万円未満」　9.6%
・「1〜3万円未満」　30.7%
・「3〜5万円未満」　33.6%
・「5万円以上」　25.9%
→仕事をしている者の平均収入は、約3.8万円

3　路上生活までのいきさつ
(1) 路上生活の直前の職業と雇用形態
○　職業
・「建設・採掘従事者」　48.2%
・「生産工程従事者」　13.0%
→建設業関係者が約5割を占める
○　雇用形態
・「常勤職員・従業員（正社員）」　40.4%
・「日雇」　26.7%
(2) 路上生活に至った理由
・「仕事が減った」　26.8%
・「倒産や失業」　26.1%
・「人間関係がうまくいかなくて、仕事を辞めた」　17.1%

4　健康状態
○　身体の不調を訴えている者　27.1%
→このうち治療等を受けていない者　60.9%

5　福祉制度の周知・利用
○　「巡回相談員に会ったことがある」　89.8%
→「会ったことがあり相談した」　46.9%
○　「シェルターを知っている」　70.2%
→「知っており利用したことがある」　20.6%
○　「自立支援センターを知っている」　73.2%
→「知っており利用したことがある」　15.1%
○　「生活保護を利用したことがある」　32.9%

6　今後の生活について
○　今後どのような生活を望むか
・「アパートに住み、就職して自活したい」　21.7%
・「アパートで福祉の支援を受けながら、軽い仕事をみつけたい」　12.8%
・「今のままでいい」　35.3%
○　求職活動状況
・「求職活動をしている」　11.4%
・「今も求職活動をしていないし、今後も求職活動をする予定はない」　72.6%

資料：厚生労働省「ホームレスの実態に関する全国調査（生活実態調査）の結果（概略版）」をもとに作成

表5-7　ホームレスの実態に関する概数調査の概要　　　　　　　　　（2020（令和2）年1月実施）

1　全国のホームレス数
3,992人
平成31年調査より563人減少
(1) ホームレス数の多い都道府県
・大阪府　1,038人
・東京都　889人
・神奈川県　719人
(2) ホームレスの多い市区
・大阪市　982人
・東京都23区　818人
・横浜市　381人
・川崎市　214人
・福岡市　184人
・名古屋市　116人
・仙台市　70人

2　ホームレスの生活している場所
・河川　1,020人　〈25.6%〉
・都市公園　967人　〈24.2%〉
・道路　796人　〈19.9%〉
・駅舎　223人　〈5.6%〉
・その他施設　986人　〈24.7%〉

資料：厚生労働省「ホームレスの実態に関する全国調査（概数調査）結果」をもとに作成

た。このことを受けて、2018（平成 30）年 7 月に、新たな基本方針が策定された。そのなかでは、雇用、保健医療、福祉等の各分野にわたる施策を総合的に推進することが盛り込まれている。

続いて、2020（令和 2）年 1 月に実施された概数調査を概観する。

ホームレスが確認された地方自治体は、255 市区町村と、前年度と比べて 20 市区町村（▲ 7.3％）減少し、確認されたホームレス数も 3992 人（男性 3688 人、女性 168 人、不明 136 人）と、前年度と比べて 563 人（▲ 12.4％）減少している。都道府県別でみると、大阪府が 1038 人と最も多く、次いで東京都（889 人）、神奈川県（719 人）となり、東京都 23 区および指定都市で、全国のホームレス数の 8 割弱を占める。なお、ホームレスが確認された場所の割合については、前年度から大きな変化はみられず、「都市公園」24.2％、「河川」25.6％、「道路」19.9％、「駅舎」5.6％、「その他施設」24.7％である（**表 5-7**）。

---

ii　ホームレスの自立の支援等に関する基本方針（平成 30 年 7 月 31 日厚生労働省・国土交通省告示第 2 号）

第6章

貧困に対する支援における関係機関と専門職の役割

　本章では、貧困に対する支援を実施する関係機関と支援を行う専門職の役割についての理解を図る。まずはじめに、公私関係の基本的整理を行う。次いで、国、都道府県、市町村それぞれが担う役割について概観する。そして、生活保護を含む日本の社会福祉行政を総合的に担う第一線の現業機関である福祉事務所についてその全体像を理解する。また、生活困窮者自立支援法に規定される自立相談支援事業の実施機関（自立相談支援機関）や、その他の関係機関についても整理する。最後に、貧困に対する支援に関連する主な専門職等を紹介する。

貧困に対する支援における公私の役割関係

- 貧困に対する支援における国家責任を明らかにする
- 貧困に対する民間活動の意義と役割を理解する

　一般的に公私関係を考えるうえで、公とは政府、行政、すなわち、国や自治体（都道府県、市町村）を指し、私とは政府以外の担い手、すなわち、民間活動を指している。

　そこで、はじめに、貧困に対する支援が公（国と自治体）によって組織的に行われる理由を述べる。次いで、我が国における貧困対策の中心的制度である生活保護制度を例に公私関係を述べ、最後に、貧困に対する支援における公私の関係について述べる。

1 　貧困に対する支援が行われる理由

　貧困に対する支援が国家によって組織的に行われるには、次の理由がある。

　一つは、貧困に対する認識である。貧困には、個人の怠惰や能力の低さなど個人的問題に帰するとする考え方、あるいは経済環境や雇用状況など個人の努力では回避できない社会問題から生じる社会的原因に帰するとする考え方がある。そこで貧困が個人的問題を超えて、あるいは一見個人的問題として捉えられる事象についても社会問題が直接的・間接的に起因しているとする社会的原因について、国家が支援を行う必要があると認識されるようになった。このように、社会の進展に伴い貧困が個人的問題から社会的問題として客観的・科学的な実態把握やその方策が検討されるにつれ、国家の組織的なかかわりが強まることになる。

　二つには、社会のなかで、貧困状態にある人が数多く出現する事態に対し社会不安や混乱を生じさせないために、社会安定の観点から、国家が社会統制を図る手段として国家の手により貧困に対する支援が行われる。大量の貧困者が発生する事態とは、自然災害、戦争、政治経済体制の変動期などがそれに当たる。この点、貧困問題が社会の諸変化（人口

構造、世帯構造、産業構造、就業構造、地域構造、扶養意識など価値意識の変容、国際化の進展など）により構造的に生み出される現代においては、貧困救済を行う公的扶助は不可避の方策であり、国民生活の回復・維持・向上を図る社会保障・社会福祉制度の最後のセーフティネットとして位置づけられることになる。

　三つには、人権意識の醸成と人権の確立である。人権とは、どのような状態にある人にとっても生まれながらに有している権利を指している。人々の権利は、財産を保有するなどの市民的権利、政治に参加するなどの政治的権利、社会サービスなどを受ける社会的権利の順で段階的に獲得されてきた。社会保障・社会福祉に当たる社会的権利は人権を実体化したものであり、20世紀になってから成立している。このように人権意識の醸成と人権の確立によって貧困な状態に置かれている人々の救済が国家の責務として行われることになる。国家の手によって行われない場合、その異議申立ての手段として暴動が起こったり、民間の手によって支援が行われることになる。

2 公的扶助と国家責任

　貧困は、基本的に国家的規模で広範囲にわたり現れることから、国家の手による全国統一のルールと財源が必要となる。また、国家責任において、行政機関を制度化・組織化することになっている。そのため、国家責任にてルール、財源、組織を定め、実施することが基本となる。

　この点、貧困対策の中核をなす我が国の救貧制度において、国家責任が明示されるのは、現行の生活保護法（1950（昭和25）年）になってからである。それまで明治以降に制定された恤救規則（1874（明治7）年）においては、政府の義務は定めておらず、またその後の救護法（1929（昭和4）年）においても救護は国の義務としているが国家責任が法令上明確に規定されていない。その後、第二次世界大戦の終結によって日本は、連合国軍総司令部（GHQ）の占領下に置かれ、多くの改革が進められることになる。GHQは日本政府に対し、貧困の公的救済の計画を求め（「救済並びに福祉計画の件」）、また考え方として、SCAPIN775「社会救済」において国家責任による無差別平等の保護、公私分離の原則、必要な保護費に制限を加えない、という原則を提示した。日本政府はそれを参考に、救貧法規の抜本的な改正と新たな統一的公的扶助法の検討に

着手し、旧・生活保護法（1946（昭和21）年）が制定された。同法は、国家責任で無差別平等に保護を行うなど、これまでの伝統的な救貧思想をかなり払拭したが、欠格条項の規定、不服申立制度の不在、民生委員が業務を担うなど、国家責任の点で課題を残した。その後、これらの課題について社会保障制度審議会「生活保護制度の改善強化に関する件」において、「国は凡ての国民に対しこの制度の定めるところにより、その最低生活を保障する。国の保障する最低生活は健康で文化的な生活を営ませ得る程度のものでなければならない」とし、国家責任、無差別平等で保護を行うよう勧告している。

　生活保護法第1条では、「この法律は、日本国憲法第25条に規定する理念に基き、国が生活に困窮するすべての国民に対し、その困窮の程度に応じ、必要な保護を行い、その最低限度の生活を保障するとともに、その自立を助長することを目的とする」と規定している。

　このように、生活保護制度は日本国憲法第25条に定められた生存権を保障する制度として位置づけられ、本制度によって国家が国民に対し健康で文化的な最低限度の生活の保障と、保護を受ける人・世帯が社会で生活していくための生活再建の援助・支援を行うことになる。ここで指す国家は、国であり、国が直接的責任を負うことになっている。

　また国が果たすべき事務であることから法定受託事務と位置づけ、自治体は、国の法定受託事務として、生活保護法の運営にあたり、保護の決定、実施、その他保護に関する事務の管理、執行を行う仕組みと体制をとることになった（国と自治体の関係）。

　生活保護制度の運営実施を行う国、都道府県、市町村（特別区を含む）が、生活保護制度を運営・実施する責務とそれぞれの役割を果たすことにより、国家による国民の最低限度の生活が保障されることになる（ナショナル・ミニマム）。

国家が組織的に貧困に対する支援を行う背景や理由について調べてみましょう。

3 ▶ 貧困に対する支援における公私関係

　貧困に対する支援の歴史をひもとけば、当初、支援の対象はコミュニティ（家族・地域・職域）から脱落した身寄りのない少数の人々に限られており、それは民間活動や宗教活動に委ねられていた。しかし、貧困者の数が増加し社会不安が生まれてくると、民間活動・団体で支えるには限界があり、国家による支援が行われることになる。それは当初は恩

恵的・慈恵的・抑圧的なものであったが、その後、社会の進展とともに貧困が社会問題として認識され、権利としての法制度となってくる。

　このように当初は、貧困救済は、民間の自主的活動から進められていたが、それが制度化され国家によって組織的に取り組まれることになる。

　今日、貧困者に対する支援の責任は国家にあるが、制度または制度を超えた諸課題に対し、非営利団体（社会福祉法人、NPO）、ボランティア団体、住民組織、ソーシャルビジネスなどが先駆的・自主的な取り組みを行っている。これらの活動では、制度で受けとめなければならない貧困者を制度につなげることや、制度で十分行われていない支援の充実化を図ること、そして新たな貧困によって引き起こされる諸課題に対し制度化に向けて取り組むことなどを行っている。たとえば、子どもの養育・学習支援、子ども食堂、フードバンク、ホームレス支援、住宅支援、居場所づくりなどが挙げられる。

第6章 貧困に対する支援における関係機関と専門職の役割

171

国、都道府県、市町村の役割

● 貧困対策に関する国の役割を理解する
● 貧困対策に関する都道府県および市の役割を理解する
● 貧困対策に関する町村の役割を理解する

貧困に対する支援は、生活保護だけでなく、社会福祉全般、労働、教育、住宅等と多種にわたり、その支援の範囲を広く捉えれば関係する行政機関の部署も増える。ここでは、生活保護に加え、生活困窮者自立支援やホームレス対策、子どもの貧困対策を中心に、国と地方自治体（都道府県、市、町村）の主な役割を取り上げる。

1 国の役割

日本の最終的なセーフティネットの柱である生活保護は、1950（昭和25）年の改正によって国家責任の原理が明記され（生活保護法第1条）、厚生労働省が主管している。

厚生労働省は、「国民生活の保障及び向上を図り、並びに経済の発展に寄与するため、社会福祉、社会保障及び公衆衛生の向上及び増進並びに労働条件その他の労働者の働く環境の整備及び職業の確保を図ること」を任務とする（厚生労働省設置法第3条）。

また、厚生労働省には国の施策を検討する審議会等が設置されている。このなかで社会保障審議会は、「厚生労働大臣の諮問に応じて社会保障に関する重要事項を調査審議」等するものであり（厚生労働省設置法第7条第1項）、生活保護にかかわる部会（生活保護基準部会等）が設置されている。

さらに、厚生労働省は生活保護法関係法令・通知として、生活保護法施行令や生活保護法施行規則、保護の基準、保護の実施要領、医療扶助運営要領、介護扶助運営要領等を発出している。

---

i　これらの法令・通知を分類・整理した『生活保護手帳』および『生活保護手帳別冊問答集』は、実施機関の所員が生活保護業務を行う際のよりどころとなっている。

　厚生労働省の内部部局である社会・援護局保護課は、「生活困窮者その他保護を要する者に対する必要な保護に関する」事務等を行う（厚生労働省組織令第 102 条第 1 号）。保護課には、都道府県知事および市町村長が行う生活保護法の施行に関する事務についての監査・指導を行う自立推進・指導監査室、被保護者の自立支援に関する事業の企画・立案・調整等を行う保護事業室等が置かれている（厚生労働省組織規則第 59 条）。

　低所得世帯等に対する社会福祉事業は、社会・援護局の地域福祉課が主管している。地域福祉課は、「地域における社会福祉の増進に関する企画及び立案並びに調整に関すること」や、生活福祉資金貸付事業、公営住宅、ホームレス対策等にかかわる事務を担う（厚生労働省組織令第 103 条）。同課に設置された生活困窮者自立支援室は、生活福祉資金貸付事業やホームレス対策等、生活困窮者自立支援事業に係る事務を主管している（厚生労働省組織規則第 60 条）。

　ホームレスの自立の支援等に関する特別措置法（以下、ホームレス自立支援法）では、総合的な施策の策定・実施に関する国の責務（第 5 条）や、厚生労働大臣および国土交通大臣によるホームレスの自立の支援等に関する基本方針の策定（第 8 条）、国によるホームレスの実態に関する全国調査の実施（第 14 条）等を規定している。

　子どもの貧困対策の推進に関する法律では、子どもの貧困対策の総合的な策定・実施に関する国の責務（第 3 条）、子どもの貧困対策に関する大綱の策定（第 8 条）、同大綱や重要事項の審議等を行う子どもの貧困対策会議を内閣府に設置すること（第 15 条、第 16 条）等を規定している。内閣府は「内閣の重要政策に関する内閣の事務を助けることを任務とする」（内閣府設置法第 3 条）機関であり、本府に置かれている政策統括官（共生社会政策担当）が子どもの貧困対策に関する大綱の作成・推進の事務を担っている（内閣府本府組織令第 3 条）。

　このほかにも、文部科学省は要保護者に対する就学援助制度★（学校教育法第 19 条）を、国土交通省は低額所得者を含む住宅確保要配慮者に対する住宅セーフティネット制度★をそれぞれ主管している。

②　都道府県や市（指定都市または中核市）の役割

　都道府県は、福祉事務所を設置しない町村の生活保護等を担う郡部福

★就学援助制度
学校教育法第 19 条では、「経済的理由によって、就学困難と認められる学齢児童又は学齢生徒の保護者に対しては、市町村は、必要な援助を与えなければならない」ことが規定されている。

★住宅セーフティネット制度
住宅確保要配慮者に対する賃貸住宅の供給の促進に関する法律（平成 19 年法律第 112 号）に基づき、住宅確保要配慮者の入居を拒まない賃貸住宅の登録制度、登録住宅の改修や入居者への経済的支援、住宅確保要配慮者に対する居住支援を行う制度である。

祉事務所（本章第3節参照）を設置するだけでなく、社会福祉にかかわる事業を主管する部局・課を設置し、さまざまな事務業務を担っている。

　生活保護法では都道府県（知事）が処理する事務を規定しており、そのなかには、保護の決定・実施（第19条）、市町村（長）の行う事務の監査等（第23条）、保護施設の設備・運営に関する基準の設定（第39条）・設置（第40条）・運営指導（第43条）・立入検査（第44条）、医療機関の指定（第49条）・医療費の審査・決定（第53条）・医療機関への立入検査（第54条）、介護機関の指定・立入検査（第54条の2）、助産機関および施術機関の指定・立入検査（第55条）、不服申立ての裁決（第64条、第65条）等がある。これらの事務は大都市等の特例として、指定都市または中核市が処理するものもある（第84条の2）。

　市（長）が処理する事務には、保護の決定・実施（第19条）、都道府県知事に対する保護施設設置の届出（第40条第2項）、都道府県知事による保護施設の運営指導に対する補助（第43条）等がある。

　生活困窮者自立支援法にかかわる都道府県の主な業務は、市（特別区を含む）および福祉事務所を設置する町村（以下、市等）に対する必要な助言・情報提供その他の援助（第4条第2項）、市等の職員に対する資質向上のための研修事業、事業体制の整備や支援手法に関する市等への情報提供・助言（第10条第1項）、（都道府県知事による）生活困窮者就労訓練事業の認定（第16条）等がある。これ以外にも、市等と同じく、各種の生活困窮者自立支援事業を行う（第5条～第7条）。なお、大都市等の特例として、指定都市または中核市が都道府県の事務の一部を処理するものとしている（第25条）。

　ホームレス自立支援法では、地方公共団体の責務として施策を策定し、実施することを規定している（第6条）。また、都道府県は、必要に応じて基本方針に即して当該施策を実施するための計画を策定しなければならない（第9条）。なお、同様の計画策定は市町村にも求められている（同条第2項）。

　子どもの貧困対策の推進に関する法律では、地方公共団体の責務として国と協力して施策を策定し、実施することを規定している（第4条）。また、都道府県は子どもの貧困対策に関する大綱を勘案して子どもの貧困対策に関する計画の策定に努めるものとされている（第9条）。なお、市町村にも同様の計画の策定に努めることが求められている（同条第2項）。

3　町村の役割

　町村は、福祉事務所を設置する町村と福祉事務所を設置していない町村（福祉事務所未設置町村）に大別される。後者の福祉事務所未設置町村では、郡部福祉事務所が業務を担うが、町村（長）も一部の業務を担う。

　生活保護法では、町村（長）が担う事務は上記で挙げた市（長）が担う事務と同じである。福祉事務所未設置町村（長）が担う事務には、急迫した事由により放置できない状況にある要保護者に対する応急的処置としての保護の実施（第19条第6項）、要保護者の発見・被保護者の生計その他の状況の変動を発見した場合に保護の実施機関または福祉事務所長（郡部福祉事務所長）への通報、経由機関の役割として受理した保護の開始・変更の申請の保護の実施機関への送付、保護の実施機関または福祉事務所長（郡部福祉事務所長）からの求めによる被保護者等への保護金品の交付、保護の実施機関または福祉事務所長（郡部福祉事務所長）からの求めによる要保護者に関する調査の実施（同条第7項）がある。

　生活困窮者自立支援法では、福祉事務所未設置町村は生活困窮者およびその家族等からの相談に応じ、情報提供・助言、都道府県との連絡調整、生活困窮者自立支援事業の利用の勧奨その他必要な援助を行う事業を行うことができると規定されている（第11条）。

　なお、ホームレス自立支援法および子どもの貧困対策の推進に関する法律では、上述したように市と同様の役割を規定しているが、町村に限った規定はない。

あなたの住む地域の貧困に対する支援の実施体制について調べてみましょう。

◇**参考文献**
・平野方紹「生活保護行政における国と地方の関係」神野直彦・山本隆・山本惠子編著『貧困プログラム──行財政計画の視点から』関西学院大学出版会，pp. 87-106，2019.
・渋谷哲『福祉事務所における相談援助実習の理解と演習』みらい，2013.
・『生活保護手帳 2020年度版』中央法規出版，2020.
・社会福祉士養成講座編集委員会編『低所得者に対する支援と生活保護制度 第5版』中央法規出版，2019.

●**おすすめ**
・全国公的扶助研究会監，吉永純編著『Q&A 生活保護手帳の読み方・使い方』明石書店，2017.

第6章　貧困に対する支援における関係機関と専門職の役割

第3節 福祉事務所の役割

学習のポイント

● 福祉事務所の組織や職員について理解する

● 福祉事務所の業務について理解する

● 福祉事務所の所員の役割と資格について把握する

福祉事務所とは、社会福祉法（第14条～第17条）に規定される「福祉に関する事務所」を指す。福祉事務所は、福祉六法、すなわち生活保護法、児童福祉法、母子及び父子並びに寡婦福祉法、老人福祉法、身体障害者福祉法および知的障害者福祉法に定める援護、育成または更生の措置に関する事務を主につかさどる「第一線の社会福祉行政機関」である[1]。

1 福祉事務所の組織

1 組織の仕組み

都道府県および市は、条例によって福祉事務所を設置しなければならない（社会福祉法第14条第1項）。都道府県福祉事務所は、福祉事務所が設置されていない町村の事務を担当する。そのため、都道府県福祉事務所は郡部福祉事務所と呼ばれる。また、市（指定都市・中核市を含む）、特別区および町村が設置する福祉事務所は市部福祉事務所と呼ばれる。なお、町村は、条例によって福祉事務所を設定することができ、町村が福祉事務所を設置または廃止する際には事前に都道府県知事に協議しなければならない（同条第3項、第8項）。

実際の福祉事務所数をみると、2020（令和2）年4月1日現在では、都道府県（郡部）206か所、市（特別区を含む）999か所、町村45か所、合計1250か所となっている[2]。

福祉事務所の標準的な組織（人口10万人の場合）は、所の長（以下、所長）、総務課、相談室、福祉課、保護課、社会課で構成される[3]。ただし、地方自治体によって福祉事務所が担当する業務の範囲は異なるため、それによって福祉事務所の組織構成や規模は変わる。

表6-1　現業員の定数

設置主体の区分	基　本　定　数		基本定数に追加すべき定数	
都道府県	被保護世帯が390以下の場合	6	被保護世帯が65を増すごとに	1
市(特別区)	〃　　240　　〃	3	〃　　80　　〃	1
町村	〃　　160　　〃	2	〃　　80　　〃	1

出典:『社会保障の手引 2020年版──施策の概要と基礎資料』中央法規出版, p. 6, 2020.

2 職員の配置

　福祉事務所には、所長、指導監督を行う所員(査察指導員)、現業を行う所員(現業員)、事務を行う所員(事務員)を置かなければならない(社会福祉法第15条第1項)。また、老人福祉指導主事(老人福祉法第6条)、身体障害者福祉司(身体障害者福祉法第11条の2)、知的障害者福祉司(知的障害者福祉法第13条)等が配置されることもある。

　所員の定数は条例で定められることになっているが、現業員については標準数が社会福祉法で規定されている(第16条)(**表6-1**)。

　所員の配置状況については、査察指導員の総数は2016(平成28)年は3762人(生活保護担当は3120人)であり、2009(平成21)年と比べて541人(生活保護担当は524人)増加している。現業員(常勤)の総数は2016(平成28)年は2万4786人(生活保護担当は1万8183人)であり、2009(平成21)年と比べて5380人(生活保護担当は4302人)増加している。生活保護担当現業員(常勤)の標準数に対する配置状況をみると、郡部・市部総数の充足率は2016(平成28)年は90.4%であり、2009(平成21)年の89.2%から微増している。

2　福祉事務所の役割

1 所掌事務

　都道府県が設置する郡部福祉事務所は、福祉六法のうち生活保護法、児童福祉法、母子及び父子並びに寡婦福祉法に定める援護または育成の措置に関する事務のうち都道府県が処理することとされているものをつかさどる(社会福祉法第14条第5項)。具体的には、生活保護の決定・

---

i　厚生労働省「平成28年福祉事務所人員体制調査」(調査時期:2016(平成28)年10月1日)、厚生労働省「平成21年福祉事務所人員体制調査」(調査時期:2009(平成21)年10月1日)

実施、その他の福祉二法にかかわる実情把握や情報提供、相談、調査指導、施設（母子生活支援施設等）への入所事務等になる。[ii]

　市および町村が設置する市部福祉事務所は、福祉六法、すなわち生活保護法、児童福祉法、母子及び父子並びに寡婦福祉法、老人福祉法、身体障害者福祉法および知的障害者福祉法に定める援護、育成または更生の措置に関する事務のうち市町村が処理することとされているものをつかさどる（同条第6項）。具体的には、生活保護の決定・実施、その他の福祉五法にかかわる実情把握や情報提供、相談、調査指導、施設への入所事務等である[4]。

　なお、福祉六法以外の社会福祉制度にかかわる業務を行う福祉事務所もある。

2 所員の役割と資格

　所員の役割と資格は**表6-2**のとおりである。

　査察指導員は、福祉事務所長の指揮監督を受けて、現業事務の指導監督をつかさどる（社会福祉法第15条第3項）。現業員は福祉事務所長の指揮監督を受けて、援護、育成または更生の措置を要する者等の家庭を訪問し、または訪問しないで、これらの者に面接し、本人の資産、環境等を調査し、保護その他の措置の必要の有無およびその種類を判断し、本人に対し生活指導を行う等の事務をつかさどる（同条第4項）。査察指導員および現業員は、これらの職務にのみ従事しなければならないが、当該職務の遂行に支障がなければ、他の社会福祉や保健医療に関する事務に従事することも認められている（第17条）。

　査察指導員および現業員は社会福祉主事でなければならない（第15条第6項）。2016（平成28）年の生活保護担当の所員の資格の取得状況をみると、社会福祉主事資格は査察指導員82.7％（74.6％（2009（平成21）年、以下同じ））および現業員（常勤）が82.0％（74.2％）であり、社会福祉士資格は査察指導員が8.7％（3.1％）および現業員（常勤）が13.5％（4.6％）、精神保健福祉士資格は査察指導員が1.7％（0.3％）および現業員（常勤）が2.4％（0.5％）であった。いずれの資格も2009（平成21）年に比べて増加している。

　次に生活保護担当の所員の経験年数をみると、査察指導員は1年未満

---

ii　1990年代前半から施設入所措置事務等は（福祉事務所未設置の）町村へ移譲されたため、現行の所管範囲となった。

表6-2　所員の役割と資格

名称	役割	資格等
所長	都道府県知事又は市町村長（特別区の区長含む）の指揮監督を受けて、所務を掌理する。	
査察指導員	所長の指揮監督を受けて、現業事務の指導監督をつかさどる。	社会福祉主事
現業員	所長の指揮監督を受けて、援護、育成又は更生の措置を要する者等の家庭を訪問し、又は訪問しないで、これらの者に面接し、本人の資産、環境等を調査し、保護その他の措置の必要の有無及びその種類を判断し、本人に対し生活指導を行う等の事務をつかさどる。	社会福祉主事
事務員	所長の指揮監督を受けて、所の庶務をつかさどる。	
老人福祉指導主事	（市町村の老人福祉指導主事） ・老人福祉に関し、福祉事務所所員への技術的指導を行う ・老人福祉に関する情報提供、相談、調査、指導業務のうち、専門的技術を必要とする業務を行う	・社会福祉主事であって老人福祉行政推進の中核となるに相応しい者 ・社会福祉士ほか
身体障害者福祉司	（市町村の身体障害者福祉司） ・身体障害者福祉に関し、福祉事務所所員への技術的指導を行う ・身体障害者福祉に関する相談、調査、指導業務のうち、専門的技術を必要とする業務を行う	・社会福祉主事であって身体障害者福祉従事経験2年以上の者 ・社会福祉士ほか
知的障害者福祉司	（市町村の知的障害者福祉司） ・知的障害者福祉に関し、福祉事務所所員への技術的指導を行う ・知的障害者福祉に関する相談、調査、指導業務のうち、専門的技術を必要とする業務を行う	・社会福祉主事であって身体障害者福祉従事経験2年以上の者 ・社会福祉士ほか

出典：社会福祉の動向編集委員会編『社会福祉の動向 2020』中央法規出版，p.29，2020.，『社会保障の手引 2020年版——施策の概要と基礎資料』中央法規出版，p.6，2020. より作成

が25.3%（26.3%）、1年以上3年未満が40.5%（38.8%）、3年以上5年未満が19.0%（17.3%）、5年以上が15.2%（17.6%）であった。2009（平成21）年と比べて、1年以上5年未満が増加したことがわかる。現業員（常勤）は1年未満が23.6%（25.4%）、1年以上3年未満が38.0%（37.9%）、3年以上5年未満が20.7%（20.7%）、5年以上が17.7%（15.9%）であった。2009（平成21）年と比べて、特に5年以上が増加したことがわかる。

3 業務の特色

　福祉六法体制が確立された後に示された『新福祉事務所運営指針』（1971（昭和46）年）では、福祉事務所が「単なる事務処理機関に堕し

てしまう」ことなく、「現実に住民が必要としている福祉サービスを自己の名と責任において直接住民に与えることを目的とする」機関であるために、三つの要件を挙げている。一つ目の**迅速性**とは、住民の福祉を守る第一線の窓口として、福祉サービスにかかわる相談や手続きに直ちに取り組まなければならないことを意味する。二つ目の**直接性**とは、「書類相手のハンコ行政的な色彩を持つ」ことは極力避け、住民に対して直接かつ具体的にサービスを行う側面を重視することを意味している。三つ目の**技術性**とは、直接住民に対して福祉サービスを供与する対人行政に伴う特殊な技術性を意味し、具体的には面接技法やケースワーク、グループワーク、コミュニティワークの技術等を含む[5]。これらの要件は、対人行政機関として設置された福祉事務所が担う業務の性格を示している。

　他方で、さまざまな社会福祉制度の新設・改変を経た今日の福祉事務所では行政事務にかかわる業務が増加しており、対人援助サービス業務の比重が相対的に低下しているとの指摘もある[6]。

◇引用文献
　1）厚生労働省「福祉事務所」https://www.mhlw.go.jp/stf/seisakunitsuite/bunya/hukushi_kaigo/seikatsuhogo/fukusijimusyo/index.html
　2）同上
　3）社会福祉法令研究会編『社会福祉法の解説』中央法規出版，p. 124，2001.
　4）社会福祉の動向編集委員会編『社会福祉の動向 2020』中央法規出版，p. 27，2020.
　5）厚生省社会局庶務課監『新福祉事務所運営指針』全国社会福祉協議会，pp. 10-12，1971.
　6）平野方紹「福祉事務所の業務と組織」宇山勝儀・船水浩行編著『福祉事務所運営論 第4版』ミネルヴァ書房，p. 66，2016.

◇参考文献
　・松崎喜良・藤城恒昭ほか編『福祉事務所と社会福祉労働者』ミネルヴァ書房，1997.
　・社会福祉士養成講座編集委員会編『低所得者に対する支援と生活保護制度 第5版』中央法規出版，2019.
　・渋谷哲『福祉事務所における相談援助実習の理解と演習』みらい，2013.
　・『社会保障の手引 2020年版——施策の概要と基礎資料』中央法規出版，2020.

●おすすめ
　・岡部卓・長友祐三ほか編著『生活保護ソーシャルワークはいま——より良い実践を目指して』ミネルヴァ書房，2017.
　・全国公的扶助研究会監，吉永純・衛藤晃編著『Q&A 生活保護ケースワーク 支援の基本』明石書店，2017.
　・柏木ハルコ『健康で文化的な最低限度の生活 1』小学館，2014.

第4節 自立相談支援機関の役割

学習のポイント

● 自立相談支援機関の組織について学ぶ
● 自立相談支援機関の業務と役割について理解する

1 自立相談支援機関の組織

1 自立相談支援機関とは

　自立相談支援機関とは、「生活困窮者等からの相談に応じ必要な情報の提供や助言、関係機関との連絡調整等を行い、認定就労訓練事業の利用のあっせん、プランの作成等の支援を包括的に行う自立相談支援事業を実施する機関[1]」と定義されている。つまり、生活困窮者自立支援法における必須事業である自立相談支援事業を担う実施機関が自立相談支援機関である。自立相談支援機関の運営は、福祉事務所設置自治体、あるいはそこから委託を受けた社会福祉法人や特定非営利活動法人（NPO法人）が行っている。2018（平成30）年度の運営の状況についてみてみると、約7割の自治体が委託（自治体直営と委託の併用を含む）により実施している（**表6-3**）。その委託先は社会福祉協議会（77.7％）が最も多い（**表6-4**）。

　なお、福祉事務所を設置していない町村における自立相談支援事業については、都道府県が主体となって広域的に取り組むこととなっているが、町村でも自立相談支援事業の実施を希望する場合には、都道府県との調整のもと、生活に困窮する人に対する一次的な相談を実施することができる。その場合、国はその事業に要する費用の4分の3を補助することとなっている。

2 自立相談支援機関の相談支援体制

　自立相談支援機関の人員・設備等については、生活困窮者自立支援法にその基準は設けられていないが、三つの職種の支援員（人員）の配置と面談室等の相談支援を実施するための適切な設備が必要であるとされている。その三つの職種とは、主任相談支援員、相談支援員、就労支援

あなたの住む地域の自立相談支援機関の運営体制について調べてみましょう。

表6-3　自立相談支援事業の運営方法（n＝905）

運営方法	自治体数	割合
直営	287	31.7%
委託	530	58.6%
直営＋委託	88	9.7%

資料：厚生労働省「生活困窮者自立支援法等に基づく各事業の平成30年度事業実績調査集計結果」p. 4, 2019.

表6-4　自立相談支援事業の委託先（複数回答）（n＝618）

委託先	自治体数	割合
社会福祉法人（社協以外）	49	7.9%
社会福祉協議会	480	77.7%
医療法人	1	0.2%
社団法人・財団法人	67	10.8%
株式会社等	34	5.5%
NPO法人	74	12.0%
生協等協同組合	10	1.6%
その他	33	5.3%

資料：厚生労働省「生活困窮者自立支援法等に基づく各事業の平成30年度事業実績調査集計結果」p. 4, 2019.

表6-5　各支援員の役割

職種	役割
主任相談支援員	○相談支援業務のマネジメント ・支援の内容及び進捗状況の確認、助言、指導 ・スーパービジョン（職員の育成） ○高度な相談支援（支援困難事例への対応等） ○地域への働きかけ ・社会資源の開拓・連携 ・地域住民への普及・啓発活動
相談支援員	○相談支援全般 ・アセスメント、プランの作成、支援調整会議の開催等一連の相談支援プロセスの実施、記録の管理、訪問支援（アウトリーチ） ○個別的・継続的・包括的な支援の実施 ○社会資源その他の情報の活用と連携
就労支援員	○就労意欲の喚起を含む福祉面での支援 ○担当者制によるハローワークへの同行訪問 ○キャリアコンサルティング ○履歴書の作成指導 ○面接対策 ○個別求人開拓 ○就労後のフォローアップ　等

出典：厚生労働省「自立相談支援事業の手引き」pp. 19-20, 2019.

員である（**表6-5**）。

　まず、主任相談支援員は、各支援員へのスーパービジョンや社会資源の開拓等の役割を担い、また、支援困難事例への対応等を行う。次に、相談支援員は、プランを作成し、支援をコーディネートする相談支援全般の業務を担うとともに、社会資源その他の情報の活用や連携を行う。最後に、就労支援員は、相談支援業務のなかでも特に就労意欲の喚起を

含む福祉面での支援を行うとともに、公共職業安定所（ハローワーク）への同行訪問やキャリアコンサルティング、履歴書の作成指導、面接対策、そして、必要に応じた求人の開拓を行う。

これら三つの職種による相談支援体制は、その機関ごとに相談件数や内容がさまざまであることから、地域によっては相談支援員と就労支援員が兼務することもある。

相談支援を行うにあたっては、プライバシーを保つことができるようにすることや、自立相談支援機関内で就労に関する情報を得られるようにすること等の配慮が求められる。

② 自立相談支援機関の業務

自立相談支援機関は、「生活困窮者の自立と尊厳の保持」と「生活困窮者支援を通じた地域づくり」を目標とし、そのために「包括的な支援」「個別的な支援」「早期的な支援」「継続的な支援」「分権的・創造的な支援★」の五つの支援を理念としている。

上記の二つの目標を達成するための五つの支援にあたる業務として、**相談支援業務**と**地域づくり関連業務**が挙げられる。

1 相談支援業務

自立相談支援機関における相談支援業務とは、生活困窮者および生活困窮者の家族その他の関係者からの相談に応じ、アセスメントを実施して個々人の状態にあった自立支援計画を作成し、必要なサービスの提供につなげることである。

生活に困窮する人は、健康、障害、仕事、家族関係など多様で複合的な課題を抱えている場合が多い。また、本人だけでなく、その家族が複数の課題を抱えている場合も多い。したがって、支援員は、本人の抱える課題や置かれている環境によって、目指す自立の姿は多様であることを認識する必要がある。そして、本人が自分の意思で主体的に自立に向けた行動がとれるよう、個別的な支援を実施し、その人の尊厳ある生活の確保を目指していく。さらに本人が就労を目指す場合には、ハローワークや就労支援を行っている事業所等への同行訪問や就労支援員による就労支援などを行う。

また、生活に困窮する人が制度の狭間に陥ることを防ぐために、支援

★分権的・創造的な支援
生活に困窮する人の状況は、経済状況や地域の人口構成などによって異なるため、地域ごとの解決策を検討することが必要である。また、官と民、民と民が協働する仕組みづくりや、社会資源が不足する場合には積極的に創造することも重要な支援である。このような取り組みを進めるための手法として、協議の場をもつことは不可欠である。

員は、本人の生活や環境を受けとめ、支援をコーディネートしていくことが求められる。場合によっては、本人だけでなく、世帯全体を支援の対象と位置づけ、包括的に対応していくことが必要である。

以上のように、自立相談支援機関は、断らない支援を行うワンストップ型の相談窓口としての役割を担っているといえる。

■2 地域づくり関連業務

地域づくり関連業務とは、地域ネットワークの強化や社会資源の開発など、地域への働きかけを行う業務である。

生活に困窮する人が、地域で暮らす一人の住民として地域のなかで支えあいながら生活することができる場をつくり、そしてそのなかで本人がもつさまざまな可能性を十分に発揮できるよう地域への働きかけを行う。そのために、地域の社会資源を把握し、関係機関といつでも相談できる関係を構築することが業務の中心となる。具体的には、生活に困窮する人に対してチームによる適切な支援が行えるよう地域における関係者が集まる協議の場を設けること、また、NPO法人、社会貢献の観点から事業に取り組む民間企業、その他のさまざまな支援組織、当事者グループや地域住民などの多様な立場の人々が担い手として支援に参加できるような仕組みづくりを通じて、地域にネットワークを築くことである。

以上のように、自立相談支援機関は、複合的な課題を抱え生活に困窮している人の相談に応じ、チームにより包括的な支援を提供すること、そしてそのために、地域のネットワークを構築する役割を担っている。

★協議の場
地域における支援のためのネットワークを構築していくために、協議の場が重要な役割を果たす。高齢者施策における地域ケア会議や障害者施策における地域自立支援協議会などの既存の協議会等を活用することや、新たな協議の場を設けることが考えられる。

◇引用文献
1）厚生労働省「自立相談支援事業の手引き」p.17，2019.
◇参考文献
・岡部卓編著『生活困窮者自立支援――支援の考え方・制度解説・支援方法』中央法規出版，2018.
・自立相談支援事業従事者養成研修テキスト編集委員会編『生活困窮者自立支援法 自立相談支援事業従事者養成研修テキスト』中央法規出版，2014.
●おすすめ
・岡部卓編著『生活困窮者自立支援――支援の考え方・制度解説・支援方法』中央法規出版，2018.

その他の貧困に対する支援における関係機関の役割

学習のポイント

● 貧困状態にある人への社会福祉協議会の役割を理解する
● 貧困状態にある高齢者・障害者への支援機関の役割を理解する
● 貧困状態にある人への行政機関・特定非営利活動法人の支援を理解する

　貧困状態にある人に対して、それぞれの立場で支援を行っている関係機関について整理していく。

1　社会福祉法人

　社会福祉法人とは、社会福祉法第2条に定められている社会福祉事業（第一種社会福祉事業および第二種社会福祉事業）を行うことを目的として設立された法人である（第22条）。第一種社会福祉事業には、生活保護法に規定する救護施設、更生施設などの施設の経営等に関するもの、第二種社会福祉事業には、生活困窮者に対して日常生活必需品・金銭を与える事業や**生活相談事業**等がある。社会福祉法人は、公共性を保ちながら社会福祉事業を行うため、設立等の認可は、厚生労働大臣もしくは都道府県知事または市長（特別区の区長を含む）が行う。全国の社会福祉法人は、総数2万872か所（社会福祉協議会1900か所、共同募金会47か所、社会福祉事業団126か所、施設経営法人1万8417か所、その他382か所）である[1]（2018（平成30）年3月31日現在）。

2　社会福祉協議会

　社会福祉協議会は、地域福祉の推進を図ることを目的とした営利を目的としない民間の組織である（社会福祉法第109条）。また、社会福祉法人の一つで、地域福祉を推進して、地域の人たちが安心して暮らせるように、「福祉のまちづくり」の実現を民生委員、児童委員、社会福祉施設、社会福祉法人等と協働して目指している。たとえば、各種の福祉サー

ビスや相談活動、ボランティアや市民活動の支援、共同募金運動への協力などを実施している。貧困状態にある人への支援では、日常生活自立支援事業、生活福祉資金の貸付けなどを行っている。現在は、全国社会福祉協議会（1か所）、都道府県・指定都市社会福祉協議会（67か所）、市区町村社会福祉協議会（1839か所）がある（2019（平成31）年4月1日現在[2]）。

さらに、大阪府社会福祉協議会が大阪府内のすべての社会福祉法人、社会福祉施設と協働して、昨今の社会経済情勢の変化によって、孤立や孤独死、ひきこもり、自殺、生活困窮など既存の制度では対応ができない、制度の狭間の生活困窮に対応した取り組みとして、「大阪しあわせネットワーク」を始めた。この取り組みは、❶総合生活相談と緊急、窮迫した生活困窮に対して現物給付による迅速な支援を行う生活困窮者レスキュー事業や、❷社会参加や生きがい支援、居場所づくり、困窮世帯の児童に対する学習支援などを行う社会福祉法人の強みを活かした地域貢献事業、❸これらの取り組みを行うための財源としての社会貢献基金の拠出に分かれている。この動きはほかの都道府県にも波及し、各都道府県がそれぞれの地域特性に合わせて内容を検討し取り組んでいる。

3 ▶ 地域包括支援センター・相談支援事業所

1 地域包括支援センター

地域包括支援センターは、2006（平成18）年介護保険法の改正で定められた、地域住民の心身の健康の保持および生活の安定のために必要な援助を行うことにより、地域住民の保健医療の向上および福祉の増進を包括的に支援することを目的としている。主に高齢者のための介護、医療、保健、福祉などの総合相談窓口である。市町村が設置主体であり、5167か所（2019（平成31）年4月末現在）設置されている。

総合相談窓口では、専門的知識をもった職員が、高齢者が住み慣れた地域で生活できるように介護サービスや介護予防サービス、日常生活支援などの相談に応じたり、介護保険の申請を担っている。また、高齢者の権利を守るという視点から、判断能力の低下により金銭管理ができなくなった高齢者に対する、金銭的搾取や詐欺から身を守る成年後見制度の活用や、高齢者虐待への対応だけでなく早期発見および防止などの権利擁護を行っている。さらに、高齢者が暮らしやすいように地域全体の

医療・保健・介護分野の専門家とのネットワークの構築により、包括的な支援を行っている。たとえば、日常的な金銭管理や書類などの書き方などに困っている高齢者に対しては、社会福祉協議会と連携し日常生活自立支援事業を活用する。

2 相談支援事業所の役割

相談支援事業所は、障害者の日常生活及び社会生活を総合的に支援するための法律（障害者総合支援法）に基づき設置され、市町村長が指定する「特定相談支援事業所」と都道府県知事が指定する「一般相談支援事業所」に分かれる。相談支援事業所は、障害者、障害児の保護者、介護者などからの相談に応じ、必要な情報の提供等の便宜を供与、権利擁護によって障害児者の自立のための日常生活支援を行う。また障害者のなかには、障害年金と生活保護を受給しながら生活している者も多く、彼らの自立支援の相談にも応じている。

特定相談支援事業所は、基本相談支援によって、障害福祉サービスの利用にかかわらず相談に応じ、情報提供や助言を行い、サービス事業者と連絡調整等を行う。そして、障害者総合支援法が定める介護給付や訓練等給付などの障害福祉サービスを利用するためのサービス等利用計画の作成（サービス利用支援事業）、現在受けているサービスを評価・見直すための継続サービス利用支援事業を行う。また、一般相談支援事業所は、障害者支援施設や生活保護法に規定する救護施設または更生施設、更生保護法に規定する更生施設に入所している障害者、刑事収容施設や少年院に収容されていた障害者を地域へ移行するための支援と居宅において単身で生活する障害者の地域生活を定着させるための支援を実施する（**図6-1**）。

図6-1　相談支援事業

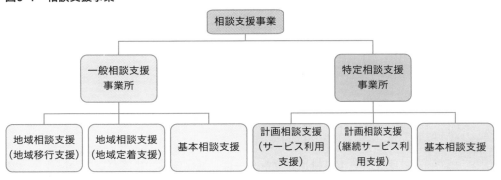

187

特定非営利活動法人

　貧困に対する支援で特定非営利活動法人（NPO法人）の役割は重要である。NPOとは、Non-Profit Organizationという言葉の略であり、「非営利組織」または「民間非営利組織」を表す。NPOは、政府の支配に属さない組織・団体であり、利益を上げることを目的とせず、利益を上げても活動目的を達成するための費用に充てて活動をしている。つまり、NPOとは民間のボランティア活動など、さまざまな非営利活動団体の総称になる。その活動をより活性化させ、安定的に社会の貢献度を高めることを目的に、1998（平成10）年に特定非営利活動促進法（NPO法）が制定された。これにより法人格をもつことができ、団体として銀行口座を開設したり事務所を借りたり、不動産登記などの法律行為を行えることとなった。NPO法に基づき、都道府県知事に申請して認証されたものがNPO法人である（第10条）。

　NPO法人は、フォーマルな施策では対応しにくい、制度と制度の狭間にある問題などにも対応することができ、柔軟な活動ができることが特徴である。そのため、貧困に対する支援としての活動の幅が広い。たとえば、ホームレスにより保証人がなく家が借りられない人、ネットカフェに泊まりながら派遣の仕事で生活をしている人、DVから避難してきて生活に困っている人、低年金・無年金のため生活ができない人、刑務所から出所後に住まいがなく困っている人など、貧困のために支援が必要な人に対してさまざまな角度から支援を行うことができる。また、貧困世帯の子どもへの支援は、日本だけでなく世界全体の問題である。その子どもたちのための募金や子ども食堂として食事提供や健康管理、維持などの支援を行うNPO法人もある。さらに、フードロスの問題では、必要なところに必要な食べ物をつなぐフードバンクの活動を行っている。貧困によって今までの日常生活が途切れてしまった場合でもNPO法人はお金や物を支援するだけでなく、必要な情報提供によって人と人をつなぎ、彼らの孤立化を防ぐことの一翼を担っている。

5　保健所・市町村保健センター

　保健所・市町村保健センターは、地域保健法に基づいて地域住民の健

康や衛生を支える公的機関である。貧困状態にある人には、アルコール問題やうつ病等の精神疾患を抱える人も多い。東京のホームレス（路上生活者）の６割が精神疾患を抱えていることが調査でも明らかとなっている[3]。つまり、貧困状態にある人には精神障害者の割合が多いといえる。保健所や市町村保健センターは、精神科医療機関と連携して彼らの生活支援を行うことが求められている。

　また、貧困問題と切り離せないリストラや自殺、DV 問題を抱える人たちのメンタルヘルスという点においても保健所・市町村保健センターの役割は重要である。

6 学校・教育機関

　子どもたちの日常生活を支えている学校などの教育機関においても、貧困問題は切り離せない。貧困問題は、表面的にすぐに見えにくい場合も多く、子どもたちのふだんの様子を把握している学校などから発見される場合もある。たとえば、今まで元気で明るく学校に来ていたはずの子どもが、最近は何か悩んでいる様子がみられたり、急に痩せてきたり、衛生面での問題や給食費などの滞納などからも、家庭の様子が見えることがある。育児放棄（ネグレクト）などの背景に、リストラによる貧困状態やそれによる親の精神的負担などが隠れていることもあるため、子どもたちにいつも接している担任教員などの目は重要であり、貧困状態にある家庭を支えるためには、教育機関との連携が求められる。

Active Learning

貧困状態にある子どもが学校・教育機関で発見された場合、どのような支援が行われているか調べてみましょう。

◇引用文献
　1）厚生労働省「平成30年度　福祉行政報告例」
　2）厚生労働省編『厚生労働白書　令和 2 年版』資料編，p.196，2020.
　3）「毎日新聞」2009年12月 6 日朝刊

関連する専門職等の役割

● 福祉に関する専門職の役割を理解する
● 貧困状態にある人に関係する福祉職以外の専門職の役割を理解する
● 就職支援ナビゲーターの役割を理解する

ここでは貧困に対する支援に関連する主な専門職等を紹介する。

1 社会福祉士

社会福祉士は、社会福祉士及び介護福祉士法で定められている国家資格である。厚生労働大臣が行う社会福祉士試験に合格し、登録することで社会福祉士と名乗ることができる。社会福祉士の業務は、社会福祉士及び介護福祉士法第2条により、「社会福祉士の名称を用いて、専門的知識及び技術をもって、身体上若しくは精神上の障害があること又は環境上の理由により日常生活を営むのに支障がある者の福祉に関する相談に応じ、助言、指導、福祉サービスを提供する者又は医師その他の保健医療サービスを提供する者その他の関係者（第47条において「福祉サービス関係者等」という。）との連絡及び調整その他の援助を行うこと（第7条及び第47条の2において「相談援助」という。）」と定められている。

2 精神保健福祉士

精神保健福祉士は、精神保健福祉士法で定められている国家資格である。厚生労働大臣が行う精神保健福祉士試験に合格し、登録することで精神保健福祉士と名乗ることができる。精神保健福祉士の業務は、精神保健福祉士法第2条により、「精神保健福祉士の名称を用いて、精神障害者の保健及び福祉に関する専門的知識及び技術をもって、精神科病院その他の医療施設において精神障害の医療を受け、又は精神障害者の社会

復帰の促進を図ることを目的とする施設を利用している者の地域相談支援（中略）の利用に関する相談その他の社会復帰に関する相談に応じ、助言、指導、日常生活への適応のために必要な訓練その他の援助を行うこと」と定められている。

　貧困状態にある人のなかには、統合失調症や依存症などの精神障害のある人がいる。その人たちに対して支援を行う精神保健福祉士とは、医療機関、地域の社会福祉関連施設等、さらに行政機関で連携しながら対応することがある。

3 ケースワーカー（社会福祉主事任用資格）

　社会福祉主事は、社会福祉法第 18 条および第 19 条で定められている任用資格＊である。社会福祉主事は、都道府県、市町村に設置された福祉事務所のケースワーカーとして任用される。なお、社会福祉主事は、社会福祉事務所で社会福祉各法に定める援護、育成を行うケースワーカー以外に、社会福祉施設の施設長、通所介護施設等の生活相談員、社会福祉協議会の福祉活動専門員等として働いている。

★任用資格
公務員が社会福祉関係の業務に任用されるときに必要となる資格である。

4 介護支援専門員（ケアマネジャー）

　介護支援専門員は、介護保険法で定められている資格である（第 7 条第 5 項）。介護支援専門員になるには、実務経験（医師、看護師、社会福祉士、介護福祉士等）が 5 年以上かつ従事した日数が 900 日以上必要である。そして介護支援専門員実務研修受講試験に合格し、かつ、介護支援専門員実務研修の課程を修了した者が、当該都道府県知事の登録を受け、介護支援専門員証の交付を受ける。

　介護支援専門員は、要介護者や要支援者からの相談や心身の状況等に応じ、適切なサービス（訪問介護、通所介護など）を利用できるようにケアプラン（介護サービス等の提供についての計画）の作成や市町村・サービス事業者・施設等との連絡調整を行う。

　高齢者のなかには貧困で支援を必要とする者もいるため、介護等の支援が必要な場合には、介護支援専門員と連携しながら支援を行うこととなる。

5 ▶ 相談支援専門員

　相談支援専門員は、障害者やその家族からの相談や心身の状況に応じた障害福祉サービス（障害者の日常生活及び社会生活を総合的に支援するための法律（障害者総合支援法）のサービス）を受けられるように支給決定時のサービス等利用計画の作成、サービス事業者・施設等との連絡調整を行う。相談支援専門員には障害特性や障害者の生活実態に関する詳細な知識と経験が必要であることから、実務経験（3年以上、5年以上、10年以上）と相談支援従事者研修（初任者研修（初年度）と現任研修（5年ごと））の受講が必要となる。

　障害者には、障害のために就労することができずに障害年金と生活保護で生計を立てている人もいる。よって、貧困状態にある障害者を支援するときには、相談支援専門員との連携が必要となる。

6 ▶ 訪問介護員（ホームヘルパー）

　訪問介護員（ホームヘルパー）は、居宅で暮らす要介護者や障害支援区分で区分1以上の人の日常生活援助を行う介護スタッフである。訪問介護員（ホームヘルパー）の業務は、大きく分けると、「身体介護」「生活援助（介護サービス）」「家事援助（障害福祉サービス）」「通院等乗降介助」などがある。

7 ▶ 退院後生活環境相談員

★退院後生活環境相談員
❶精神保健福祉士、❷保健師、看護師、准看護師、作業療法士または社会福祉士として、精神障害者に関する業務に従事した経験を有する者、❸3年以上精神障害者およびその家族等との退院後の生活環境についての相談および指導に関する業務に従事した経験を有する者であって、かつ、厚生労働大臣が定める研修を修了した者から選任される。

　精神保健及び精神障害者福祉に関する法律（精神保健福祉法）の2013（平成25）年の改正により、すべての医療保護入院の患者に対して、長期入院を解消し、入院患者の人権を守るために創設された資格である。退院後生活環境相談員は、医療保護入院患者の入院後7日以内に選任され、退院に向けた取り組みを行う。退院に向けた取り組みとして、本人と家族との面接をはじめ、多職種多機関と連携しながら地域移行・地域定着支援の利用を検討する。生活保護受給者が対象であれば、退院支援を行うために連携をすることがある。

8 ▶ 看護師・保健師

　看護師・保健師は、保健師助産師看護師法で定められている国家資格である。看護師は、厚生労働大臣が行う看護師国家試験に合格し、看護師籍に登録し、看護師免許の交付された者である。看護師の業務は、保健師助産師看護師法第5条により、「傷病者若しくはじょく婦に対する療養上の世話又は診療の補助を行うこと」と定められている。また、保健師は厚生労働大臣が行う保健師国家試験および看護師国家試験に合格し、保健師籍に登録し、保健師免許の交付された者である。保健師の業務は、保健師助産師看護師法第2条により、「保健師の名称を用いて、保健指導を従事すること」と定められている。業務内容は、保健領域、医療領域、福祉領域、教育領域、司法領域、産業領域など広範囲にわたり、地域住民の健康保持・増進政策は、医師、保健師を中心として展開されている。

9 ▶ 医師

　医師は、医師法で定められている国家資格である。厚生労働大臣が行う医師国家試験に合格し、医籍に登録し、医師免許の交付を受けなければならない。医師の業務は、医師法第17条において、「医師でなければ、医業をなしてはならない」と業務独占が定められている。医師は、診察治療の求めがあった場合には、正当な事由がなければ、これを拒んではならないと定められており（第19条）、また、診断書や検案書、出生証明書、死亡診断書の交付も医師の業務となっている。

　貧困状態にある人のなかには、体調を崩しているため就労ができないなど働きたくても働けない状況の者もいる。本人の体調を考慮しながら、自立に向けた支援を行うためには、医師との連携は必要不可欠なものである。

10 ▶ 弁護士

　弁護士法第1条に、「弁護士は、基本的人権を擁護し、社会正義を実現

することを使命とする。弁護士は、前項の使命に基き、誠実にその職務を行い、社会秩序の維持及び法律制度の改善に努力しなければならない」とある。弁護士法に定められた司法試験合格後、司法修習と修了試験合格を経て国家資格である法曹資格を得て、弁護士として登録する。弁護士は、日本司法支援センター（通称：法テラス）で、「借金」「離婚」などの問題を抱えている人に対して無料相談を行っている。

貧困状態にある人が認知症や知的障害等の精神上の疾患により判断能力が低下した場合に、**成年後見人**として弁護士と連携することもある。

11 保育士

保育士は、児童福祉法に定められている国家資格である。保育士として業務を行うには、指定保育士養成施設を卒業するか、保育士試験に合格し、各都道府県に登録することが必要である。保育士の業務は、「専門的知識及び技術をもって、児童の保育及び児童の保育者に対する保育に関する指導を行うこと」である（児童福祉法第18条の4）。

保育所などで子どもの様子から家庭の様子などを垣間みることができる。そこから、貧困問題や、貧困を背景とした子どもへの虐待などの問題を見つけることもある。

12 就労関係機関職員・早期再就職専任支援員（就職支援ナビゲーター）

生活保護の領域では、就労支援において公共職業安定所（ハローワーク）などの就労関係機関の職員とかかわる場面も増えている。また、利用者が職業に必要な技能および知識を習得するための職業能力開発校などと就労に関してかかわることがある。

早期再就職専任支援員（就職支援ナビゲーター）は、早期再就職の必要性が高い求職者および35歳以上の不安定労働者に対し、履歴書・職務経歴書の個別添削や面接シミュレーションの実施、個別求人開拓等、担当制による求職者の個々の状況に応じた体系的かつ計画的な一貫した就職支援を実施する。また、生活保護受給者等就労自立促進事業では、ハローワークと福祉事務所が連携を強化し、解雇・失業により貧困状態になった人に対して、就職支援ナビゲーターなどを構成員とする「就労

Active Learning

本節で紹介した専門職のほかに、貧困に対する支援に関連すると考えられる専門職を調べてみましょう。

支援チーム」をつくり、本人の抱える課題などを話しあい、就職に結び
つけるための就労支援プランの策定など、就労に向けた支援を実施する
（図 6-2）。

図6-2　生活保護受給者等就労自立促進事業の概要

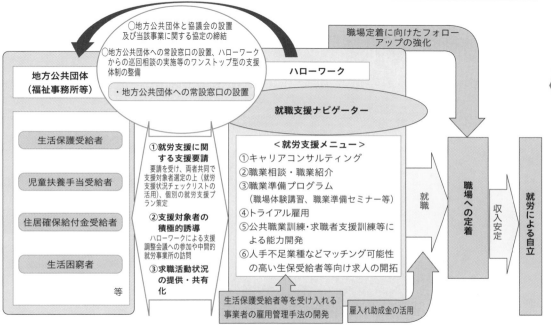

生活保護受給者等就労自立促進事業の推進
労働局・ハローワークと地方公共団体との協定等に基づく連携を基盤に、地方公共団体におけるワンストップ型の就労支援体制を全国的に整備し、生活保護受給者等の就労による自立促進を図る生活保護受給者等就労自立促進事業を実施してきたところ。 　生活保護受給世帯数の高止まり、平成27年度に施行された生活困窮者自立支援法の施行に伴う支援対象者の増等にも対応するため、地方公共団体にハローワークの常設窓口を増設する等、両機関が一体となった就労支援を更に推進することにより、支援対象者の就労による自立を促進する。

資料：厚生労働省

第6章　貧困に対する支援における関係機関と専門職の役割

第7章

貧困に対する支援の実際

　本章では、貧困に対する支援を担う社会福祉士の役割、貧困に対する支援に際して必要とされる視点と基本姿勢、生活保護制度および生活困窮者自立支援制度における相談支援の枠組みと流れを踏まえて、貧困に対する支援の実際を、事例を通じて理解することを目指していく。

　貧困状態にある人が置かれている状況への洞察を深め、社会福祉士として、いかに、人と環境に働きかけていくことができるか、考える力を涵養することが期待される。

貧困に対する支援における社会福祉士の役割

- 貧困に対する支援における社会福祉士の役割を学ぶ
- 社会福祉士の倫理綱領を踏まえた支援を意識する
- 社会正義の実現につながる実践の必要性を理解する

1 貧困に対する支援と社会福祉士

　すべての社会福祉士が、貧困、そして貧困に対する支援に関する知識をもち、社会福祉士としての役割を果たすことが求められている。それは、貧困というものが、世界で、そして日本でも、いまだ解決されない課題として存在しているからにほかならない。

　読者は、貧困が社会的に生み出されるものであることや、社会環境の変化によって貧困になり得るリスクが誰にでもあることを、本書の理論や歴史等を学ぶなかで理解されたことであろう。また、このことは、2020（令和2）年に入り、社会生活のあり方そのものに大きな変化や影響をきたしている新型コロナウイルス感染症（COVID-19）の感染拡大によっても、実感されるところである。

　しかしながら、貧困状態にある人に対する理解は、必ずしも正しく十分なものとならぬまま現在に至っていることを、現実として受けとめなければならない。また、こうした社会環境のなかで成長し、実践してきた社会福祉士自身が、気づかぬところで、貧困や貧困状態にある人に対して、誤解や偏見をもった対応をしてしまうことは容易に起こり得る。

　社会福祉士は、差別をせず偏見をもたない専門職ではない。社会福祉士の専門性は、自分自身が、差別につながる言動や偏見をもった対応をしてしまうかもしれないということを自覚し、専門職の倫理に対して謙虚かつ誠実に、自らを振り返り学び続けることによって、初めて発揮されるものであるといえるだろう。

2 社会福祉士の役割

ここではあらためて、「社会福祉士の倫理綱領：2020 年 6 月 30 日採択」（以下、倫理綱領）より、社会福祉士の役割を確認してみたい。

倫理綱領の前文には、「われわれ社会福祉士は、すべての人が人間としての尊厳を有し、価値ある存在であり、平等であることを深く認識する。われわれは平和を擁護し、社会正義、人権、集団的責任、多様性尊重および全人的存在の原理に則り、人々がつながりを実感できる社会への変革と社会的包摂の実現をめざす専門職であり、多様な人々や組織と協働することを言明する」と書かれている。

また、倫理綱領の「原理」には、次のような記述がある。

Ⅰ（人間の尊厳）　社会福祉士は、すべての人々を、出自、人種、民族、国籍、性別、性自認、性的指向、年齢、身体的精神的状況、宗教的文化的背景、社会的地位、経済状況などの違いにかかわらず、かけがえのない存在として尊重する。

Ⅱ（人権）　社会福祉士は、すべての人々を生まれながらにして侵すことのできない権利を有する存在であることを認識し、いかなる理由によってもその権利の抑圧・侵害・略奪を容認しない。

Ⅲ（社会正義）　社会福祉士は、差別、貧困、抑圧、排除、無関心、暴力、環境破壊などの無い、自由、平等、共生に基づく社会正義の実現をめざす。

Ⅳ（集団的責任）　社会福祉士は、集団の有する力と責任を認識し、人と環境の双方に働きかけて、互恵的な社会の実現に貢献する。

Ⅴ（多様性の尊重）　社会福祉士は、個人、家族、集団、地域社会に存在する多様性を認識し、それらを尊重する社会の実現をめざす。

Ⅵ（全人的存在）　社会福祉士は、すべての人々を生物的、心理的、社会的、文化的、スピリチュアルな側面からなる全人的な存在として認識する。

これらは、社会福祉士が専門職としての役割を発揮する際のよりどこ

ろとなるものであるが、貧困に対する支援においても、常に心にとめて
おきたいことである。

　貧困状態にある人は、人間の尊厳が尊重されない状況に置かれている
ことが多い。それは、貧困が自己責任であると考えられるなかで、困っ
ていてもなかなか助けを求められずにいたり、助けを求めることそのも
のを否定されたり非難されたりしてしまうような状況が起こっているか
らである。「声をあげられない」状況は、ますます、当事者を不利な状況
にとどめてしまうことにつながる。

　貧困に対する支援においては、当事者への支援はもとより、当事者へ
の支援を通じて周りの環境に働きかけるなかで、偏見や差別をなくす社
会正義の実現につながる実践も、社会福祉士に求められている重要な役
割であるといえるだろう。

　貧困に対する支援の領域では、複合的な困難を抱えた状況の人と出会
うことが多い。こうしたなかで、社会福祉士には「問題や課題の解決」
を期待されるが、社会福祉士の役割は、「問題や課題の解決」を請け負う
ことではない。ありのままのその人に向き合い、その人自身が自分自身
で「問題や課題の解決」に向き合えるよう支援すること、そして少しで
もよりよい生活や人生が歩めることを目指してともに歩みを進めること
である。困難を抱えた当事者こそ、地域社会に新たな可能性をひらく鍵
をもつ存在であることを忘れずにいたい。

　なお、同じくソーシャルワーク専門職である精神保健福祉士の役割も
同様と考えられる。

支援に必要とされる視点と基本姿勢

学習のポイント

- 貧困状態にある人が置かれている状況を理解する
- 貧困に対する支援に求められる視点を学ぶ
- 本人理解に基づく相談支援の考え方を習得する

貧困状態にある人が置かれている状況への理解

　リスター（Lister, R.）は、著書『貧困とはなにか』において、次のように述べている。「貧困状態にある人々は、参加の同等性を否定されている。その原因は、物質的な剥奪であり、＜他者化＞のプロセスであり、人権とシチズンシップの侵害であり、＜声＞の欠如であり、相対的な無力さである。社会正義のための闘いは、再分配および、承認と尊重・敬意の両方を含むものでなければならない[1]。」

　リスターの著書の結論として示されたこの文章は、貧困状態にある人々が置かれている状況をつぶさに記述するとともに、支援者が何をすべきかについても端的に示している。

　貧困状態にある人は、物資的に剥奪され、経済的に困窮するばかりでなく、人権やシティズンシップも侵害される。＜他者化＞が意味するのは、「自分とは違うあの人たちのこと」として扱われてしまうことである。

　貧困になったのは自己責任と考えられがちななかで、声をあげることもできなくなってしまい、尊厳が損なわれた状態に置かれ続けてしまう。リスターの指摘するような状況が、日本でも起こっているということは、残念ながら否定できない。

　貧困に対する支援にあたっては、貧困状態にある人が置かれているこうした状況を理解することが不可欠である。そして、再分配に代表されるような、社会的な不平等を解消する働きかけとともに、承認と尊重・敬意のように、一人ひとりの尊厳を尊重した働きかけの両面が求められているといえるだろう。

2 ▷ 貧困に対する支援に求められる視点

　貧困に対する支援に求められる視点として示唆に富むのが、一般社団法人社会的包摂サポートセンターが示した「生活困窮の氷山モデル」（図7-1）である。[2]

　「生活困窮の氷山モデル」は、生活困窮の悩みや相談を、①表面化している困りごと、②困りごとの背後にある個人的・社会的な課題や価値観（②-a背後や近接関係にある社会問題、②-b排除を強化する価値観・思想）から理解しようとするものである。

　そして、当事者の目線を大切にしながら、「誰がどう困っているのか？を多角的に考える視点」「困りごとが生じたプロセスや背景を想像し、確かめ、理解する視点」「排除構造を強化するマジョリティの価値観に気づく視点」をもって実践することが大切であるとしている。[3]

　図7-2は、ホームレス状態にある男性の事例を、「生活困窮の氷山モデル」で表したものである。②-aにある本人の状況を考慮せず、「リストラ」「ホームレス」というような、表面化している困りごとだけに焦点を当てて支援をしても、課題解決ができないどころか、支援者の働きかけが、かえって本人のもつ力を奪い、尊厳を損なうことにつながってしまうことが起こり得る。②-bのような排除を強化する価値観や思想を意識することも重要である。

図7-1　生活困窮の氷山モデル1

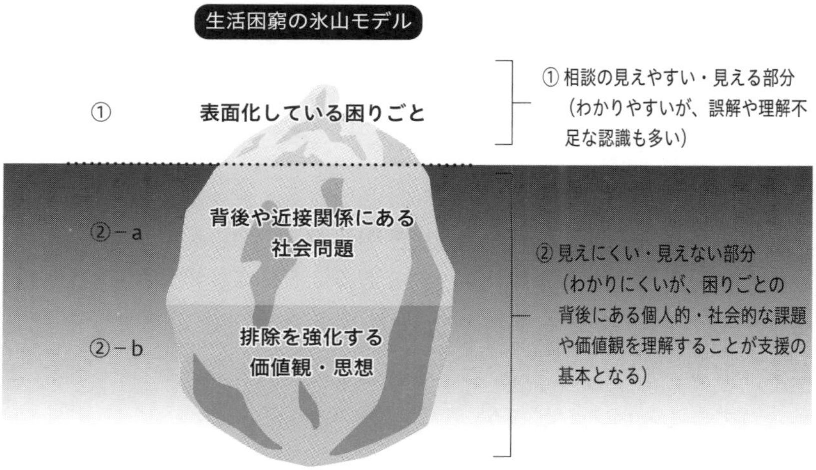

出典：一般社団法人社会的包摂サポートセンター編『相談支援員必携 事例でみる生活困窮者』中央法規出版，p. 4, 2015.

図7-2　生活困窮の氷山モデル2

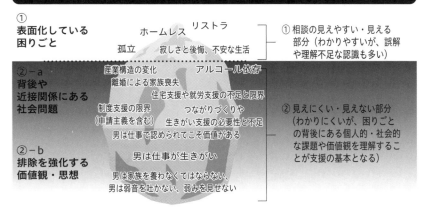

出典：一般社団法人社会的包摂サポートセンター編『相談支援員必携 事例でみる生活困窮者』中央法規
　　　出版，p. 89, 2015.

　表面化している困りごとだけでなく、見えにくく、わかりにくいが、背後にある困難や生きづらさの理解に努め、支援を通じて、排除を強化する価値観や思想をよりよく変化させていくことが、貧困における支援においては不可欠であるといえるだろう。

3 本人理解に基づく相談支援の考え方

　貧困に対する支援における基本的な事項として理解しておきたいのは、「本人理解に基づく相談支援の考え方」（図7-3）である[4]。

　これは、『生活困窮者自立支援制度の自立相談支援機関における帳票類の標準化等に関する調査研究報告書[5]』で示された考え方であり、対象者の属性を問わず包括的相談支援を行う、生活困窮者自立支援制度における支援の基本となっている。

　前掲の「生活困窮の氷山モデル」にも共通するが、相談支援を効果的に進めるためには、本人が抱える課題の表向きの現象だけにとらわれた対応をしてもうまくいかない。「本人理解に基づく相談支援の考え方」では、「本人と取り巻く環境について適切な理解に基づいて対応する」こと、そして「本人の側に立って、本人から見える世界への理解を深める」ことを挙げている。

　そしてそれを実現させるための方法として、本人との間に信頼に裏打ちされた援助関係を構築し、現象として見える課題の奥にあるものにつ

図7-3　本人理解に基づく相談支援の考え方

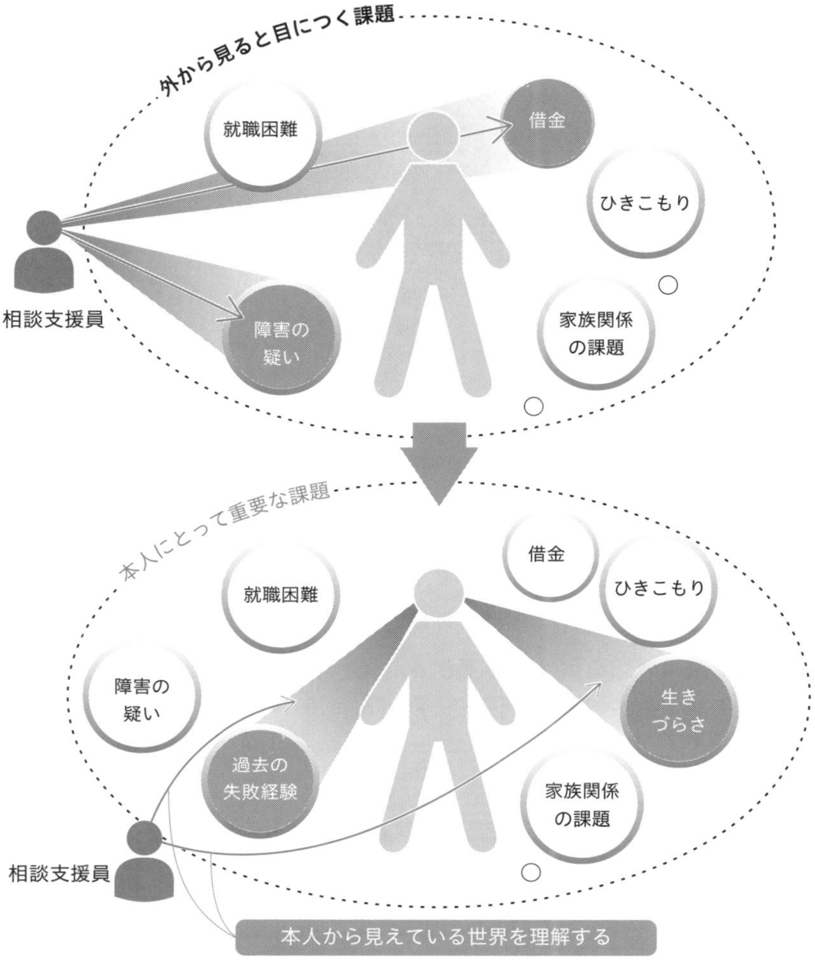

出典：みずほ情報総研「第1部　自立相談支援における事例の捉え方と支援のあり方」『生活困窮者自立支援制度の自立相談支援機関における帳票類の標準化等に関する調査研究報告書』p. 3, 2016.

いての理解を深め、適切な本人理解に努めることが重要であるとしている。貧困に対する支援においては、常に意識しておきたい内容である。

4 就労支援の意義と考え方について

　貧困に対する支援の領域においては、生活保護制度、生活困窮者自立支援制度などの制度内で、就労支援が行われている。支援者は、就労支援の意義や考え方を十分理解して、支援にあたる必要がある。

　生活困窮者自立支援制度の就労支援を実施するにあたり、次のような意義と考え方が示されている[6]。

① 就労支援は、「就労」という人間にとってかけがえのない営みを、それぞれの状況に即して実現できるよう支援することである。

② 就労は、単に収入を得るばかりでなく、日々の生活をつくり、社会とのつながりを構築し、自己実現を図るという大切な意義をもつ。

③ 就労には、「有給労働」と「無給労働」がある。

④ 就労（勤労）が「権利」であることに着目する。

⑤ 就労支援は、ジョブマッチングにとどまらない、一人ひとりの生活や人生を豊かにすることを支援する重要な取組みである。

あわせて、次のような生活困窮者の状況に応じた就労支援のポイントが示されている。[7]

① 生活困窮者自立支援制度の最大の目標は、「生活困窮者の自立と尊厳の確保（保持）」である。

② 「就労」は、三つの自立（日常生活自立、社会生活自立、経済的自立）につながる営みである。

③ 支援対象者によって、就労支援の目標や形は異なる。

④ 長期的な展望をもち、目標とする取組みが支援対象者の将来の生活の安定につながるかどうか考慮する。

⑤ 支援対象者の背景や思いの理解に努めることが大切である。

⑥ 直接的な就職支援にとどまらず、多様な支援策の提供が必要である。

「就労」は、人間にとって極めて大切な意義をもつものであることが、上記では明らかにされている。就労の意義と考え方、就労が三つの自立につながる営みであること、就労支援では多様な支援策の提供や開発が不可欠であることなどは、2010（平成22）年7月に厚生労働省社会・援護局保護課がまとめた「生活保護受給者の社会的な居場所づくりと新しい公共に関する研究会報告書」に掲げられた内容であり、生活困窮者自立支援制度にも継承されている。つまり、生活保護受給者も生活困窮者も同様な考え方に基づき、就労支援が実施されているということである。

貧困状態にある人は、生計を維持する手段として、「就労（働くこと）」を求められてしまいがちである。日本国憲法第27条には「勤労権」として、「すべて国民は、勤労の権利を有し、義務を負ふ」と規定されており、貧困状態にある人に対しては、「勤労の義務を果たさない」というような一方的な非難が寄せられてしまいやすい。支援者には、「就労（働くこと）」の意義や重要性を踏まえた実践を実現することが求められてい

る。

　貧困状態にある人への就労支援では、個人に変容を求めるキャリア支援型から、企業や働く場となる団体と協働し、個々に合わせた環境を整える環境支援型に力が注がれるようになっている。誰もが自分らしく働ける場をつくることが、地域づくりにもつながっていく。

　「就労支援」は「就職支援」と異なり、「就職」することがゴールではない。すべての人にとってかけがえのない「就労」を、それぞれの状況に即して実現できるよう、個と地域に働きかけることが、真の就労支援であるといえるだろう。

◇引用文献
　1）ルース・リスター，松本伊智朗監訳，立木勝訳『貧困とはなにか──概念・言説・ポリティクス』
　　明石書店，p. 270, 2011.
　2）一般社団法人社会的包摂サポートセンター編『相談支援員必携 事例でみる生活困窮者』中央法
　　規出版，pp. 4-5, 2015.
　3）同上，p. 5
　4）みずほ情報総研「第1部　自立相談支援事業における事例の捉え方と支援のあり方」『生活困窮
　　者自立支援制度の自立相談支援機関における帳票類の標準化等に関する調査研究報告書』pp. 2-3,
　　2016.　https://www.mizuho-ir.co.jp/case/research/pdf/konkyu2016-chohyo_01.pdf
　5）同上
　6）自立相談支援事業従事者養成研修テキスト編集委員会編『生活困窮者自立支援法 自立相談支援
　　事業従事者養成研修テキスト』中央法規出版，pp. 228-267, 2014.
　7）同上，pp. 229-231

第3節 貧困に対する支援の実際

- 生活保護制度における相談援助活動と自立支援を学ぶ
- 生活困窮者自立支援制度における自立支援を学ぶ
- 事例を通じて相談支援のあり方に関する理解を深める

1 生活保護制度における相談援助活動と自立支援

1 基本的な考え方

❶生活保護制度における相談援助活動の特徴

① 生活保護制度における相談援助活動の位置づけ

　生活保護制度は、日本国憲法第 25 条における生存権の理念に基づき、国が生活に困窮する人に対して、国の責任で生活を保障する制度である。このような状況になった人を受けとめ、生活保護法の二つの目的である「健康で文化的な最低限度の生活の保障」と「自立の助長」を目指して行われるのが、生活保護制度における相談援助活動の特徴である。

② 生活保護制度における相談援助活動の場と援助者

　生活保護制度における相談援助活動は、生活保護の実施機関である福祉事務所において行われる。相談援助活動を担うのは、社会福祉主事の資格をもつ、生活保護ソーシャルワーカー（以下、ワーカー。福祉事務所における現業を行う所員であり、「現業員」「ケースワーカー」とも呼ばれている）である。ワーカーの相談援助活動は、スーパーバイザー（SV）と呼ばれる査察指導員により支えられている。

③ 生活保護制度における相談援助活動の位置づけ

　生活保護の目的は、生活保護法第 1 条に規定される「健康で文化的な最低限度の生活の保障」と「自立の助長」を、要保護者（以下、利用者）個々の状況に即して適切に行っていくことである。

　ここでいう「自立の助長」とは、「生活保護からの脱却」や「経済的自立を促すこと」ではない。2004（平成 16）年 12 月の「生活保護制度の在り方に関する専門委員会」報告書で明らかにされたように、「経済的自立（就労自立）」「日常生活自立」「社会生活自立」という三つの自立の考

え方を踏まえて自立の助長が行われることを、ここで、再度確認しておきたい。

❷生活保護における相談援助活動のプロセス

　生活保護における相談援助活動のプロセスを、**図7-4**に沿って概観したい。プロセスには、❶要保護者の発見、❷インテーク、❸アセスメントとプランニング、❹インターベンション、❺モニタリングとエバリュ

図7-4　生活保護における相談援助活動の枠組み

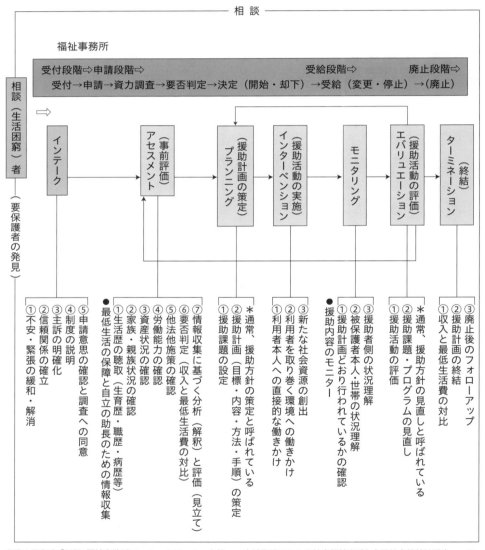

出典：岡部卓『新版　福祉事務所ソーシャルワーカー必携——生活保護における社会福祉実践』全国社会福祉協議会, p. 43, 2014. を一部改変

ⅰ　本報告書では、「就労自立」とされていたが、その後、就労のみならず経済的な自立につながるさまざまな要素を含めて「経済的自立」と表現するようになっている。

エーション、❻ターミネーションの段階がある。ここでは、各段階における相談援助活動の内容を述べていく。

① **要保護者の発見**

　福祉事務所には、さまざまな形で利用者の相談がもち込まれる。一般的には、相談者が窓口に相談に訪れるが、住民や関係機関から、利用者に関する相談が電話等で寄せられることもある。こうした通報は、放置したり住民に対応を任せたりすることなく、必要に応じてワーカーが出向いたり、民生委員・児童委員の協力を得たりしながら、状況確認や緊急対応を速やかに行わなければならない。

　日頃から、生活保護制度や相談窓口について住民に周知しておくとともに、関係機関との連絡調整を密に行い、利用者を積極的に発見する体制づくりが必要である。

② **インテーク**

　インテークは「受付面接」ともいわれており、利用者の相談を最初に受けとめる段階である。福祉事務所では、面接を担当するワーカー（面接員、インテークワーカーともいう）が利用者に対応する。

　インテークでは、❶不安・緊張の緩和・解消、❷信頼関係の確立、❸主訴の明確化、❹制度の説明、❺申請意思の確認と調査への同意を行う。❶〜❺それぞれの内容と留意点は次のとおりである。

❶ **不安・緊張の緩和・解消**

　福祉事務所に相談に訪れる利用者は、重層的な不安を抱えている。利用者が来所した際は、ワーカーは自分から声をかけ、安心して話のできる場所に案内し、来所してくれたことに対するねぎらいの言葉をかけるというような具体的な対応により、利用者の不安や緊張を解きほぐしていく。

❷ **信頼関係の確立**

　信頼関係を確立するために、ワーカーは、まず自己紹介して、利用者の抱える課題の解決をともに図れるよう支援していくこと、そして相談内容に関する秘密が守られることを伝えることが求められる。利用者の話を非審判的態度で傾聴することも大切である。

❸ **主訴の明確化**

　相談に訪れる利用者は、必ずしも、自分自身が相談したいことを理路整然と話すことができるわけではない。利用者の悲しみや怒りの感情をありのままに受けとめながら、利用者が最も訴えたい、相談したいと思うことを自由に表現できるように促し、主訴の明確化を図って

いく。

❹・❺　制度の説明・申請意思の確認と調査への同意

　インテークでは、利用者にわかるように生活保護制度の説明を行う
こともワーカーの重要な役割である。福祉事務所で作成している「保
護のしおり」[ii]を活用し、利用者にわかる言葉を使って説明することが
大切である。

　利用者が生活保護の申請を希望した場合には、その申請意思を尊重
した対応が求められる。調査に対する説明と同意を得ることが求めら
れる。また、生活保護の申請に至らなかった利用者に対しても、いつ
でも相談や申請ができることを伝えるとともに、必要な制度や関係機
関を紹介するなど、当面の生活や困りごとに対する見通しが立つよう
な対応を十分に行うことが重要である。

③　アセスメント（事前評価）、プランニング（援助計画の策定）

　アセスメント（事前評価）とプランニング（援助計画の策定）は、申
請を受け、生活保護を決定していく段階である。

❶　アセスメント（事前評価）

　アセスメントは、事前評価ともいわれており、生活保護の相談援助
のプロセスでは、利用者に関する情報収集を行いながら、利用者の生
活保護の要否を判断するとともに、課題分析を行い、今後の方向性を
検討していく過程である。この段階で確認することは、❶生活歴（生
育歴、職歴、病歴等）、❷家族・親族状況、❸資産状況、❹労働能力、
❺他法他施策などである。アセスメントの段階では、生活保護の決定
実施に必要な情報ばかりでなく、世帯および世帯員個々の生活の安定
と充実に向けて、利用者の将来に向けた希望などを把握することも大
切である。

　生活保護の相談援助活動におけるアセスメントの特性として、①資
産・能力などの調査を伴うこと、②援助計画を策定するためのアセス
メントと同時に、保護の要否判定を併せて行うこと、③保護の要否判
定を行い保護の決定をするまでの期間が定められていることが挙げら
れる。

❷　プランニング（援助計画の策定）

　プランニングは、援助計画を策定する段階を指す。具体的には、❶

ii　各福祉事務所、各自治体で作成している、生活保護制度や手続きをわかりやすくま
とめたパンフレットのことを、一般的に「保護のしおり」と呼んでいる。

援助課題の設定、❷援助計画の策定の段階である。生活保護の相談援助では、援助計画を「援助方針」と呼んでいる。

　援助方針は、利用者のおかれている全体的な状況を理解し、長期的、中期的、短期的な視点に基づき、福祉事務所、利用者双方が、実行可能な具体的なものを策定することが大切である。生活保護の実施要領では、援助方針について、「策定した援助方針については、原則として要保護者本人に説明し、理解を得るよう努めること」とされており、援助方針が、ワーカーにより一方的に樹立されることのないようにする必要がある。

④　インターベンション（援助活動の実施）

　生活保護を実施する段階にあたるのが、インターベンション（援助活動の実施）である。インターベンションのプロセスでは、❶利用者本人への直接的な働きかけ、❷利用者を取り巻く環境への働きかけ、❸新たな社会資源の創出を行う。

　ワーカーは、家庭訪問、所内面接、入院・入所先での面接を通して、利用者の生活状況を把握するとともに、課題解決に向けた相談援助活動を行っていく。また、利用者本人だけでなく、利用者の親族や関係者、関係機関の専門職と連携・協働して援助を実施する。

⑤　モニタリング、エバリュエーション（援助活動の評価）

　生活保護の援助活動の実施状況をモニターし、評価していく段階が、モニタリングとエバリュエーション（援助活動の評価）である。モニタリングのプロセスでは、❶援助が援助計画（援助方針）どおりに行われているか、❷被保護者本人・世帯の状況理解、❸援助者側の状況理解を行う。また、エバリュエーションのプロセスでは、モニタリングを踏まえて、①援助活動の評価、②援助課題とプログラムの見直しを行う。

❶　モニタリング

　モニタリングは、エバリュエーションにつながるプロセスである。インターベンションの過程で行われる援助内容を振り返りながら、利用者とワーカー、そしてそれらを取り巻く状況を把握し、理解することが大切である。

❷　エバリュエーション（援助活動の評価）

　エバリュエーションは、生活保護における相談援助活動では、「援助方針の見直し」をする段階でもある。援助方針の見直しは、利用者の状況に変化があったときや、ケース診断会議等により、福祉事務所として援助方針を検討したときなどに実施する。援助方針は、利用者の

第7章　貧困に対する支援の実際

211

状況の変化に即して、適宜見直す必要がある。

⑥　ターミネーション（終結）

生活保護の相談援助活動におけるターミネーション（終結）は、生活保護が廃止となる段階を指す。

終結は、主に❶収入が最低生活費を上回ったとき、❷利用者の死亡や失踪により生活保護の必要がなくなったとき、❸利用者世帯の転居等により世帯が転出したときに訪れる。ワーカーには、終結後も利用者が安定した生活を継続できるよう助言し、その後のフォローアップ体制を構築しておくことが求められる。生活保護が廃止された後も、困ったときにはいつでも相談できることを伝えておくことも大切である。

❸生活保護の相談援助活動における調査と記録

①　生活保護の相談援助活動における調査

生活保護の相談援助活動では、「訪問調査」「書類調査」による調査を実施しながら、利用者の生活、資産、健康などの状況を把握し、保護の要否、程度、方法を決定したり、援助方針の策定に役立てたりしている。

訪問調査[iv]は、❶生活保護が申請されたときに行うもの、❷定期的に行うもの、❸臨時的に行うものの3種類がある。

書類調査は、書類によって行われる調査であり、「扶養義務者に関する照会」「関係先調査[v]」がその主なものとなる。

これらの調査を実施する際には、調査の趣旨や目的を利用者にわかるように伝え、利用者の理解と同意のもとで実施する必要がある。また、調査によって利用者のプライバシーが安易に他者に知られることがないように、細心の注意を払って実施することが求められている。

②　生活保護の相談援助活動における記録

生活保護の相談援助活動においても、記録は相談援助活動を支える基礎資料として重要な役割を担っている。「ケース記録」と呼ばれる記録は公文書であり、❶保護台帳、❷保護決定調書、❸経過記録（面接記録票、ケース記録票）、❹その他の資料によって構成されている。これらの記録は、①業務の報告書、②査察指導や監査のための資料、③援助の質を向上させるための資料として用いられる。このため、根拠を明確にす

---

iii　生活保護の実施にあたり、福祉事務所が開催している、いわゆる「ケースカンファレンス」のことを、「ケース診断会議」と呼んでいる。

iv　訪問調査の具体的な方法については、「生活保護法による保護の実施要領について」（昭和38年4月1日社発第246号）の「第12　訪問調査等」のなかに具体的に示されている。

v　生活保護法第29条を根拠として行われる。「29条調査」とも呼ばれる。

ることや、ワーカーの対応の内容を事実と所見に分けて記載することが
大切である。

❹生活保護における自立支援

① 生活保護法における相談援助と支援

　ここで、生活保護における相談援助と支援の位置づけについて確認し
ておきたい。

　2000（平成12）年、「地方分権の推進を図るための関係法律の整備等
に関する法律」（地方分権一括法）に基づく生活保護法の改正が行われた。
それまで「機関委任事務」として実施されていた生活保護における業務
は、最低生活保障とそれに伴う指導・指示に関する業務が「法定受託事
務」、要保護者および被保護者への相談・助言に関する業務が「自治事務」
と位置づけられた。

　表7-1 は、生活保護法における相談援助と支援の関係を整理したもの
である。

　生活保護における社会福祉実践は、❶相談者・要保護者に対する相談

表7-1　生活保護法における相談援助と支援の関係

相談者・要保護者	最低生活保障＋自立助長	
	被保護者	
生活保護における社会福祉実践（相談援助活動および支援活動）		
相談および助言	自立助長に即した相談援助	自立助長に即した支援
相談援助		自立支援
相談者・要保護者の意向に即した相談および助言	被保護者の意向を尊重した相談援助活動	被保護者の選択と決定に基づく支援活動（自立支援プログラムを含む）
○相談および助言〈相談者〉・社会福祉法および社会福祉各法〈要保護者〉・生活保護法第27条の2（相談及び助言）○保護申請に伴う助言指導〈要保護者〉・生活保護法第28条（報告、調査及び検診）	○指導および指示に基づく相談援助活動〈被保護者〉・生活保護法第27条（指導及び指示）	○相談および助言〈被保護者〉・生活保護法第27条の2（相談及び助言）・生活保護法第55条の7（被保護者就労支援事業）

注１：相談者（要保護者を除く）、要保護者（被保護者を除く）、被保護者（生活保護利用者）
　２：法定受託事務＝生活保護法第27条・第28条
　　　自治事務＝生活保護法第27条の2・第55条の7
　３：自立支援プログラムは2005（平成17）年4月から実施
出典：岡部卓「自立支援の考え方と意義」『生活と福祉』2008年6月号，全国社会福祉協議会，p.25，2008．を一部改変

および助言、❷被保護者に対する自立助長に即した相談援助、❸被保護者に対する自立助長に即した支援に分類される。

　❶は相談者・要保護者の意向に即した相談および助言、❷は被保護者の意向を尊重した相談援助活動、❸は被保護者の選択と決定に基づく支援活動である。いずれも、利用者の意向を大切にした社会福祉実践である点で共通している。しかしながら、❷には、生活保護法第27条に基づく「指導及び指示」や、第28条に基づく「立入調査」「検診命令」など、生活保護の停止や廃止につながる行為が含まれている。第27条の「指導及び指示」は、同条第3項に「被保護者の意に反して、指導又は指示を強制し得るものと解釈してはならない」と規定されているものの、自立助長には、このような一定の権限の行使も含まれていることを理解しておく必要がある。

　相談援助には、必ずしも利用者の同意がなくても、福祉事務所が「健康で文化的な最低限度の生活の保障」と「自立の助長」という目的を果たすうえで、必要と認めて実施するさまざまな働きかけが含まれている。一方で、支援（自立支援）は、利用者の選択と決定に基づくことが前提となっており、利用者の同意がないままに一方的に実施されることは本来のあり方でないことを理解しておきたい。

②　生活保護における自立支援と自立支援プログラム

　生活保護における自立支援は、前述の「生活保護制度の在り方に関する専門委員会」報告書により、「社会福祉法の基本理念にある『利用者が心身共に健やかに育成され、又はその有する能力に応じ自立した日常生活を営むことができるように支援するもの』を意味し、就労による経済的自立のための支援（就労自立支援）のみならず、それぞれの被保護者の能力やその抱える問題等に応じ、身体や精神の健康を回復・維持し、自分で自分の健康・生活管理を行うなど日常生活において自立した生活を送るための支援（日常生活自立支援）や、社会的なつながりを回復・維持するなど社会生活における自立の支援（社会生活自立支援）をも含むものである」と規定された。

　そして、生活保護制度を「最後のセーフティネット」として適切なものとするためには、効果的な自立・就労支援策を実施する制度とすることが必要であるとして、2005（平成17）年度より、「自立支援プログラム」を策定し、これに基づいた支援を実施することとなった。

　「自立支援プログラム」とは、実施機関である福祉事務所が、管内の生活保護受給者全体の状況を把握したうえで、被保護者の状況や自立を疎

外する要因（自立に向けた課題）について類型化を図り、それぞれの類型ごとに取り組むべき自立支援の具体的内容および実施手順などを定め、これに基づいて個々の被保護者に必要な支援を組織的に実施していくものである。

③ **自立支援プログラムの支援プロセス**

自立支援プログラムにおける支援プロセスは、**図 7-5** のとおりである。

自立支援プログラムは、被保護者に対して実施されることから、❶アセスメント、❷説明と参加、❸プランニング（自立支援計画の策定）、❹自立支援計画の実施、❺モニタリング、❻エバリュエーション（評価）、❼ターミネーション（終結）という、一連のプロセスにより進められる。

④ **自立支援プログラムの実施体制**

自立支援プログラムは、❶公共職業安定所（ハローワーク）との協働で実施するもの、❷就労支援員、健康管理支援員、子ども支援員などの専門職員を自治体や福祉事務所が雇用して実施するもの、❸社会福祉法人、特定非営利活動法人、企業など民間団体に委託して実施するもの、❹ケースワーカーが実施するものがある。

❶は、2013（平成 25）年より「生活保護受給者等就労自立促進事業」として実施されており、ハローワークに配置された就職支援ナビゲーターと連携して、主に一般就労に向けた支援を行っている。❷❸❹については、各自治体や福祉事務所が、地域や利用者の状況に即して、実施体制を構築している。

⑤ **自立支援プログラムの内容**

自立支援プログラムには、❶経済的自立に関する自立支援プログラム、❷日常生活自立に関する自立支援プログラム、❸社会生活自立に関する自立支援プログラムがある。自立支援プログラムの策定状況は、**表 7-2**のとおりである。

❶には前述の「生活保護受給者等就労自立促進事業」のほか、福祉事務所に雇用された就労支援員が中核を担う「被保護者就労支援事業」、就労に向けて準備が必要な利用者を対象とする「被保護者就労準備支援事

---

vi 自立支援プログラムについては、厚生労働省の以下の通知に詳しい。
「平成 17 年度における自立支援プログラムの基本方針について」（平成 17 年 3 月 31 日社援発 0331003 号）、「自立支援プログラム導入のための手引（案）について」（平成 17 年 3 月 31 日事務連絡）。また、自立支援プログラムを進めるために、厚生労働省は「自立支援の手引き」（平成 20 年 3 月）を作成している。

図7-5 生活保護における相談援助・支援のプロセス

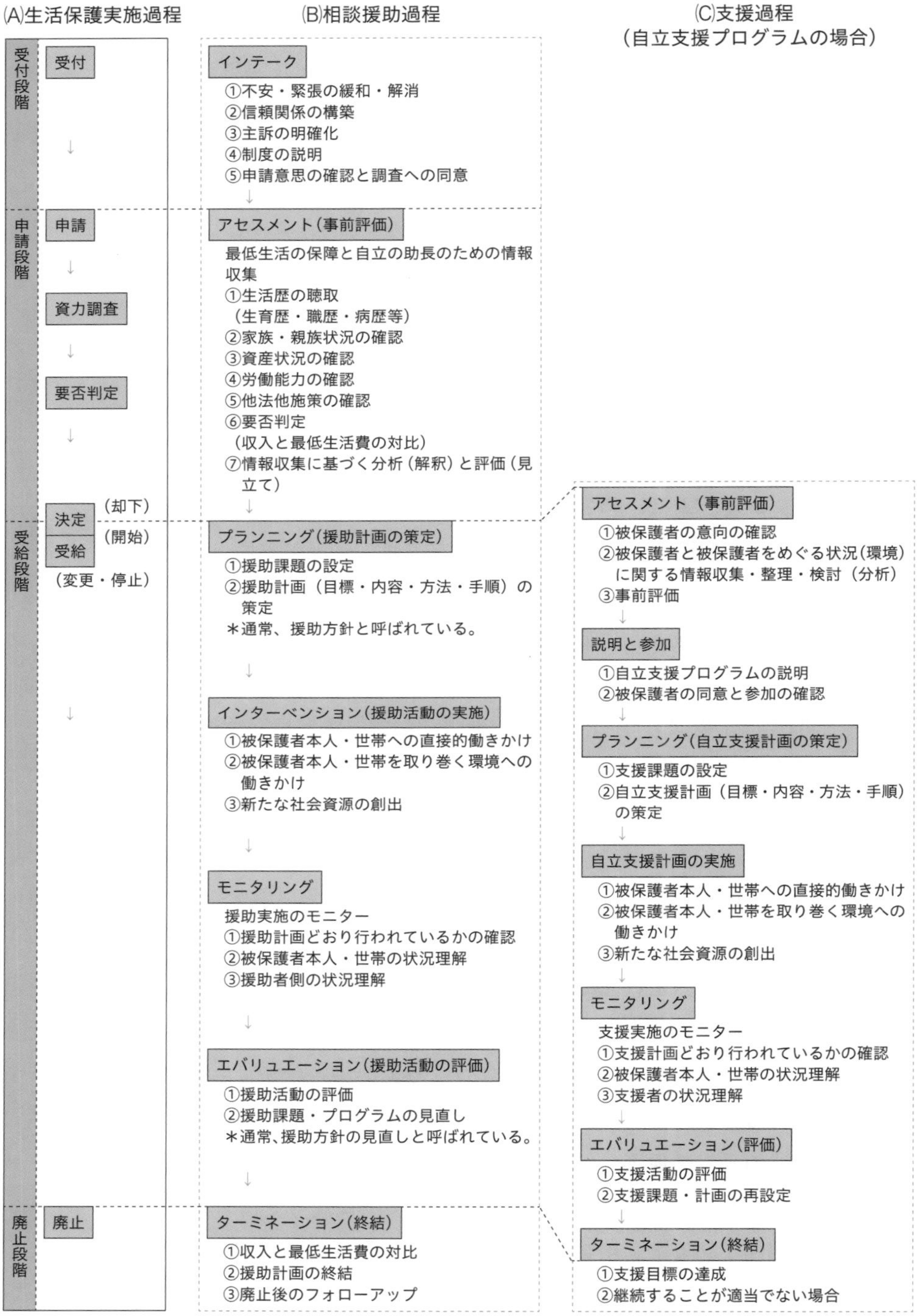

(A)生活保護実施過程　　　　(B)相談援助過程　　　　　　　　　　(C)支援過程
　　　　　　　　　　　　　　　　　　　　　　　　　　　　　　　　（自立支援プログラムの場合）

受付段階	受付	インテーク

インテーク
①不安・緊張の緩和・解消
②信頼関係の構築
③主訴の明確化
④制度の説明
⑤申請意思の確認と調査への同意

| 申請段階 | 申請 | アセスメント（事前評価） |

アセスメント（事前評価）
最低生活の保障と自立の助長のための情報収集
①生活歴の聴取
　（生育歴・職歴・病歴等）
②家族・親族状況の確認
③資産状況の確認
④労働能力の確認
⑤他法他施策の確認
⑥要否判定
　（収入と最低生活費の対比）
⑦情報収集に基づく分析（解釈）と評価（見立て）

資力調査

要否判定

| 受給段階 | 決定（却下）（開始）受給（変更・停止） |

アセスメント（事前評価）
①被保護者の意向の確認
②被保護者と被保護者をめぐる状況（環境）に関する情報収集・整理・検討（分析）
③事前評価

プランニング（援助計画の策定）
①援助課題の設定
②援助計画（目標・内容・方法・手順）の策定
＊通常、援助方針と呼ばれている。

説明と参加
①自立支援プログラムの説明
②被保護者の同意と参加の確認

プランニング（自立支援計画の策定）
①支援課題の設定
②自立支援計画（目標・内容・方法・手順）の策定

インターベンション（援助活動の実施）
①被保護者本人・世帯への直接的働きかけ
②被保護者本人・世帯を取り巻く環境への働きかけ
③新たな社会資源の創出

自立支援計画の実施
①被保護者本人・世帯への直接的働きかけ
②被保護者本人・世帯を取り巻く環境への働きかけ
③新たな社会資源の創出

モニタリング
援助実施のモニター
①援助計画どおり行われているかの確認
②被保護者本人・世帯の状況理解
③援助者側の状況理解

モニタリング
支援実施のモニター
①支援計画どおり行われているかの確認
②被保護者本人・世帯の状況理解
③支援者の状況理解

エバリュエーション（援助活動の評価）
①援助活動の評価
②援助課題・プログラムの見直し
＊通常、援助方針の見直しと呼ばれている。

エバリュエーション（評価）
①支援活動の評価
②支援課題・計画の再設定

| 廃止段階 | 廃止 | ターミネーション（終結） |

ターミネーション（終結）
①収入と最低生活費の対比
②援助計画の終結
③廃止後のフォローアップ

ターミネーション（終結）
①支援目標の達成
②継続することが適当でない場合

資料：岡部卓作成
出典：東京都板橋区・首都大学東京共編『生活保護自立支援プログラムの構築——官学連携による個別支援プログラムのPlan・Do・See』ぎょうせい，p.12，2007. を一部改変

表7-2　自立支援プログラム策定状況

	平成19年度	平成22年度	平成29年度	平成30年度
総　　　　　数	2,869	3,965	4,990	4,299
経済的自立に関するもの	1,360	1,614	1,836	2,397
日常生活自立に関するもの	1,269	2,048	2,316	1,335
社会生活自立に関するもの	240	303	838	567

注：平成22年度は東日本大震災の影響により、一部自治体の取組み状況を反映していない。
資料：厚生労働省

業」などの就労支援プログラムが含まれる。就労支援以外には、年金受給支援に関するプログラムや、資格取得を目指すプログラムなどが挙げられる。

❷には、健康管理支援プログラム、生活習慣改善プログラム、居住支援プログラム、日常生活支援プログラム、退院促進（支援）プログラムなどが含まれる。

❸には、子どもの学習・生活支援プログラム、ボランティア活動などに参加するプログラム、ひきこもりの利用者に対するプログラムなどが含まれる。

⑥　生活困窮者自立支援制度の任意事業との一体的実施

2015（平成27）年に生活困窮者自立支援法が施行されてから、生活保護における子どもの学習支援プログラムは、生活困窮者自立支援制度の任意事業として実施されることになった。「被保護者就労準備支援事業」「被保護者家計改善支援事業」は、自立支援プログラムの一貫として実施されているが、生活困窮者自立支援制度における任意事業の「就労準備支援事業」「家計改善支援事業」と同等の事業として位置づけられている。両制度におけるこれらの事業が、切れ目なく、一体的に実施されることが期待されている。

2　支援の実際

事例1

生活保護世帯への就労支援
──就労支援員による支援

＜支援対象者＞

Ａさん（28歳、男性、単身世帯、無職）

Aさんは、高校中退後、地元の大型スーパーで契約社員として勤務していたが、店舗の閉店により失業。その後、飲食店でのアルバイトを転々としていたが、仕事をする気力がなくなり、6か月前にアルバイトを辞めてからは自宅で過ごしていた。知人の勧めで生活保護を申請。生活保護が開始されてからは、Aさん自身で仕事を探していたが、なかなか就職に結びつかなかった。2か月が経過した頃、生活保護ソーシャルワーカー（以下、ワーカー）はAさんが気力を失っていることを案じ、就労支援員による就労支援の利用を勧めたところ、Aさんの同意が得られた。所内の就労支援の対象者を選定する会議で検討し、Aさんに対する就労支援員による支援が開始されることが決まった。

説明と同意・支援方針の策定

　就労支援員による支援が決定したのち、Aさん、ワーカー、就労支援員は3者で面接を行った。この面接では、就労支援員は、Aさんがよりよい形で就労を実現できるよう、Aさんの希望を大切にしながらともに考え支援していく役割であることが伝えられた。具体的に、就労に向けた面接、公共職業安定所（ハローワーク）への同行訪問、履歴書の書き方や面接の受け方の支援などを必要に応じて行っていくことが説明されると、Aさんは安心した様子で、支援を受けることに同意した。

　当面の支援期間を3か月として、毎週1回の面接を行い、就職に向けた支援を実施するという支援方針をAさんとともに策定して、支援が開始された。

Aさんとの面接

　就労支援員は、面接を通じてAさんに、将来に向けての希望、これまでの就労経験やそこでのAさんの思い、就労に関するAさんの考え方や姿勢などを把握した。Aさんの思いを聴き取る面接は、Aさんと就労支援員との信頼関係の構築につながった。

　就労支援員は、就労はAさんにとって、経済面のみならず、生活や社会とのつながり、Aさん自身の人生を豊かにする大切な営みであることを伝え、「働くこと」についてAさん自身が肯定的に考えられるよう働きかけた。

ハローワークへの同行訪問

就労支援員は、Ａさんに付き添いハローワークに同行した。Ａさんは、ハローワークを利用した経験がなく、最初は戸惑っていたが、就労支援員の支援により、一人でもハローワークで求人情報を収集できるようになった。

履歴書の書き方、面接の受け方の支援

Ａさんが希望する就職先を選んだ段階で、就労支援員は履歴書と職務経歴書が書けるよう支援した。実際に応募しても、なかなか面接につながらないことが多く、Ａさんは落胆したが、就労支援員はＡさんを励まし続けた。また、面接につながった場合には、就労支援員、ワーカー、査察指導員が面接官役をつとめ、面接の練習を行った。

心理的なサポート

Ａさんは、４社の面接を受けたが、採用に至らなかった。４社目に不採用となったとき、就労支援員との面接の約束を連絡もなく破ることが続いた。就労支援員は、Ａさんの状況を受けとめ、決して責めることなく、面接の機会がもてるよう連絡を取り続けた。就労支援員は、必ずＡさんを必要としている企業との間によい縁が訪れること、不採用になった面接についても、そこでＡさんが努力したことや、Ａさんが以前に比べてできるようになったことなど、Ａさんのストレングスを積極的にフィードバックすることを心がけた。

ワーカーとの協働

就労支援員は、Ａさんの支援の結果や、そこでの気づきを、定例の会議以外の場面でも、できるだけ迅速にワーカーに伝えるようにした。ワーカーも、就労支援員からの報告を受け、Ａさんにねぎらいの言葉をかけるなど、サポーティブにかかわった。

その他の支援

就労支援員は、面接や同行支援を通じて、Ａさんが近視であるが、眼鏡をかけておらず、文字が読み取りにくく、人と視線をあわせづらくなっていることに気づいた。就労支援員の働きかけにより、医療扶助（一時扶助）により眼鏡をつくったため、こうした状況は改

善された。また、面接の際に、福祉事務所に備えてあるスーツの貸し出しをするなどの支援も行った。

支援の終結

就労支援員による支援が3か月経過しようとするときに、Aさんは希望する企業への就職が決まった。最初は非常勤としての雇用であるが、将来的に正社員となることもできる。就労支援員は、当面は、就労支援員がフォローアップの連絡を入れるが、定期的な面接による支援は終了することをAさんに伝えた。また、何か困ったことがあれば、いつでも相談できることも話した。Aさんが就職して1年が経過した。Aさんは、時々、福祉事務所を訪れて、就労支援員とワーカーに近況を報告している。

本事例の考察とポイント

就労支援員の役割は、支援対象者の「就職」を支援することにとどまらず、「就労」を目指すプロセスをともに歩むなかで、生活保護における三つの自立（経済的自立、日常生活自立、社会生活自立）が、より安定的で豊かなものになるよう支援していくことである。特に、就労支援員が本人の心理的なサポートに努め、「うまくいかない経験」を大切な経験として捉え直し、フィードバックしたことも重要な支援である。

本事例のポイントは以下のとおりである。

❶　就労支援員がAさんの思いを受けとめ、受容的にかかわったこと。

❷　同行支援を通じて、本人を理解するとともに、信頼関係の構築に努めたこと。

❸　就労支援員、ワーカー、査察指導員がチームとなり、Aさんのストレングス（できているところ、強み）を見出し、サポーティブにかかわったこと。

事例2

精神障害者への支援
──精神科病院から地域相談支援を使い、グループホームに退院した事例

＜支援対象者＞

Bさん（43歳、男性、統合失調症、入院期間3年）

　Bさんは、高校卒業後地元の企業で働いていたが、人間関係がうまくいかず、23歳の頃退職した。その後は、アルバイトを転々としていた。また、約10年前（Bさん、30歳）に父親が他界し、その後は母親と、父親の遺族年金で生活していたが、Bさんが37歳のとき母親も他界した。しばらくはアルバイトをして生活していたが家賃が払えず、ネットカフェなどで生活するようになった。ネットカフェでの生活が1年ほど経過した頃、Bさんは路上でうずくまっているところを保護された。Bさんは「電波で攻撃される。誰かに狙われている」と叫び、精神的に不安定な状態がみられたため、精神科病院に搬送された。診察の結果、統合失調症と診断され医療保護入院となる。しかし、医療費の支払いが困難なことからBさんの依頼を受けて、病院のY精神保健福祉士が生活保護担当者に連絡をした。

地域相談支援の地域移行支援事業を活用するに至った経過

　Bさんは、発症当時は幻聴や妄想などの陽性症状が顕著であり、「誰かに狙われてる」と叫んでいたり、暴れたりすることもあった。しかし、入院後しばらくして病状は安定していった。主治医から退院も可能であると診断されたが、Bさんの退院に対する不安は大きく、入院から3年が経過した。そこで、病院のY精神保健福祉士はBさんに地域移行支援事業を勧めてみた。数日後、K相談支援専門員がBさんのところに面会にやってきた。その後、K相談支援専門員は、2週間ごとにBさんの面会に来て、Bさんとの信頼関係を深めた。退院に対して徐々に不安が減ってきたBさんは、K相談支援専門員に「同じ部屋にいたCさんが退院してグループホームで暮らしているけれど、自分にもできるかな」と自らの希望を話した。そこで、地域相談支援を活用して退院するために、地域移行支援事業の申請を行った。さらに連携ケア会議が開催され、退院支援計画と地域移行支援計画が策定され、半年後、退院してグループホームへ入所した。

　地域相談支援は、障害者の日常生活及び社会生活を総合的に支援するための法律（障害者総合支援法）に規定される一般相談支援事業所の相談支援専門員が支援を行う。地域相談支援は、地域移行支援と地域定着支援に分かれ、チームアプローチやケアマネジメント

の手法を活用して、地域移行支援計画を作成して退院に向けた支援を行う。

Bさんに対する地域移行支援の流れ

　ここでは、Bさんが「地域相談支援の地域移行支援事業」を活用して、地域でのグループホーム生活が始まるまでの地域移行支援を使った退院に向けたプロセスを紹介したい。

①　希望・要望の把握

　Bさんが入院したことでY精神保健福祉士は、主治医や病棟にBさんの様子を確認して、面談を行った。Y精神保健福祉士は、自己紹介をしたあとBさんに「何か困っていることはありませんか。今後Bさんの退院に向けてのお手伝いや困っていることなどの相談に対応させてもらいます」と挨拶をした。するとBさんは「自分は狙われているから退院できない。怖い。でもお金がないから病院から追い出される」と話した。そこで、Y精神保健福祉士は、医療費については生活保護の制度が使えることを説明し、生活保護担当者に連絡を入れることをBさんと約束した。

②　アセスメントと退院支援計画の策定

　Y精神保健福祉士は、病棟に行くたびに、挨拶などBさんに声をかけることを心がけた。そのため、Bさんも病状が少し安定してくると自分からY精神保健福祉士に声をかけてくるようにもなっていったが、退院についての話には耳を傾けなかった。しかしある日、Bさんは「主治医から退院できると言われたけど、退院なんて自分にはできない。お金の管理もできないからまた住むところもなくなる。病院にいたほうがよい」と話してきた。そこで、Y精神保健福祉士は、Bさんに少しずつでもお金を自己管理してみないかと提案し、1週間分ずつお金の自己管理を始めることになった。最初は缶コーヒーを1日に何本も買い、すぐにお金がなくなっていたが、徐々に管理ができるようになっていった。そこで、Y精神保健福祉士は、

Bさんに退院に向けて考えていくために地域移行支援事業を使ってみないかと提案し、K相談支援専門員を紹介した。K相談支援専門員は、Bさんに会うと制度の説明をし、Bさんの了承を得てその後2週間に一度病院を訪問し、信頼関係を構築するように努めた。Bさんのように、医療的には退院できるが、退院への不安が大きいなど病状以外の理由により退院できない社会的入院患者に対して、地域移行支援事業が使われることが多い。

③ 地域移行支援事業の申請

1か月ほど経過するとBさんの退院に向けた意欲が少しずつみえてきたことから、退院に向けての支援には医療だけでなく、福祉の力も必要だと判断し、Y精神保健福祉士は退院に向けた手立てを医療と福祉が一緒になって考える場として連携ケア会議を実施した。そこで、地域相談支援の活用について協議され、地域移行支援事業の申請、地域移行支援計画の作成が行われた。

④ 支援の実施

Bさんの退院に向けた方向性がケア会議で確認された。退院支援計画と地域移行支援計画によって、病院では、薬とお金の自己管理についての様子を見守り、K相談支援専門員は、退院先の検討をするためにグループホームや宿泊型自立訓練事業所、アパートの見学などを行った。この頃には、Bさんは病棟では1か月分のお金を自己管理できるようになっていた。そのため、グループホームなどに体験宿泊したときも自己管理ができるようにと新たな目標が立てられた。

⑤ ケア会議の実施

地域移行支援が始まって2か月ほど経過した。グループホームへの体験宿泊などを経験し、ある程度退院への目安がたった。そこで、K相談支援専門員は、本人や関係機関と進捗状況を共有し、支援の微調整をするために、ケア会議を開催した。ケア会議では、退院しグループホームに入所することと、日中は就労継続支援B型事業所に通所することが決まった。また、眠れなくなったときには頓服を利用することや、不眠や食欲不振などいつもと違った様子が3日以上続くときには訪問看護ステーションに連絡することが話しあわれた。電波の被害に耐えられないことがあれば、病院に相談することや、月に1回市役所の生活保護課にお金を取りに行き、近況報告す

ることも決められた。そのほかに、相談支援専門員が24時間常時
携帯している地域定着支援の緊急電話へ連絡する内容などのクライ
シスプランをBさんと一緒に考えた。

⑥　退院

　退院まであと2週間を切り、K相談支援専門員は退院後の地域定
着支援を盛り込んだサービス等利用計画（案）を作成し、サービス
担当者会議を開催した。退院後は、本人の状態が落ち着くまで週に
1回程度グループホームを訪問し、Bさんの退院後の生活を支えて
いる。

本事例の考察とポイント

　精神科病院では、社会的入院により入院が長期化したBさんのような
人が存在する。退院後の生活がみえず不安を抱え、意欲が低下した状態
である。そのような場合は、根気よくBさんのペースに合わせながら医
療と地域が連携して支援を行う。精神障害者は青年期に入院し、そのま
ま長期化する人も多く、スモールステップを踏みながら自尊心を向上さ
せることが必要である。また、長期入院を新たに生み出さないために、
医療保護入院患者には、入院時に退院後生活環境相談員が選任され、地
域と連携体制を取り、1年以内の退院を目指している。

　地域移行支援事業のポイントは以下のとおりである。

❶　当事者の不安に寄り添いながら、意思、希望などを尊重し、それら
　を引き出す支援を行う。

❷　当事者がさまざまな成功体験を重ねながら自信を取り戻し、自己決
　定、自己選択ができるようなプログラムや支援を行う。

❸　医療と福祉が互いに意識し、尊重しながら情報共有を行うなど、支
　援の連携が大切である。

❹　常に本人を中心に考えて行動すると連携が深まり、支援がしやすく
　なる。

事例3

救護施設における「居宅生活訓練事業」を活用した地域生活移行支援

＜支援対象者＞

Dさん（50歳、女性、統合失調症、糖尿病）

　Dさんは高校中退後にアルバイト先で知りあった8歳年上の男性と同居を開始し親元を離れた。20代前半で統合失調症を発症し、その後は精神科病院への入退院を繰り返す生活となった。Dさんが43歳のときに両親が他界、内夫からも内縁関係の解消を告げられたため、退院後の居住場所を見つけることや医療費の支払いの継続が困難な状況に陥った。そこで、Dさんの今後の生活支援方針を検討するため、医師、看護師、精神保健福祉士などの病院スタッフならびに福祉事務所のケースワーカーによるケースカンファレンスが開催された。その結果に基づき、Dさんは、生活保護が開始されて救護施設Bに入所した。

Dさんの希望・ニーズの把握

　Dさんは、他者に生活のペースを乱されるとパニックになってしまうため、救護施設Bでの集団生活はストレスが高く、ほかの入所者ともトラブルが絶えない。施設職員は、Dさんがパニックに陥らないように受容的にかかわることを心がけ、適宜、精神科病院での休息入院をはさみながら救護施設Bでの生活維持に努めた。救護施設Bでは、少なくとも年に一度、個別支援計画を見直している。

　入所3年目に個別支援計画を見直した際、DさんはE職員との面接のなかで「救護施設を退所してアパートで自由に生活してみたい」と希望を語った。

　Dさんの希望を受けて、DさんとE職員は、Dさんにとって、❶救護施設での生活を継続することの利点とリスク、❷ほかの施設に生活の場を移して支援を受けることの利点とリスク、❸アパート生活の開始に向け、居宅生活訓練事業を活用した取り組みを進めることの利点とリスクを一緒に考えた。

　そして、Dさんの心身の状況を考えると、施設生活の継続が地域

生活の可能性を高めているとは考えにくく、今が、地域生活の再開に向けたよい機会なのかもしれないとの結論を共有した。

　面接開始当初のDさんは、自らの希望を半ば攻撃的な言葉で語っていたが、E職員がDさんの希望を語る様子を肯定的に受けとめることにより、次第にDさんは穏やかな表情や言葉遣いで自発的に希望を語る様子に変化した。

アセスメント

　E職員は、Dさんの希望の実現に向け、必要となる社会資源の明確化に努め、それらの関係調整を試みた。救護施設Bにてケース会議を開催し、今後のDさんの支援方針として居宅生活訓練事業の活用を念頭においた個別支援計画の策定を提案した。協議の結果、Dさんには「地域生活への課題は大きいが、その取り組み過程で得た本人の経験や認識の変化も支援成果として捉えることができる」とされ、支援実施の方針に合意が得られた。また、居宅生活訓練事業の担当者であるF職員が施設内の訓練を通して、居宅生活開始後にDさんにはどのような支援がどの程度必要となるかについてアセスメントを実施することとなった。さらに、通院先の医療機関や福祉事務所をはじめとした関係機関とも、Dさんの地域移行に向けた支援方針を進めていくうえでの情報の共有や地域生活でのサポート体制の構築を図った。

支援の実施（訓練用住宅での生活）

　救護施設Bの訓練用住宅を活用した日常生活訓練を実施した当初、新たな生活環境のなかでDさん自身の生活を維持するためには、洗濯、買い物、服薬などにおいてF職員の管理的な介入が必要であった。しかし、訓練用住宅でのDさんの生活ペースが形成されるに伴い、Dさんの自己管理できる事柄が増えてきた。F職員は、自己管理が可能な事柄をDさんに任せ、支援が必要な事柄についてはどの程度、どのような方法による支援が必要となるのかを明らかにすることとした。一方、何らかの事情でDさんの生活のペースが崩れてしまうと、立て直す際にF職員の支援が必要となる時期もあった。Dさんとこれらの場面の共有を通して、F職員は、生活のペースが乱れる兆候をDさん自身が認識できるように促した結果、Dさんは困ったことがあると救護施設Bの職員へ積極的に相談するように

なった。

モニタリング・評価

　訓練用住宅の利用中、F職員はDさん宅を定期的に訪問しモニタリングを実施した。Dさんは、日常生活訓練、社会生活訓練により、自己管理できる事柄が増えた。この点はDさんに生活の充実感や達成感をもたらしたが、同時にDさん自身にさらに高い目標を課してしまい、生活のペースを乱す要因ともなっていた。そこでF職員は、モニタリングを通して、Dさんの達成感を共有し自己肯定感を高めるかかわりを心がけるとともに、生活のペースを保つために見守りを行った。

地域生活に向けた支援計画の策定

　F職員は、Dさんに対する6か月間の訓練の結果を踏まえ、地域生活を想定した支援計画を策定した。Dさんの強みとして、「アパートで生活したい」という強い思いがある、Dさんは自分なりの生活のペースが構築されると日常生活を維持する程度の管理能力を有している、困りごとが生じた場合にはSOSを発信できるという点が挙げられた。一方、生活のリズムが乱れると、立て直すまでに時間を要する傾向があるため、支援者による定期的な見守りと早期介入的な支援が必要となる場合も想定された。そのため、救護施設Bの近隣にアパートを借り、配食サービス等の利用や通所事業等の活用により救護施設Bでの日中活動の参加、安否確認の機会の確保を前提に地域生活を開始するという支援計画となった。

　この支援計画は、Dさん、医療機関、福祉事務所の担当ケースワーカー、救護施設Bによるケース会議で共有され実施に向けた合意に至った。

地域生活に向けた支援の実施

　F職員は、Dさんとともにアパートを探した。当初、Dさんの希望に沿う物件を見つけることが難しかったが、福祉事務所の担当ケースワーカーの協力を得て、救護施設Bと通院先にアクセスがしやすい場所に物件を見つけることができた。また、配食業者の協力により、朝食の配食時に安否確認を実施し、緊急時に救護施設Bへ連絡を入れる体制を整えた。

アパート生活を開始したＤさんは、朝食のみ配食サービスを利用
し、日中は週３回、救護施設Ｂの通所事業を利用している。当初、
配食サービスの利用に消極的だったＤさんが、体調不良のため自宅
で身動きがとれなくなった際、配食サービスの担当者による救急搬
送の手配、救護施設への連絡という対応を受けた。その後、Ｄさん
は、入院治療により体調を回復させ、救護施設Ｂの一時入所事業を
経て、アパート生活を再開した。

このことは、Ｄさんにとって地域で生活する際に、見守りを受け
ながら過ごすことの必要性を認識する機会となった。

本事例の考察とポイント

Ｄさんは自身の生活のペースを乱されるとパニックに陥ってしまうた
め、施設のような集団生活は、ストレスの高い生活環境であったと考え
られる。

本事例では、Ｄさんの「アパートで自由に生活してみたい」という希
望や意欲に注目し、本人のストレングスを引き出す支援を実施している。

Ｅ職員は、Ｄさんの「アパートで自由に生活してみたい」という希望
の実現に向け、居宅生活訓練事業の活用を念頭に置いた個別支援計画の
策定に向け動き出した。

Ｅ職員は、救護施設Ｂに入所後のＤさんの生活状況から、Ｄさんと他
の入所者との間にトラブルが絶えないことを事前に把握している。しか
し、Ｅ職員は面接を重ねながら、Ｄさんの思いや希望を丁寧に聞き取り、
気持ちを受けとめ、引き出していくことに主眼を置いた面接を展開して
いる。このことがＤさん自身の様子に変化を生み出し、Ｄさんの主体性
を引き出している。

本事例のポイントは以下のとおりである。

❶　Ｄさんの思いや希望を尊重し、それらを引き出すための面接・支援
　　が実施されている。

❷　Ｄさんに対する支援成果のみならず、支援を通してＤさんから、救
　　護施設Ｂ、Ｅ職員、Ｆ職員など支援者側もエンパワーされている。

❸　「地域移行」の可能性が高い対象者を選別するのではなく、それぞれ
　　の入所者に応じた「地域移行」のあり方を実現するために必要となる

支援は何かという視点からアセスメント、支援計画の策定・実施が進められている。

2　生活困窮者自立支援制度における自立支援

1　基本的な考え方

❶生活困窮者自立支援法の基本理念における自立支援の考え方

生活困窮者自立支援法第2条には、同法の基本理念が規定されている。それは次のとおりである。

（基本理念）

第2条　生活困窮者に対する自立の支援は、生活困窮者の尊厳の保持を図りつつ、生活困窮者の就労の状況、心身の状況、地域社会からの孤立の状況その他の状況に応じて、包括的かつ早期に行われなければならない。

2　生活困窮者に対する自立の支援は、地域における福祉、就労、教育、住宅その他の生活困窮者に対する支援に関する業務を行う関係機関（以下単に「関係機関」という。）及び民間団体との緊密な連携その他必要な支援体制の整備に配慮して行われなければならない。

基本理念は、生活困窮者に対する自立支援のあり方を具体的に示す指針でもある。特に、自立支援は「生活困窮者の尊厳の保持」を図りつつ行うべきであることを法律に明記していることを、支援に携わる者は常に心にとめ、本人を起点とした自立支援を進める必要がある。

❷生活困窮者自立支援制度における自立の概念

生活困窮者自立支援制度における自立の概念は、健康や日常生活をよりよく保持する「日常生活自立」、社会的なつながりを回復・維持する「社会生活自立」、経済状況をよりよく安定させる「経済的自立」の三つにより構成されている。[3] この「三つの自立」の考え方による自立概念は、生活保護と同様である。

そのうえで、生活困窮者自立支援制度における自立概念を構成する最も重要な要素は、「自己決定」「自己選択」であり、自立概念の基底をなすものであるとされている。[4]

支援者は、一人ひとりの自立の形があることを理解し、人生や生活の主体はあくまでも本人自身であることを踏まえて、「自己決定」「自己選

択」ができるように、支援することが求められている。

❸支援者に求められる「三つの倫理と八つの基本姿勢」

　生活困窮者自立支援制度においては、支援者が理念を踏まえた相談支援を実践できるように、行動規範となる「三つの倫理と八つの基本姿勢」が示されている[5]（**図7-6**）。

　これらは、単に支援者が「知っている」だけでなく、「具体的に実現できる」ことが大切であり、「自分自身に人権感覚や倫理観が備わっているものと過信せず、常に謙虚に、自分自身の価値観、倫理観を見直してい

図7-6　支援者に求められる三つの倫理と八つの基本姿勢

＜三つの倫理＞

□	1．権利擁護	① 尊厳の確保（保持）	② 本人の主体性の確保
□	2．中立性・公平性		
□	3．秘密の保持		

＜八つの基本姿勢＞

□ 1．信頼関係の構築	□ 4．家族を含めた支援	□ 6．チームアプローチの展開
□ 受容的対応 □ 傾聴 □ 感情表現を手伝う	□ 家族全体を捉える □ 家族も支援の対象 □ チーム支援の必要性	□ 連携のとれたチーム □ 支援員は調整役 □ 利用者の了解を得る
□ 2．ニーズの的確な把握 □ ニーズは解決すべき本質的な課題 □ 多面的な理解が重要 □ ニーズ把握は丁寧に	 支援にかかわるすべての人が心にとめておくべき重要な内容です。	□ 7．さまざまな支援のコーディネート □ ニーズに即した調整 □ 多くの選択肢の提示 □ 丸投げしない支援調整
□ 3．自己決定の支援 □ 自己選択による自己実現を支援 □ エンパワメントアプローチ □ 強みに着目した支援	□ 5．社会とのつながりの構築 □ 社会参加は自立の土台 □ 本人を支える環境整備 □ 仲間や居場所の意義	□ 8．社会資源の開発 □ 地域状況の理解 □ 既存の資源の理解 □ 新たな資源の創設

◀━━━　ミクロレベル　　　　ミクロ〜メゾレベル　　　　メゾ〜マクロレベル　━━━▶

＜五つの支援のかたち＞

1．包括的	2．個別的	3．早期的	4．継続的	5．分権的・創造的

＜制度の理念：生活困窮者自立支援法第2条＞

1．生活困窮者の尊厳の保持
2．生活困窮者の状況に応じた、包括的・早期的支援
3．地域における関係機関、民間団体との緊密な連携等支援体制の整備 　（支援を通じた地域づくり）

出典：令和元年度自立相談支援事業従事者養成研修前期共通プログラム配付資料「生活困窮者自立支援制度における自立相談支援事業の重要性」を一部改変

くことに躊躇しないことが大事⁶⁾」であるとされている。

　ここに示される三つの倫理と八つの基本姿勢は、包括的な相談支援が必要とされるなかで、あらゆる分野における支援者に必要な共通事項でもあるといえるだろう。貧困状態にある人への支援にあたっては、常に見直し、支援者自身の自己研修やスキルアップにつなげていくことが望まれる。

2 支援の実際

事例4

家族への包括的な支援

＜支援対象者＞

Ａさん（40歳、女性、無職）
Ｂさん（10歳、男性、長男、小学5年生）
Ｃさん（75歳、男性、Ａさんの父親、要介護度3）

　Ａさんは、4年前に離婚後実家に戻り、Ｂさん、Ｃさんとともに生活していた。実家は父親名義の自家であり、Ｃさんの年金、Ａさんのパート就労、児童扶養手当等により、生計を維持してきた。

　元気に孫の世話や家事を担っていたＣさんは、2年前に脳梗塞で倒れ、要介護状態となった。介護老人保健施設に入所していたが、費用負担が難しくＣさんの強い希望もあり、6か月前から在宅生活となった。日中、介護サービスを受けながら、夜間と休日は、ＡさんがＣさんの介護に当たってきたが、3か月前よりＡさんも体調不良となり、仕事を辞め無職となった。経済的に厳しく生活保護の相談をしたが、資産、収入の状況から、生活保護に該当しないことがわかり、自立相談支援機関を紹介された。

インテーク

　生活保護担当課から紹介され、自立相談支援機関を訪れたＡさんは、主任相談支援員と面接した。Ａさんは「父の介護、子どもの養育、自分の就職、すべて、どうしてよいかわからない。もう疲れてしまった…」と訴えた。主任相談支援員は、これまでのＡさんの努力や苦労をねぎらうとともに、Ａさんの今後の生活に向けた不安を

受けとめた。そして、今後のことを一緒に考えていくことを伝え、利用申し込みを受け付けた。

Cさんの年金の振込みまで、手持ち金が少なくなっていることを踏まえて、フードバンクと連携して食料支援を実施した。

アセスメント・カンファレンス

主任相談支援員は、家庭訪問をして家族全員と面接した。自宅内は、きれいに整えられ、Cさんも笑顔で応答してくれた。Bさんも健康であり、毎日元気に学校に通っている。しかし、Aさんからは、Bさんの宿題や勉強などを十分にみてあげられていないとの話があった。

Aさんの同意を得て、主任相談支援員は、Cさんを担当している地域包括支援センターの社会福祉士および介護支援専門員とカンファレンスを実施した。最近、Cさんの認知症の症状がひどくなり、Aさんの負担がいっそう大きくなっていることを踏まえて、要介護度の見直し、短期入所の利用など、Cさんの状態に応じた介護体制を再検討していくこととなった。Cさんが短期入所を利用している間に、Aさんに身体を休めてもらうとともに、今後の生活について検討することとした。

プラン策定・支援調整会議

主任相談支援員は、Aさんと相談して、家族の安定的な生活を長期目標とした。そして、❶Aさんに対しては、家計改善支援事業の利用により、家計全般の見直しをするとともに、就労支援員による就労支援を実施する。❷Bさんに対しては、子どもの学習・生活支援事業への参加を促すとともに、地域で、社会福祉施設が実施している「こども食堂」への参加を勧める。❸Cさんに対しては、今後も、地域包括支援センター、介護支援専門員と連携しながら、在宅での介護が円滑に進むよう支援する。❹家族全体への支援については、地区担当の民生委員・児童委員に見守りを依頼する、というプランを策定した。

その後、支援調整会議を経て、プランが承認されるとともに、家計改善支援事業については、自治体による支援決定がなされた。

支援の展開

● 家計改善支援事業の実施

　Cさんが短期入所を利用し、Aさんの体調が落ち着いた頃、家計改善支援員はAさんを家庭訪問して、面接を行った。家計を見直すことを通じて、不安をなくし、生活を少しでもよりよいものにしていくことが支援の目的であることを伝え、まずは、Aさんと一緒に「相談時家計表」を作成した。そして、2回目の面接では、Aさんの将来への希望も踏まえて、「家計計画表」を策定した。

　こうした一連の支援から、Aさんの趣味である映画鑑賞や、Bさんの習いごと、Cさんのためのテレビの購入など、それぞれが日々を豊かにするための支出も含めて、月々の生計に必要な費用が示された。そして就労収入として最低限必要な金額も明らかになった。支出を見直すなかで、家計をどのようにやりくりしていくかの見通しが立った。

● 就労支援員による就労支援

　就労支援員は、Aさんのこれまでの職歴や、希望職種、家計改善支援事業の支援を踏まえた収入や働き方の希望などを確認した。自立相談支援機関では無料職業紹介事業も実施しており、子育てと介護をしながら、Aさんがもっている経験が活かせる企業を紹介した。そして、Aさんは、将来正社員になることができる地元企業のパートの仕事に就職した。

● Bさんへの支援

　Bさんは、子どもの学習・生活支援事業として実施している「勉強会」に週2回参加することとなった。宿題などの遅れがなくなり、「勉強会」で実施されるレクリエーションなどにも楽しく参加できている。また、「子ども食堂」も、Aさん、そしてときにはCさんとも一緒に参加して、さまざまな大人と交流する機会が生まれている。

モニタリング・プラン評価・終結

　Aさんの就労が始まり、世帯の生活が安定したことが確認されたところで、支援調整会議を経て、Aさん世帯への支援は終結することとなった。今後、生活の変化による不安が生じたときには、いつでも相談できることを伝え、自立相談支援機関による支援は終了した。

自立相談支援機関は、家族の相談を包括的に受けとめることができるところに、大きな特徴がある。法による支援だけでなく、地域のさまざまな社会資源と連携しながら、家族一人ひとりの意向を尊重した個別支援、そして家族全体への支援を行うことが大切であるといえるだろう。

本事例のポイントは以下のとおりである。

❶ 自立相談支援機関が、Aさんの相談を受け、Aさん家族全体の状況をアセスメントして、家族、および一人ひとりに必要な支援をコーディネートしたこと。

❷ 家計改善支援事業の利用により、家計全体を見直し、Aさんが主体的に家計のやりくりができるよう支援できたこと。

❸ さまざまな関係機関、事業にかかわる支援者との連携の下で、支援を実施したこと。

事例5

生活困窮者・ホームレス自立支援センターにおける「緊急一時保護事業」「自立支援事業」「地域生活継続支援事業」を活用した支援

＜支援対象者＞
Dさん（64歳、男性、糖尿病、高血圧症）

Dさんは義務教育終了後、型枠大工の職人として働いていた。Dさんが50歳の頃、認知症の母親の介護を理由に離職し、3歳年下の弟Eさんとの同居を開始した。家計は、母親の年金（約7万円）と警備員として働くEさんの収入（約18万円）により維持された。しかし、1年前に母親が死亡し年金収入が途絶えるとともに、Eさんも雇止めのため失職し、収入が途絶えた。Dさんは再就職を試みたが、長期にわたる失職期間、年齢や体力的にも高所作業が困難なため不採用が続いた。まもなく預貯金も底を尽き家賃滞納により退去を求められたため、Eさんとともに近隣の河川敷で路上生活を開始した。

その後は、ほかのホームレスから炊き出しの情報を得たり、生活困窮者・ホームレス自立支援センター（以下、センター）の巡回相

談員からセンターの利用に関する提案を受けていた。この間もDさんとEさんは就職活動を続けたが、「住所不定で連絡先がない状態」から自分たちで仕事を見つけてアパートに戻ることは難しいと感じるようになった。また、Dさんは身体の不調を感じ、治療を受けたいと思うようになった。そこで、巡回相談員から受け取っていたセンターの連絡先に電話し、センターの利用意思を伝えた。

Dさんに対する「緊急一時保護事業」の流れ

担当のF職員は、センターでの日常場面や面談を通してDさんの心身の状況と生活の様子、体調回復の程度を確認しながらDさんの不安な気持ちを解きほぐし、希望について共有を図ることに努めた。Dさんは当初、話しかけると応答するものの、自分からは何も話すことができないほど混乱している様子だった。しかし、F職員との関係が築かれるに伴い自らの希望や不安を少しずつ語り始めるようになった。Dさんの話の内容は、「屋根のある場所で寝ることができることと食事の不安がなくなったこと」による安心感から、しだいに「先のみえない不安」へと変化した。Dさんは「働きたいがどんな仕事で働けるかわからない」という希望と不安を話していた。

Dさんに対する「自立支援事業」の流れ

• Dさんの希望・ニーズの把握

F職員は「働きたいがどんな仕事で働けるかわからない」というDさんの不安な気持ちに寄り添うとともに希望の具体化を図るため、センターの体験就労プログラムへの参加を提案した。プログラムの内容は、センター近隣の協力企業による職場体験を通して、就労支援における受講者の強みや配慮を要する点を明らかにすることである。Dさんにとって、このプログラムの参加は多様な人と交流する機会となり、徐々に自分からほかの参加者に話しかけるようになった。また、プログラムでの体験や感想をF職員にも冗談を交えて報告するなど、Dさんの明るい表情がみられるようになった。

• アセスメント

F職員はDさんとのアセスメント面接を通して、体験就労によりDさん自身に生じた変化を振り返った。Dさんは、「これまでは型枠大工の仕事でしか働けないと思っていたが、いろいろな仕事を体験できた。介護や家事をしていた経験も役に立ったと思う。そこで

知りあった人と交流できたことが楽しかった」と語る。

　Dさんは特に、清掃や調理補助のプログラムに興味をもって繰り返し参加した。一方、体験就労先の公園清掃、食品加工会社からは「仕事に取り組む姿勢は丁寧で、ほかのアルバイトやパート従業員にもよい影響を与えてくれた。しかし作業スピードが遅い」という評価を受けていた。F職員とDさんは、就労におけるDさんの強みと課題を踏まえ、Dさん自身の意向を確認した。Dさんは「清掃も調理補助も介護の経験が活かせたと思う。ただ、食品加工は作業スピードについていけない。自分のペースでできる仕事を選びたい」とF職員に語った。アセスメントの結果、Dさんの「仕事が丁寧」という強みを活かせる清掃、調理関係の仕事を探すという支援方針とした。

●支援の実施（就労支援から居住支援への移行）

　Dさんの希望を実現するためにF職員は、センターの職業相談員を交えて、Dさんの条件に近い求人を探した。職業相談員は、❶センター近隣のマンション管理、❷鉄道会社の駅清掃、❸デイサービスセンターの調理・配膳補助の仕事を提案した。また、履歴書の作成時の助言や面接の練習に同席し、失職期間に関する質問への応答の方法を助言した。

　Dさんは、センター近隣のマンションの管理人として就職することができた。住人からの勤務評価も高く、Dさん自身も「自分のペースで掃除や設備を管理する仕事が向いている。住人にねぎらいの声をかけてもらうことがうれしい」と語る。

　センターでの生活も2か月が経過し、その間の経過観察により、就労が継続されており、給与の貯蓄も順調に進んでいるため、DさんとF職員は、次のステップとして居住の確保についての面談を実施した。Dさんは「これまで家事全般を担っていたので、アパート暮らしには不安はないが、センター退所後は以前のように弟と一緒に暮らしたい」と述べた。そこで、F職員は、Eさんの意思や支援状況を確認する旨を伝え、Dさんには、アパート生活に向けた準備として、センターの自立支援住宅に移り、単身生活を開始することを提案した。

●モニタリング・評価

　F職員はDさんの住む自立支援住宅を定期的に訪問し、単身生活

においてどのような支援が必要となるのかを検証するためモニタリングを実施した。Dさんは、センターで過ごしていたときよりも家事や趣味の料理を楽しんでいるようである。また、遅刻や欠勤もなく仕事を継続し、休日にはリサイクルショップに行き、今後、必要となる家具や家電などの物品を探している様子であった。F職員は、アパートでの生活を想定するにあたり、Dさん自身に問題はないと判断し、物件探しに取り組むことを提案した。

● **地域生活に向けた支援計画の策定**

　Dさんには「弟のEさんと一緒にアパートで暮らしたい」という思いがある。そこで、F職員は、Eさんの意向や支援状況を確認したあと、Dさんの地域生活に向けた支援計画を策定した。Dさん自身の強みは家事一般の能力を有しており、仕事との両立も図られていることが挙げられた。ただし、年齢や体調を考慮すると、今後も職を失う可能性が想定されるため、引き続き定期的な見守り支援が必要と考えられた。一方、Eさんの支援を担当するG職員からは、EさんもDさんと同居の意思を示していること、Eさんは経験職の警備員として就職し、Dさんよりも収入が高いという情報が得られた。これらの内容を支援会議に諮った結果、兄弟で入居可能なアパート物件を探すこと、その後のEさんの支援の担当をF職員が引き継ぐことが承認された。

Dさんに対する「地域生活継続支援事業」の流れ

● **センターの自立退所から地域生活へのスタートへ**

　センターの住宅相談員は、DさんとEさんの希望を確認し、条件に見あう物件探しや内覧へ同行した。まもなく、DさんやEさんの勤務先とセンターにアクセスしやすい場所に物件を見つけることができた。

● **「地域生活継続支援事業」（アフターケアによる**
　再路上化の防止）の開始

　F職員は「地域生活継続支援事業」によるアフターケアの一環として、2か月に一度、Dさん、Eさんのアパートを訪問し生活状況を確認している。DさんとEさんは、時折センターに近況報告のため来所したり、季節のイベントやOB会の参加などを通して、ほかの利用者やセンターの職員との交流を楽しんでいる。

本事例の考察とポイント

　生活困窮者自立支援法の基本理念は「生活困窮者の自立と尊厳の確保」ならびに「生活困窮者支援を通じた地域づくり」である。

　本事例では、Dさんの介護離職、Eさんの雇止めによる失職や母親の他界による経済的基盤の喪失など、複合的な要因によりホームレス状態に至ったことがわかる。

　上述の基本理念に基づき本事例を振り返ると、F職員は、支援の開始期においてDさんの不安に寄り添い、Dさん自身の支援の起点を探るために体験就労を提案している。また、Dさんの「介護による就労の中断」を課題ではなく、「家事の経験値」と捉え直している。「仕事が丁寧」という点を含めDさんのストレングスに着目したうえで、Dさんの「働きたい」という思いの実現を支援している。このようなF職員の支援はDさんの「自立と尊厳の確保」を念頭におき、Dさん自身の自己肯定感を高めるための働きかけと解釈できる。

　センターの主な機能はホームレス状態の人に対する就労支援だが、ともすると職業マッチングにより就労可能な人と困難な人を選別する作業と混同されるおそれがある。社会福祉士が実施する就労支援は、支援過程の伴走を通して対象者自身の認識の変化を促し、エンパワメントすることが目的である。また、本事例では、Dさんが地域との間に多様なつながりを形成する過程が明らかとなった。就労体験プログラムの参加は、Dさんの転機であったと同時に、Dさんを通して協力企業の従業員の認識の変化にも影響を及ぼしている。また、Dさんがマンションの管理人として職を得たことは、Dさんの役割と居場所を創出する機会であったと同時に、Dさんの働き方を通して、職場やマンション住人とDさんがつながる機会ともなっている。すなわち、「Dさんの支援を通じた地域づくり」とも考えられる。

　本事例のポイントは以下のとおりである。

❶　Dさんの意思や希望を尊重し、それらの具体化に向けた面接や支援策が提案されている。

❷　Dさんに対する支援成果のみならず、Dさんの支援を通して地域資源のネットワークの形成を視野に入れた支援が実施されている。

❸ Ｄさんを「支援を受ける側」だけにとどめさせず、Ｄさんが自己選択や自己決定の主体であること、さらに、他者に対して肯定的な「影響を及ぼす存在」としての役割を担っていることを認識できるようなかかわりを実施している。

生活福祉資金貸付を通じた支援

＜支援対象者＞

Ｈさん（45歳、男性、飲食店経営）

Ｉさん（43歳、女性、妻、飲食店従業員）

Ｊさん（17歳、男性、長男、高校3年生）

Ｈさんは、妻Ｉさんとともに、飲食店を経営している。Ｈさんの父親が経営していた店を、父親が亡くなったことを契機に任されるようになり15年経つ。経営は順調であったが、3年前より、近くにあった大手企業の移転で客足が減り、経営は決して順調とはいえない現状にある。従業員の雇用ができなくなり、店員として働いているＩさんは、1年前に乳がんに罹患。早期発見できたものの、長期的に治療を続けなければならない状況となった。現在は無理のない範囲で、かろうじて、就労を続けている。

このたび、Ｊさんが、推薦で私立大学に進学することが決まったが、学費の工面が難しく、知人の勧めで、母親であるＩさんが、社会福祉協議会に相談に訪れた。

初回面接

社会福祉協議会の生活福祉資金担当相談員（以下、相談員）のところに、Ｉさんが一人で訪れた。Ｉさんは、長男の進学が決まったが、学費の支払いに必要な資金が準備できないこと、そして、自分自身が病気になったあと、Ｊさんとの会話が少なくなり、最近は、ＪさんがＨさんやＩさんと話をすることがほとんどなくなっていると話した。

生活福祉資金の教育支援資金について説明を受けたＩさんは、「Ｊに黙って貸付けを利用することはできないか。これまで、子どもには多くの苦労をかけている。Ｊが借受人となり、卒業後返済しなけ

ればならないことは、今、とても自分からは話はできない」と泣き崩れた。

相談員は、Ｉさんの思いを受けとめた。そして、社会福祉協議会で実施している学習支援にボランティアとして参加している、大学生Ｋさん（男性）について話した。Ｋさんも、教育支援資金の貸付けを利用し、大学に進学している。貸付けの相談を契機に、学習支援ボランティアとして活動しているが、自分と同じような高校生がいたら、大学生になってからの生活やお金のやりくりなどアドバイスできるので、声をかけてほしいと相談員に伝えてくれていた。相談員から、ＫさんをＪさんに紹介することを提案されたＩさんは、「Ｊに伝えてみます」と話し、面接は終わった。

Ｊさんとの面接

翌週、Ｊさんは相談員のもとを訪れた。相談員は、Ｊさんが進学する大学の状況や、学費の支払期限、大学進学後の希望などを聴いたあと、教育支援資金の説明をした。そして、あらかじめ約束をしていたＫさんをＪさんに紹介した。社会福祉協議会の談話コーナーで、ＪさんはＫさんと長時間談笑していた。Ｊさんは、Ｋさんと別れたあと、相談員のもとを訪れた。そして、「教育支援資金について理解が進み、大学に入ったあとの学生生活や、学業と両立するためのアルバイトの方法、大学の奨学金制度などがあることもわかったので安心できました。教育資金の手続きを進めます」と話した。

相談員は、Ｊさんが帰ったあと、Ｉさんに電話でＪさんとの面接の結果を報告した。Ｉさんも、安心していた様子であった。

その後の展開

さらに翌週、Ｊさんは書類を揃えて、一人で社会福祉協議会を訪れた。そして教育支援資金（就学支度費、教育支援費）の申請を行った。相談員は、Ｊさん自身が書類を持参し、手続きを進められたことを賞賛し、残りの高校生活と春からの大学生活が充実した日々になるよう、エールを送った。その後、貸付けが正式に決定され、Ｊさんは大学に入学した。

Ｊさんが大学に入学して２か月が経った頃、Ｉさんが、相談員のもとを訪れた。Ｊさんが、貸付けのため社会福祉協議会を訪れ、Ｋさんと出会ってから、ＪさんのＨさんとＩさんに対する態度が徐々

に変化したとのことであった。貸付けが決まり、大学進学に見通しが経ってからは、家業の飲食店の手伝いなどもしてくれるようになった。Hさんも自分自身で、市役所や経営者団体が主催する経営相談会などに足を運び、飲食店の経営の見直しについて、積極的に考えるようになっている。今のところ、Jさんも、大学にかかる費用は、アルバイトで賄っており、Iさんの健康状態も良好であり、家族の生計はなんとか維持できそうであるとのことであった。相談員は、こうした前向きな報告に感謝するとともに、今後、何か心配なことがあったときには、いつでも相談してほしいことを伝えた。

Jさんは、その後もずっと、Kさんと連絡をとりあっている。そして、大学に入学してからは、Kさんが参加している学習支援に自分自身もボランティアとして参加するようになっている。

本事例の考察とポイント

生活福祉資金貸付事業の特徴は、「貸付けを通じた相談支援」を行うことである。ともすると、貸付けを実施し、償還してもらうことが、制度の目的のように捉えられがちであるが、貸付けから償還のプロセスに必要な相談支援が伴うことで初めて、第一種社会福祉事業としての意義が果たされる。償還できないような状況になったときに、早期に相談支援が実施できることがこの事業の意義であるといえるだろう。

教育支援資金の貸付けにあたっては、子ども自身が借受人となり、教育機関での学業を終えたあと、自分自身が償還することが求められる。本事例のように、子ども自身ではなく、親からの相談により、手続きが進められていくことも少なくない。しかしながら、子ども自身が借受人としての自覚をもてるようなサポートとともに、貸付けをきっかけとして、進学後、より充実した学生生活が送れるようなサポートは不可欠である。見通しをもって学生生活を送ることができないと、学費と生活費を賄うためのアルバイトが多忙になり、学業に十分取り組めないまま、卒業が難しくなる場合もある。

子ども・若者への支援にあたっては、事例のKさんのような、同じ経験をもつ人の力を借りる、ピアサポートが必要な場合も多い。社会福祉協議会のもつさまざまなネットワークは、このような場面でも活かされていくといえるだろう。

本事例のポイントは以下のとおりである。

❶ 相談員が、相談に訪れた I さんの不安を受けとめ、教育支援資金の借受人となる J さんにも、働きかけたこと。

❷ 教育支援資金の利用をきっかけに、J さんが自分の将来を考えられるように K さんを紹介し、同じ経験をした立場の人からピアサポートが受けられるようにコーディネートしたこと。

事例7

多機関および多職種、住民、企業等との連携による地域づくりや参加の場づくり

＜支援対象者＞

L さん（72 歳、男性、無職）
M さん（40 歳、男性、長男、無職）

L さんは、M さんとともに、L さん名義の家で暮らしている。企業の正社員として定年まで勤めた L さんは、預貯金と年金で生計を維持してきた。7 年前に妻を亡くしてから、L さんも体調を崩すことが増え、現在は要介護 1 となり、生活援助とデイサービスを利用している。L さんを担当する介護支援専門員は、ホームヘルパーより、L さん宅には、ひきこもり状態の長男 M さんがおり、生活援助で作った料理や買い物してきたものを、M さんがほとんど消費しているのではないかとの相談を受けた。最近は、訪問しても、買い物のための金銭が十分に準備されていないことも多いという。このため、介護支援専門員は、何度か L さん宅を訪問したが、M さんと会うことはできずにいた。

L さんと M さんを案じた介護支援専門員は、Q 市役所の「包括的相談支援窓口」の相談支援包括化推進員*に相談した。

相談支援包括化推進員のアプローチ

相談支援包括化推進員は、介護支援専門員から相談を受けたあと、家庭訪問して L さんと面接をするほか、地区の民生委員に状況を確認するなどして、L さん家族の状況についての情報収集と理解に努めた。再度家庭訪問したものの、M さんと会うことができないため、M さんへのアウトリーチを継続する必要があると考え、自立相談支援機関に支援を要請した。

★**相談支援包括化推進員**
自治体において「多機関の協働による包括的支援体制構築事業」を進めるにあたり、世帯全体の課題を受けとめ、相談支援包括化推進会議の開催、多職種・多機関のネットワーク化を推進する役割をもつ専門職。

自立相談支援機関のアプローチ

　相談支援包括化推進員から相談を受けた自立相談支援機関の相談支援員は、Mさんのもとを訪れた。最初は、在室していてもまったく応答をしてくれなかったMさんであったが、相談支援員は訪問のたびに、Mさんの部屋のドアのところにメッセージを置いていた。ある日、相談支援員は偶然、自室から出てきたMさんと会うことができた。そのことを契機に、相談支援員はMさんと面接できるようになった。

Mさんの状況

　Mさんは、大学入学と同時に家を出て、一人で生活をしていた。絵を描くことが好きでデザインを専攻したが、LさんはMさんが企業で働くことを望んでおり、Mさんがデザインの勉強をすることを認めず、その頃から親子関係は悪化した。卒業後、デザインで生計を立てることができなかったMさんは企業に入社するが、人間関係がうまくいかず、離転職を繰り返した。母親が亡くなったその2年後に、弱くなったLさんを見て実家に戻った。Lさんの体調はどんどん悪くなり、心配ではあったが何もできなかった。これからどうしようかと思っていたところだった。相談支援員は、Mさんの気持ちを受けとめ、今後のことを一緒に考えていくことを提案した。

Mさんが参加できる場づくりに向けたアプローチ

　Q市では、多機関協働による包括的な支援体制づくりに取り組んでおり、庁内および市内の高齢、障害、子育て、保健医療、生活困窮、教育、労働、企業等の関係機関が集まる「多機関協働ネットワーク会議」（以下、ネットワーク会議）を開催している。

　相談支援員は、Mさんの状況を相談支援包括化推進員に報告するとともに、Mさんが参加できる場づくりができないか相談した。そして、ネットワーク会議で、Mさんができる仕事、たとえば、チラシやポスターなどのデザインなどを依頼できる機会がないか呼びかけた。その結果、2か所の福祉施設より、イベントのチラシづくりの受注が入った。Mさんのチラシやポスターは大変評判がよく、その後、ネットワーク会議に参加しているさまざまな団体からも依頼が入るようになった。

Mさんの就労に向けたアプローチ

依頼が増えてきたため、Mさんは、市内にできた拠点にある事務スペースでチラシづくりに取り組むようになった。拠点に来る人々と会話をするようになり、だんだんと笑顔がみられるようになった。チラシづくりについては、多くの受注がくるようになり、Mさん一人では担いきれなくなったため、ネットワーク会議より推薦されたほかの人々も、拠点を訪れチラシづくりに取り組むようになった。

自信をつけたMさんは、相談支援員に、そろそろ、就職を考えたいと話をするようになっていた。そのようなタイミングで、ネットワーク会議に参加している就労支援機関より相談支援包括化推進員に、地元の企業がMさんのような人材を探しているので紹介してもらえないかという相談が入った。そして、Mさんは地元の企業への就職に至った。

その後の経過について

LさんとMさんの支援については、Lさんを担当する介護支援専門員、民生委員、相談支援員を交えてカンファレンスを行い、連携して家族を見守っている。その後、Lさんの心身の状況は安定しており、Mさんも自分自身のことは自分で取り組む生活をつくりつつある。このため、自立相談支援機関による支援は終結することとなった。

ネットワーク会議では、Mさんがモデルとなり、支援が必要な人々がもつ特技や意欲を活かした、活動の場、就労先がないかどうかの情報共有を行うようになった。支援を通じて、Q市内には、多機関、住民、企業等の連携による、参加の場づくりが広がっている。

本事例の考察とポイント

地域共生社会の実現を推進するなかで、「丸ごと相談（断らない相談）の実現」「地域共生社会に資する取り組みの促進」「高齢者も障害者も利用できるサービスの推進」が求められている。

「8050」「ひきこもり」というようなラベルを貼って支援するのではなく、困りごとを抱えた市民であるLさん、Mさんの生活が少しでもよりよくなることを願い、多機関で連携、協働していくことが重要である。そして、そのことが、LさんとMさんだけでなく、市民誰もが住みやす

い地域づくりにつながる、大きな推進力となるに違いない。

本事例のポイントは以下のとおりである。

❶　多機関との連携、協働のネットワーキングを担う、相談支援包括化推進員がキーパーソンとなり、Mさんの参加の場づくりに向けたコーディネートを実施できたこと。

❷　Mさんの得意なこと、強みを活かして、それを活かせる機会や場をネットワーク会議のようなプラットフォームで、多様な関係機関とともに検討できたこと。

◇引用文献
1 ）岡部卓『新版 福祉事務所ソーシャルワーカー必携──生活保護における社会福祉実践』全国社会福祉協議会，p. 43, 2014.
2 ）「生活保護法による保護の実施要領について」（昭和38年 4 月 1 日社発第246号）の「第12　訪問調査等　4　援助方針」
3 ）自立相談支援事業従事者養成研修テキスト編集委員会編『生活困窮者自立支援法 自立相談支援事業従事者養成研修テキスト』中央法規出版，p. 9, 2014.
4 ）同上，p. 229
5 ）同上，pp. 35-44
6 ）同上，p. 271

◇参考文献
・社会福祉士養成講座編集委員会編『低所得者に対する支援と生活保護制度 第 5 版』中央法規出版，2019.

索引

鈴木　忠義（すずき・ただよし）···第 5 章第 1 節
長野大学社会福祉学部教授

西村　貴直（にしむら・たかなお）·······················第 3 章第 1 節・第 2 節
関東学院大学社会学部准教授

野田　博也（のだ・ひろや）·······························第 6 章第 2 節・第 3 節
愛知県立大学教育福祉学部准教授

松江　暁子（まつえ・あきこ）···第 6 章第 4 節
国際医療福祉大学医療福祉学部講師

松本　一郎（まつもと・いちろう）·····································第 2 章第 3 節
大正大学人間学部准教授

三宅　雄大（みやけ・ゆうだい）···第 4 章第 2 節
立教大学コミュニティ福祉学部助教

行實　志都子（ゆきざね・しづこ）············第 6 章第 5 節・第 6 節、第 7 章第 3 節事例 2
神奈川県立保健福祉大学保健福祉学部准教授

六波羅　詩朗（ろくはら・しろう）·······················第 5 章第 2 節〜第 4 節
目白大学人間学部教授

最新 社会福祉士養成講座

4　貧困に対する支援

2021年2月1日	初 版 発 行
2024年2月1日	初版第4刷発行

編　集　　一般社団法人日本ソーシャルワーク教育学校連盟
発行者　　荘村明彦
発行所　　中央法規出版株式会社
　　　　　〒110-0016　東京都台東区台東3-29-1　中央法規ビル
　　　　　TEL 03（6387）3196
　　　　　https://www.chuohoki.co.jp/

印刷・製本　株式会社太洋社
本文デザイン　株式会社デジカル
装　　　幀　株式会社デジカル
装　　　画　酒井ヒロミツ